'국어의 풍경들'

고종석의 우리말 강좌

국어의 풍경들——고종석의 우리말 강좌

초판 1쇄 발행_1999년 9월 16일
초판 10쇄 발행_2013년 6월 25일

지은이_고종석
펴낸이_주일우
펴낸곳_㈜문학과지성사
등록번호_제1993-000098호
주소_121-840 서울 마포구 서교동 395-2
전화_02)338-7224
영업_02)323-4180(편집) 02)338-7221(영업)
전자우편_moonji@moonji.com
홈페이지_www.moonji.com

ⓒ 고종석, 1999. Printed in Seoul, Korea

ISBN 89-320-1103-6

*이 책의 판권은 지은이와 ㈜문학과지성사에 있습니다.
 양측의 서면 동의 없는 무단 전재 및 복제를 금합니다.

'국어의 풍경들'

고종석의 우리말 강좌

문학과지성사
1999

아롬 · 아침에게

책머리에

  이 책에 묶인 글들의 일부는 98년 가을부터 99년 봄까지 한겨레에 연재된 것이다. 물론 이 글들의 소루함은 신문 지면의 제약 탓이 아니라 내 능력과 정성의 제약 탓이다. 방랑하는 아비의 소맷자락에 이끌려 이리저리 떠돌다가 문득 모국어가 설어져버렸을 두 아이에게 이 책을 준다. 그 아이들이 이 책을 기꺼이 받아줄까? 그러기를 바란다.

1999년 8월
고종석

차 례

책머리에 | 7

① 한국어가 걸어온 길
국어 · 한국어 · 조선어 | 15
한국어, 외계에서 온 언어? | 20
세 나라의 언어는 같았을까? | 25
고구려어 · 한국어 · 일본어 | 32
이두: 한국어 서기 체계의 시작 | 36
향찰: 이두의 최고 형태 | 40
한글 '험담' 두 마디 | 44

② 한국어의 단어와 문장
한국어, 세 겹의 언어 | 51
봄바람과 춘풍: 한국어 어휘의 이중 계보 | 55
고유어와 한자어의 일 대 다 대응 | 59

역전 앞과 한옥집: 잉여적 표현에 대하여 | 63
'자장면 문장'에 대하여 | 67
'오른'과 '왼,' 옳고 그름 | 71
엄마와 남자의 공통점 | 74
하나 · 둘 · 셋 · 넷 | 78
하루 · 이틀 · 사흘 · 나흘 | 82
하느님과 하나님, 기독교와 개신교 | 86
김치에 대하여 | 90
여러 가지 '손' | 94
이 · 그 · 저: 가리킴말에 대하여 | 98
대용어와 게으름의 대명사 | 102
'-들,' 수의 곡예사 | 106
자기 · 자신 · 자기 자신 | 110
'것,' 세상의 모든 것 | 114
형태소와 변이 형태 | 119
소래 달아났이오: 주격 조사의 지리적 변이 | 123
우리말의 시제 | 127
부정문에 대하여 | 132
형용사는 adjective가 아니다 | 136
기쁘다와 기뻐하다: 심리 형용사에 대하여 | 140
'~와/~과'에 대하여: 비교 형용사와 대칭성 동사 | 144
버릇 · 성격 · 모양 · 직업 | 147
지우개와 봄낳이 | 151
춤추기 · 잠자기 · 꿈꾸기 | 155

품사의 넘나듦: 영변화에 대하여 | 159
한 음소 형태소들 | 163
피동과 능동 | 167
사동과 주동 | 171

③ 한국어의 소리

가카까 · 다타따 · 바파빠 | 177
한국 한자음의 특성 | 181

④ 언어의 사회학

으르렁말과 가르랑말 | 187
'좌익'과 '좌파' : 연상공학의 한 양상 | 191
욕설의 세계: 설사의 심리학 | 195
유행어, 시대의 거울 | 199
궁중어, 구중(九重)의 방언 | 204
속담: 민중의 위대함과 비천함 | 208
금기담에 대하여 | 212
은어: 울타리의 심리학 | 216
개화경과 양풍 | 220
평양감사와 함흥차사 | 224
한국 사람의 이름 | 228
서울의 동 이름 | 232
접촉과 간섭에 대하여 | 236

방언에 대하여 | 240

⑤ 북한말의 풍경

문화어: 평양 중심주의의 대두 | 247
문화어의 얼굴 | 251
북한의 국어 사전 찾아보기 | 255
북한에서의 단어 만들기 | 259
우상의 언어 | 263
언어와 이데올로기 | 267

더 읽을 거리 | 271
찾아보기 | 290

❶ 한국어가 걸어온 길

국어 · 한국어 · 조선어

　한반도와 그 부속 도서에서 사용되는 말의 객관적인 이름은 한국어다. 학교의 교과 과정에서는 한국어를 흔히 국어라고 부르지만, 자기 나라 언어를 국어라고 부르는 것이 널리 퍼져 있는 관행은 아니다. 영국의 학교에서는 자기들이 일상적으로 사용하는 언어를 영어라고 부르고, 프랑스 사람들 역시 자기들의 언어를 프랑스어라고 부른다. 자기 나라 언어를 국어라고 부르는 관행은 실상 동아시아 몇몇 나라에 특유한 것이다.
　한국사를 국사라고 부르고 한국 문학을 국문학이라고 부르는 관행과 마찬가지로, 한국어를 국어라고 부르는 관행에도 자존(自尊)의 동력이 작용하고 있다. 또 그 말들에서는 에도 시대(도쿠가와 이에야스가 지금의 도쿄에 막부를 세운 1603년부터 메이지 유신이 일어난 1868년까지의 시대) 이래의 일본 국학(고쿠가쿠: 일본 고전 문헌의 연구를 통해 일본 고유의 정신과 문화를 선양하려던 17세기 이래의 학풍)의 메아리가 울린다. 에도 시대 이래의 일본 국학자들(고쿠가쿠샤)이 중국 문화에 맞서는 자존을 자기들 학문의 심리적 밑받침으로 삼았듯, 한국의 국학자들도 외국 문화에 맞서는 자존에 기대어 자기들의 학문을 수립하고 있다. 그러니까 그들이 의지한 자존의 이념적 표현은, 저항적이든 패권적이든, 일종의 민족주의라고 할 수 있다. 일제하의 조선어(학)·조선사(학)·조선 문학이 해방 뒤 국어(학)·국사(학)·국문학이라는 본래의 이름을 되찾았을 때, 그 개명의 전범이 된 것은 일본 사람들의 관행이었을 것이다.

  나는 개인적으로 국어라는 말보다 한국어라는 말을 선호한다. 국어라는 말에 담긴 자기 중심주의·주관주의가 사물에 대한 객관적 서술에 알맞지 않다고 생각하기 때문이다. (조선어라는 말도 써봄직하다. 여기서의 조선을 분단 이전의 한국으로 이해한다면 조선어라는 말이 한국어라는 말보다 객관적 서술에 더 적절할지도 모른다. 그러나 아직도 남한 일반인들의 심상 속에서 조선이라는 말은, 14세기말부터 20세기초까지의 이씨 왕조나 1948년 이후의 북한 체제와 자주 겹친다. 그래서 나는 이 책에서 대체로 한국어라는 말을 사용할 생각이다.) 그러나 국어라는 말이 한국어를 대상으로 사용됐을 때, 그 이름에는 무턱대고 주관주의라고만 몰아칠 수 없는 객관적 적실성이 담긴 것도 사실이다. 중국 동북 지방이나 중앙 아시아나 일본이나 미국의 소수 한인 사회를 예외로 친다면, 한국어 공동체의 지리적 공간이 한국(남한과 북한을 합한)의 영역과 정확히 일치한다는 것 때문에 그렇다. 외국의 한인 사회에서도 점차 한국어가 사라지는 추세이므로, 이제 한국어는 한국(인)의, 그리고 한국(인)만의 언어라고 할 수 있다.

한국어가 사용되는 곳이 한국의 영역과 일치한다는 사실, 즉 한국 바깥에서는 한국어가 쓰이지 않고 한국에서는 오직 한국어만 쓰인다는 사실을 당연하게 받아들이는 독자도 있을지 모르겠다. 그러나 이런 일국-일언어는 아주 예외적인 현상이다. 인도나 중국 같은 넓은 나라는 말할 것도 없고 우리와 견주어 땅이 좁은 나라에서도 여러 언어가 사용되는 경우는 얼마든지 있다. 실상 지구상의 나라 대부분이 다언어 사회라고 할 수 있다. 벨기에나 스위스 같은 나라들은 잘 알려진 다언어 사회지만, 예컨대 가장 강력한 국제어인 영어의 본고장 영국 역시 영어가 전횡하고 있는 단일 언어 사회가 아니다. 공용어인 영어 이외에 지역 공용어로 웨일스어와 프랑스어가 인정되고 있고, 이 밖에도 스코틀랜드·북아일랜드 등의 지방별로 여섯 개의 군소 언어가 영국의 국토 안에서 지역어로 사용되고 있다. 프랑스의 경우는 훨씬 더 복잡하다. 공용어인 프랑스어 이외에도 현재 서른 종류가 넘는 언어가 프랑스의 각지에서 사용되고 있다. 10세기말 이후 '왕의 언어'가 되면서 제1언어로서의 권위를 얻게 된 프랑스어는, 19세기에 보통 교육 제도가 자리잡은 결과로 이제는 거의 모든 프랑스인의 언어가 되었지만, 아직 프랑스 전국을 완전히 평정하지는 못하고 있는 것이다. 물론 이 군소 언어들은 프랑스어의 위세에 눌려 점점 소멸하는 추세에 있기는 하다. 그러나 이 언어들은, 비록 독립된 언어와 방언의 경계가 늘상 또렷한 것은 아니지만, 프랑스어의 방언이 아니라 엄연히 독립된 언어들로 인정되고 있다. 이렇듯, 한 나라 안에서 오직 한 언어만 쓰이고, 그 언어가 그 나라 바깥에서는 사용되지 않는 경우는 좀처럼 찾아보기 힘들다. 그런 희귀한 경우로서 한국어 이외에 일본어를 거론하는 사람들도 있다. 그러나 일본의 경우는 일본어와의 혈연 관계가 불분명한 아이누어가 메이지 유신 이전까지 부분적으로 남아 있었다는 점에서 우리와 다르다. 또 본토의 일본어와는 또렷한 이질감을 주는 오키나와 방언은 말할 것도 없고, 혼슈 섬에서만도 교토-오사카를 중심으로 한 간사이 방언들과 도쿄(에도)를 중심으로 한 간토 방언들이 매우 커다란 차이를 보였다는 것도 다른 점이다.

　우리의 경우엔 고대의 삼국이 불완전하게나마 신라에 의해 통일된 이후로, 비록 방언적 차이는 있을지언정 한반도 안에서 단일 언어가 사용돼왔다. 또 그 언어는 오직 한반도에서만 사용돼왔다. 그리고 방언들 사이의 차이도 예컨대 일본어에 견주어 훨씬 작다. (제주도 방언이 다른 지역의 방언들과 꽤 다르다는 점은 인정해야 한다. 실상 오키나와의 언어를 일본어의 방언으로 치는 것이나 제주도의 전통적 언어를 한국어의 방언으로 치는 것에는 언어학의 논리보다는 정치의 논리가 더 깊게 개입해 있다. 그 점에 대해서 다시 얘기할 기회가 있을 것이다.) 게다가 한국사 전체로 보면 길다고 할 수 없는 후삼국 시대와 1945년 이후의 분단 시대를 제외하면, 중세 이래 한반도에는 늘 단일 국가가 존재했다. 한반도에 존속했던 단일 정치 공동체의 단일 언어가 주민 집단의 통합을 강화하고 민족 의식이라고 할 만한 것을 이미 중세 때부터 움틔웠으리라는 짐작도 가능하다. 70년대 이래 남한 정치의 가장 커다란 동력으로 작용해온 것이 지역주의라는 지적이 있지만, 실제로 한국 사회는 고도로 통합된 사회이고 그 통합의 배경에는 국어로서의 한국어가 있다는 사실을 지나쳐서는 안 된다. 요컨대 누군가가 굳이 영국의 '국어'는 영어고 프랑스의 '국어'는 프랑스어라고 했을 때, 그 '국어'라는 말은 영국과 프랑스에서 사용되는 다른 언어들에 대한 영어와 프랑스어의 패권을 함축하고 있지만, 한국의 국어가 한국어라고 했을 때는 그런 뉘앙스가 개입할 여지조차 없다. 한국에서는 한국어 이외에 다른 언어가 사용되지 않기 때문이다.

　물론 신라어가 진화한 결과가 현대 한국어라고 하더라도, 7세기의 한국어와 지금의 한국어는 전혀 다르다. 동일한 수평 위에 놓았을 때 그 두 언어는 완전히 다른 언어라고 할 수 있다. 고대 한국어를 살필 수 있는 문헌이 워낙 빈약해서 그 다른 정도를 정확히 가늠할 수는 없지만, 신라어와 현대 한국어의 차이는 예컨대 현대 이탈리아어와 현대 스페인어의 차이보다 훨씬 더 클 것이 분명하다. 그 긴 세월 동안 한국어의 음운 조직이나 통사 구조도 꽤 변했겠지만, 가장 크게 변한 것은 어휘의 측면이다. 어휘만을 기준으로 삼는다면 신라어와 현대 한국어의 차이는 현대 한국어와 현대 일본어의 차이보다도 더 크리라고 생각된다. 우리가 훔쳐볼 국어의 풍경들은 그 고대 한국어부터 현대 한국어까지의 다양한 풍경들이다. 그 한국어는 공시적으로는 방언적 차이를 제외하면 균질적인 단일 언어이지만, 통시적으로는 전혀 다른 언어들의 집적이라고 할 수 있다.

한국어, 외계에서 온 언어?

　19세기의 언어학자들은 세상의 무수한 언어들을 혈연 관계에 따라 분류하는 일에 몰두했다. 그들은 핏줄이 통한다고 생각되는 언어들을 묶어 가족(어족〔語族〕)을 만들고, 그 가족의 조상(조어〔祖語〕)을 찾는 일로 세월을 보냈다. 언어의 족보를 만드는 데 열중한 이 19세기 언어학의 이름은 역사-비교언어학이다. 19세기말 독일의 라이프치히 대학에서 전성기를 맞게 될 역사-비교언어학의 씨앗은 그보다 한 세기 전 한 영국인 변호사가 뿌렸다. 윌리엄 존스라는 이름의 이 변호사는 18세기말 인도의 동인도 회사에서 일하며 그 나라의 고대 언어인 산스크리트어를 배웠는데, 이 낯선 언어와 그 자신이 잘 알고 있던 고대 그리스어·라틴어 사이의 체계적인 유사성을 깨닫고 큰 충격을 받았다. 친족 어휘, 신체 주요 부분의 명칭, 수사 등 한 쪽에서 다른 쪽으로 차용됐다고는 볼 수 없는 어휘들이 그 세 언어들 사이에서 일정한 음운 대응을 보여주고 있었다. 그는 영국으로 돌아간 뒤 자신의 이 놀라운 발견을 글로 발표해 유럽 사람들에게 알렸다.

다음 세기 들어 프란츠 봅, 라스무스 라스크, 야콥 그림, 아우구스트 슐라이허 같은 학자들은 존스의 연구를 가다듬고 확대하는 과정에서, 대서양 연안의 켈트어에서부터 인도의 산스크리트어에 이르기까지 인도와 유럽의 언어 대부분이 한 핏줄을 나눈 가족이라는 결론에 이르렀다. 그들은 가족으로서의 그 언어들을 인도-유럽어족이라고 불렀다. 그들은 더 나아가 이 언어들의 비교를 통해서 이 모든 언어의 유일한 조상이었을 가상의 인도-유럽 조어를 재구(再構)하려는 야심을 품었다. 그들은 또 그 가상의 단일 언어를 사용했을 저 아스라한 태곳적의 인도-유럽인을 상상하기까지 했다. 그들이 채택한 비교 방법이 자료의 한계 내에서는 엄밀하고 정교했던 만큼 이런 인도-유럽이라는 개념 자체를 무작정 소설이라고 폄하할 수만은 없겠지만, 아무튼 역사-비교언어학의 정서적 버팀대는 일종의 낭만주의였던 셈이다. 넓은 지역의 수많은 언어들을 보듬고 있는 인도-유럽어족은 힌디어 · 페르시아어 등의 인도-이란어군, 프랑스어 · 이탈리아어 등의 로만어군, 영어 · 독일어 등의 게르만어군, 러시아어 · 폴란드어 등의 슬라브어군, 아일랜드어 · 웨일스어 등의 켈트어군 등을 포함한 여러 하위 그룹들로 나뉜다. 그리고 식민주의와 제국주의에 힘입어 영어 · 프랑스어 · 스페인어 · 포르투갈어가 남북아메리카와 오세아니아, 아프리카로 퍼져나가, 오늘날 아시아의 일부를 제외하고는 전세계가 인도-유럽어로 뒤덮이게 되었다.

언어의 족보를 만들기 좋아하던 유럽의 역사-비교언어학자들은 자기들 언어말고도 세계의 다른 모든 언어들에 족보를 만들어주고 싶어했다. 물론 기원전 1500년 무렵부터 현대에 이르기까지 3천 5백 년에 이르는 기간 동안 풍부한 문헌을 남겨온 인도-유럽어족에 견주어 상대적으로 빈약한 문헌 속에 숨어 있는 다른 언어들의 족보를 만드는 것이 쉬운 일은 아니었다. 예컨대 이탈리아어 · 프랑스어 · 스페인어 · 포르투갈어 따위의 로만어 자매들은, 그들의 어머니라고 할 만한 속(俗)라틴어가 자신들을 분만하는 과정을 보여주는 문헌들을 세세히 갖추고 있지만, 세상에는 유럽인들의 손길과 발길이 닿음으로써 비로소 기록되기 시작한 언어들도 수두룩했다. 그러나 그들은 식민주의자답게 '백인의 짐'을 기꺼이 졌고, 그들의 노고가 빛을 보아, 오늘날 세상에는 열에서 스물 사이의 '말들의 족보,' 즉 어족이 인정되고 있다. 몽골어 · 만주어 · 터키어로 대표되는 알타이어족, 중국어 · 티베트어로 대표되는 중국-티베트어족, 핀란드어 · 헝가리어를 포함하는 우랄어족, 아랍어 · 히브리어 등을 포함하는 아프리카-아시아어족, 인도 남부의 타밀어 · 텔루구어 등을 포함하는 드라비다어족 등이 비교적 큰 어족들이다. 그러나 이런 족보들에 끼이지 못한 언어도 있다. 스페인과 프랑스 국경 지대인 바스크 지방의 바스크어, 일본 홋카이도에서 사용됐던 아이누어 따위가 그런 족보 없는 언어다. 웬만하면 아무 족보에나 올려주고 싶어서 혈연 관계를 확인하려고 유전자 검사까지 해봐도 도무지 어느 핏줄인지 알 수가 없는 언어들이 바로 바스크어고, 아이누어다. 일종의 고아 언어이고, '외계에서 왔음직한' 언어인 셈이다.

그러면 한국어는? 유감스럽게 한국어도 고아 언어에 가깝다.

확인된 혈족이 없어서 어떤 족보에도 올리기 어려운 별난 언어인 것이다. 한국어의 계통에 관한 연구는 19세기 후반 이래 거의 1백 50년의 세월을 소모했지만, 아직도 이 언어의 혈통은 오리무중이다. 한국어의 계통에 관해서는 크게 두 개의 주장이 대립돼 있다. 알타이어족에 속한다는 것이 그 하나고, 그렇게 볼 수 없다는 것이 다른 하나다. 그런데 양쪽의 주장 모두 그 근거가 그리 튼튼하지는 않다. 『한국어 어원 연구』 『알타이어학 개설』 등의 저술을 통해서 한국어가 알타이어족에 속한다는 설을 학계에 널리 퍼뜨린 사람은 핀란드의 알타이어 학자 구스타프 람스테트인데, 생전의 람스테트 자신도 한국어와 다른 알타이어와의 핏줄 관계를 다소 미심쩍어하며 "한국어는 앞으로 더 연구해야 할 불가사의한 언어"라고 했을 정도다. 한국어를 알타이어족에 포함시키지 않는 학자들도 한국어가 절대로 알타이어가 아니라고 말하는 것은 아니다. 다만 그들은 한국어가 알타이어라는 증거가 충분치 않다고 말하는 것뿐이다. 알타이어족이라는 개념 자체가 허구라는 주장까지 제기되고 있어서 문제는 더 복잡하다.

어떤 두 언어가 동계어라는 사실을 증명하는 것은 기초 어휘 사이의 규칙적인 음운 대응이라고 비교언어학은 가르친다. 예컨대 영어의 foot(발)과 독일어의 Fuss, 영어의 water(물)와 독일어의 Wasser, 영어의 eat(먹다)와 독일어의 essen 같은 단어들에선, 영어의 무성 파열음 /t/에 독일어의 무성 마찰음 /s/가 규칙적으로 대응한다. 그런데 한국어와 여러 알타이어 사이의 비교에서는, 매력적인 대응의 예가 전혀 없는 것은 아니지만, 그것이 동계를 주장할 수 있을 만큼 충분하지는 않다는 것이 한국어를 알타이어에 포함시키지 않는 학자들의 견해다. 중세 이전의 한국어를 살필 만한 자료가 워낙 부족해, 짧은 시일 안에 이 방면의 연구가 크게 진전할 것 같지도 않다. 이것은, 그 역시 계통이 불분명한 일본어와의 관계도 마찬가지다. 물론, 한국어의 숱한 한자 어휘와 일본어의 한자 어휘 사이에는 음운 대응의 규칙성이라고 할 만한 것이 관찰된다. 그러나 그 어휘들은 모두 차용어여서 두 언어가 동계라는 증거가 되지 못한다.

반면에 언어 유형론의 관점에서 보면 한국어는 다른 알타이어들과 닮은 점이 많다. 예컨대 서술어가 문장 끝에 오고 한정사가 대개 피한정사 앞에 오는 어순이라든가, 접사의 첨가로 어휘를 형성하는 방식이라든가, (적어도 중세어에서는) 모음 조화 현상이 뚜렷하다든가 하는 점이 그렇다. 요컨대 핏줄은 모르겠지만, 하는 짓은 비슷하다. 한국어가 알타이어든 '외계에서 온 고아 언어'든 이 언어는 6천만 명 이상이 모국어로 사용하는 언어다. 프랑스어처럼 명망 있는 언어도 그것을 모국어로 사용하는 인구는 7천만에 불과하다. 한국어는 영어나 중국어에 견주면 물론 힘이 아주 약한 언어지만, 화자의 수로는 세계에서 열대여섯번째 가는 언어이고, 독창적인 문자 체계와 깔볼 수 없는 문학적 자산을 갖추고 있는 언어다.

세 나라의 언어는 같았을까?

 평안도에서 사용하는 언어와 전라도에서 사용하는 언어가 동일한 언어라는 데에 이의를 제기할 사람은 없다. 김대중 대통령이 사용하는 언어가 한국어이듯, 김정일 총비서가 사용하는 언어도 한국어다. 그래서 만약에 그 두 사람 사이에 정상 회담이 이뤄진다면, 통역에게 지불해야 할 돈 걱정은 하지 않아도 된다. 그런데 만약에 그런 회담이 고대에 열렸다면? 만일 연개소문과 김춘추 사이에 정치 회담이 열리거나(실제로 그런 일이 있었다) 계백과 김유신 사이에 군사 회담이 열렸다면? 그때도 통역이 필요 없었을까? 그러니까 고대 세 나라 사람들은 동일한 언어를 사용했을까? 또 그 이전 부족 국가 시절에는 어땠을까?
 부족 국가 시대에 한반도에서 사용된 언어의 실상을 알려주는 자료는 별로 없다. 중국 측의 단편적인 기록이 남아 있을 뿐이다. 3세기 후반에 진수가 쓴『삼국지』「위지」의 '동이전'에 그들 언어의 관계에 대해 서술한 부분이 산재해 있다. 예컨대 부족 국가 시기의 고구려에 대해서는 "부여의 별종이다. 언어와 여러 일들이 부여와 많이 같다"고 기록하고 있고, 동옥저에 대해서는 "그 언어는 고구려와 대체로 같으나 때때로 조금씩 다르다"고 기록하고 있다. 변진에 대해서는 "진한과 서로 뒤섞여 산다. [……] 언어와 법과 풍속이 서로 비슷하다"고 기록하고 있다. 그러나 『후한서』에는 진한과 변진의 관계에 대해 "언어와 풍속은 다른 데가 있다"고 『삼국지』와는 엇갈리는 기술을 하고 있다. 삼국 시대의 언어에 대해서도 중국 측의 기록이 있다. 7세기의 『양서』는 백제에 대해 "지금 언어라든지 옷차림이 대략 고구려와 같다"고 기록하고 있고, 신라에 대해서는 "(중국인과 말을 하려면) 백제 사람을 두어야 통한다"고 기록하고 있다.

부족 국가 시대의 언어에 비하면 삼국 시대의 언어는 빈약하나마 우리 쪽의 기록을 얻고 있다. 그것은 주로 『삼국사기』에 나오는 지명과 인명 등 고유 명사들이다. 고유 명사라는 것도 그 기원은 대체로 보통 명사이므로, 동일한 고유 명사를 소리와 뜻으로 달리 표기한 경우가 나오면 그것을 기초로 삼국 시대 어휘의 형태와 의미를 짐작하게 되는 것이다. 그러나 고유 명사의 어원적 해석이라는 것이 학자들 사이의 합의를 이끌어낼 만큼 정교하게 이루어지기도 어렵거니와, 그 해석이 대체로 합의에 다다랐다고 하더라도 그것을 통해 끌어낸 세 나라 언어 관계에 대한 결론이 늘상 같은 것도 아니다.

우선, 북한 학계의 공식 입장은 삼국의 언어가 같았던 것은 물론이고 고조선·부여·진국 같은 초기 부족 국가 시절부터 한반도에서는 동일한 언어가 사용됐다는 것이다. 중국의 사서에서 지적하는 부족 국가 사이의 언어 차이나, 『삼국사기』에 나오는 고유 명사들의 어원적 해석이 드러내는 삼국 언어의 차이는 모두 '방언적 차이'에 불과하다는 것이 북한 학계의 견해다. 1978년에 평양의 과학·백과사전출판사에서 나온 김영황의 『조선 민족어 발전 력사 연구』는 한국의 고대 언어를 다루는 첫 두 장에서 고대 한반도의 주민 집단이 동일한 언어를 사용했다는 것을 되풀이 강조하고 있다. 특히 삼국 시대의 언어를 기술하면서는 "주민들의 집단적인 접촉과 이주에 의하여 본래부터 내재하였던 문화적인 공통성과 함께 언어적인 공통성이 일층 강화되어갔다"며 "핏줄의 공통성에 의한 친연 관계는 일종의 동족 의식을 낳게 하며 이에 기초하여 리해 관계의 일치를 발견하게 되면서 그들은 외래 침략자들을 반대하는 공동 투쟁에 나서게 된다"고 기술하고 있다.

남쪽의 학자들도 대개 받아들이고 있는 이 삼국 단일 언어설은 그러나 현재를 과거에 투사하는 잘못을 범하고 있다는 비판에 직면할 수 있다. 지금 한반도에서 단일 언어가 사용되고 있고, 또 중세 이래 줄곧 그래 왔다고 하더라도, 고대에도 반드시 그랬으리라는 법은 없으니 말이다. 남한의 많은 학자들도 지적하듯, 광대한 고구려 영토에서 과연 단일 언어가 사용되었는지를 확인할 수 있는 자료는 전혀 없다. 현대에도 그렇듯, 고대 국가들 가운데도 단일 언어 국가는 드물었는데, 국가들 사이의 언어가 같았다고까지 주장하는 것은 아주 대담한 가설이다. 삼국의 단일 언어설을 받아들이고 있는 김방한 교수도 고구려가 남하하기 이전의 한반도 북중부의 언어가 「위지」'동이전' 당시의 고구려의 언어와 달랐으리라는 개연성을 인정하고 있다.

그보다 더 중요한 것은 단일 언어설을 지지하는 학자들의 논리적 모호함이다. 예컨대 고대 한반도의 남부와 북부의 언어 차이를 '특수한 방언적 차이'라고 말하는 김방한 교수(『한국어의 계통』)는 곧 뒤이어, 이 언어들이 "계통을 달리하는 언어는 아니"라고 말하고 있다. 삼국의 언어가 단일한 언어라는 점을 되풀이 강조하는 『조선 민족어 발전 력사 연구』가 "세 나라의 언어는 본래 한 갈래에서 나온 말들로서 매우 밀접한 관련을 가지고 있었다"거나 "기원상 동일성에 의하여 규정되는 기본 어휘와 문법 구조의 공통성"을 보여준다고 적고 있는 것과 같은 맥락이다. 그러나 '계통을 달리하는 언어는 아니'라거나 '한 갈래에서 나온 것'이라는 것은 삼국의 언어가 달랐다고 주장하는 학자들도 인정하는 사실이다. 즉 계통이 같다고 해서 단일 언어인 것은 아니다. 예컨대 현대 스페인어(카스텔랴노)와 포르투갈어는 분명히 '한 갈래에서 나온' '동일 계통'의 언어이지만, 엄연히 다른 언어들이다. 삼국의 언어가 달랐으리라고 짐작하는 이기문 교수도 고구려어로 대표되는 부여계의 여러 언어들과 신라어로 대표되는 한계 여러 언어가 가까운 친족 관계에 있었을 것이라고 얘기하고 있다. 이기문 교수는 고구려어가 신라어나 백제어와 가까웠던 것 못지않게 고대 일본어와도 가까운 친족 관계에 있었을 것이라고 추측하는데, 우리는 다음 장에서 이에 대해 살필 것이다.

삼국의 언어, 적어도 고구려어와 백제·신라어가 달랐을 것이라고 보는 견해 가운데는, 고구려어를 비롯한 부여계의 여러 언어들을 한반도 언어와 분리해 퉁구스어파(오늘날 시베리아 동부·사할린·만주·신강 등에 분포되어 있는 알타이어족의 일파)에 소속시키는 견해가 있다. 이 견해는 대체로 일본 사람들이 주장하고 한국 사람들이 반박하는 견해인데, 적어도 남하 이전의, 즉 남만주 중심의 고구려어에 대해서는 전혀 근거 없는 소리가 아니다. 유명한 고구려 5부족의 명칭에서 추출된 방향어들은 퉁구스어와 일정하게 연결된다. 삼국의 언어가 달랐다고 주장하는 사람들 가운데도, 통일 신라 이후 고구려어와 백제어가 사멸해 역사의 뒤안으로 사라지고 신라어가 진화해 중세·현대 한국어가 되었다고 주장하는 사람도 있고, 신라어를 중심으로 백제어와 고구려어가 융합해 진화한 것이 중세·현대 한국어라고 말하는 사람도 있다.

    여기서 한번 짚고 넘어가야 할 것은 개별 언어와 방언의 경계다. 언어학자들은 독립적인 언어와 방언의 경계를 일반적으로 의사 소통 가능성에서 찾는다. 즉 두 화자가 자기들이 쓰는 말로 서로 의사를 전할 수 있으면, 비록 그들의 말씨가 똑같지는 않을지라도 동일한 언어를 사용하는 것이다. 그러나 이 기준을 내세우더라도 언어와 방언의 경계는 자주 흐릿하다. 그 경계가 단절적이지 않고 점이적이기 때문이다. 게다가, 서로 다른 개별 언어로 분류되는 언어들을 사용하는 화자들끼리도 쉽게 의사가 통하는 경우가 있는가 하면, 동일한 언어의 방언을 사용하는 사람들끼리도 의사 소통이 힘든 경우가 있다. 예컨대 게르만어에 속하는 북유럽의 세 언어, 즉 덴마크어·노르웨이어·스웨덴어 사용자는 별 어려움 없이 서로 의사가 통한다. 이들 세 언어는 거의 모든 어휘를 공유하고 문법 체계도 아주 비슷하다. 다만 음운상의 자잘한 차이가 있을 뿐이다. 그런데도 이 세 언어는 독립된 언어로 인정되고 있다. 더욱이 우리가 흔히 노르웨이어라고 부르는 언어는 덴마크어에 가까운 문어 riksmål와 스웨덴어에 가까운 문어 landsmål를 뭉뚱그려 부르는 말이다. 말하자면 순수히 언어학적 견지에서 노르웨이에는 덴마크어의 방언을 사용하는 사람들과, 스웨덴어의 노르웨이 방언을 사용하는 사람들이 있을 뿐인데, 보통 우리는 그 두 방언을 뭉뚱그린 뒤 거기에 언어의 자격을 부여해 노르웨이어라고 부르는 것이다. 그것은 말할 나위 없이 노르웨이가 정치적 독립체라는 것과 무관하지 않다. 반면에 같은 한국어 화자라고 할지라도 제주도 방언 사용자와 다른 방언 사용자는 의사 소통이 쉽지 않다. 제주도 방언과 한국어의 여타 방언은 적어도 어휘의 측면에서는 현격히 다르다. 그런데도 우리는 제주도 방언과 여타 방언을 합쳐서 한국어라고 부른다. 언어와 방언의 경계를 획정하는 데 언어학적 고려 못지않게 정치적 고려가 작동하는 예다. 삼국의 언어가 단일했는가 서로 달랐는가에 대한 논의, 즉 세 나라 언어의 차이가 방언적 차이였는가 그 이상이었는가에 대한 논의에도 역사언어학적 논점과 정치적·이데올로기적 논점이 포개져 있다고 할 수 있다.

    삼국의 언어를 동일한 언어의 방언으로 보든, 계통이 같은 별개의 언어로 보든, 그 세 나라 말에 일정한 차이는 있었던 듯하다. 통역이 필요할 정도로 달랐는지의 여부는 알 수 없지만, 평양의 김춘추가 서울의 김정일보다 더 큰 언어적 위화감을 느꼈을 것은 확실하다. 그렇게 서로 다른 말을 쓰는 삼국의 사람들이

"동족 의식에 기초해 외래 침략자들을 반대하는 공동 투쟁을 벌여왔다"는 북한 학계의 주장은 좀 지나친 것이 아닌가 싶다. "당이라는 '외세'를 끌어들여 '동족'인 백제와 고구려를 멸망시킨 신라" 이야기는 우리 역사관을 지배하는 낡은 신화인데, 그것은 지금의 민족과 민족주의를 억지로 1천 수백 년 전의 한반도 상황에 끼워 맞춘 것일 뿐, 실제로 신라 사람들에게는 고구려나 백제도 당과 똑같은 외세였을 것이다.

고구려어 · 한국어 · 일본어

고대 세 나라의 언어가 서로 달랐을 것이라고 생각하는 학자들 가운데는 고구려어와 고대 일본어 사이의 친족 관계를 상정하는 이들이 있다. 그들이 주목하는 것은 『삼국사기』의 「지리지」에서 추출되는 고구려어 지명이다. 땅 이름의 음독명(音讀名)과 훈독명(訓讀名)이 병렬되어 있는 경우에, 그 소리와 뜻을 연결해서 고구려어 단어나 형태소를 비슷한 꼴로 복원해보는 것이다. 그런 방식으로 복원된 고구려어 단어들 가운데 상당수는 고대 일본어와의 혈연 관계가 약여하다. 이 문제에 깊은 관심을 보여온 이기문 교수에 따르면, 우리가 확인할 수 있는 고구려어 어휘는 여든 개 정도이고, 이 가운데 서른 개에 가까운 예가 일본어와 현저한 일치를 보여준다.

고구려어와 고대 일본어를 비교할 때 거론되는 가장 유명한 예는 고구려어의 수사다. 『삼국사기』에서 추출되는 고구려 수사는 3, 5, 7, 10의 넷인데, 이들의 음은 각각 密·于次·難隱·

德으로 표기되었다. 이들 한자가 베껴낸 고구려어의 정확한 형태가 어떤 것이든, 그것들은 세·다숫·닐굽·열의 형태를 보이는 중세 한국어와는 판이한 반면에, mi·itu·nana·töwo로 재구되는 고대 일본어와는 매우 유사하다. 일본어를 아는 독자들이라면, 현대 일본어에서 셋·다섯·일곱·열이 미쓰·이쓰·나나쓰·도라는 데에 금방 생각이 미칠 것이다.

물론 일본어와의 혈연을 암시하는 고구려어 단어들이 모두 역사-비교언어학적 조건을 충족시키는 것은 아니다. 앞서 얘기했듯 어떤 두 언어가 동계어라는 사실을 증명하는 것은 기초 어휘 사이의 규칙적인 음운 대응이라고 비교언어학은 가르친다. 그런데 고구려어와 고대 일본어 사이에는 동원어(同源語)라고 함직한 단어들끼리 이런 규칙적인 음운 대응이 또렷하지 않다. 고구려어와 고대 일본어의 재구 형태 자체가 불완전한 것이어서 사정은 더 나쁘다. 그래도 대한 해협 양쪽의 언어학자들은 고구려어와 일본어 사이의 친족 관계 가능성에 계속 주목하고 있다.

신라어가 중심이 돼 진화한 한국어와 바다 건너 일본어 사이의 친족 관계를 확정할 수 없는 것도 실은 기초 어휘 사이의 음운 대응을 발견하기 힘들기 때문이다. 현대 한국어와 현대 일본어는 언어 유형론적으로는 쌍둥이 언어라고 할 만큼 유사하다. 단순히 두 언어 사이의 접촉과 간섭 때문에 그리 됐다고 보기에는, 그 유형론적 상사(相似)가 너무나 크다. 그러나 두 언어에서 규칙적인 음운 대응을 보여주는 동원어는 거의 발견되지 않았다. (앞서 얘기했듯 한국어의 숱한 한자 어휘와 일본어의 한자 어휘 사이에는 음운 대응의 규칙성이라고 할 만한 것이 관찰된다. 그러나 그 어휘들은 모두 차용어여서 두 언어가 친족 관계에 있다는 증거가 되지 못한다. 계통 관계를 확인하기 위해 두 언어의 어휘를 비교할 때 차용어를 배제해야 한다는 것은 비교언어학의 첫번째 계명이다. 그런데 일급 학자도 가끔 실수를 한다. 김진우 교수의 『언어』(탑출판사)는 한국어로 출판된 가장 깔끔한 언어학 입문서라고 할 수 있는데, 언어의 계보를 설명하면서 영어와 프랑스어가 친족 관계에 있다는 증거로 영어의 camp〔야영지〕· isle〔섬〕· ursine〔곰 같은〕과 프랑스어의 champ〔밭〕· île〔섬〕· ours〔곰〕를 들고 있다. 예로 든 영어 단어는 프랑스어나 라틴어에서 차용된 것이므로, 이 예는 영어와 프랑스어가 친족 관계에 있다는 증거가 되지 못한다. 그러나 예를 잘못 들었을 뿐, 영어와 프랑스어는 친족 관계에 있다. 게르만어군에 속하는 영어와 로만어군에 속하는 프랑스어는 둘 다 인도-유럽어족이라는 커다란 가족의 일원이다. 김진우 교수는 또 이 개론서에서 다소 미심쩍은 예들을 증거로 내세우며 한국어와 일본어가 친족 관계에 있다고 단정하고 있다.)

물론 민족주의적 열정에 찬 얼치기 언어학자들이 일본 언어와 문화의 한국 기원을 증명하기 위해서 마구잡이로 '발견해낸' 동원어들은 수두룩하다. 그러나 그 예들 가운데 믿을 만한 것은 거의 없다고 보아도 좋다. 민족주의적 열정은 또 이와는 정반대의 표정을 짓기도 한다. 고구려어와 고대 일본어 수사 사이의 개연적 친연성마저 일축하고(그것이 일제의 남조선 재침략을 합리화하고 두 개의 조선을 조작하는 데 가담하는 반동적·비과학적 주장이라는 것이 그 이유다), 태고 이래의 단일한 '조선어'는 일본어와 무관하다고 말하는 북한 학계의 표정이 그것이다. 북한 학계는 고구려어와 고대 일본어 사이의 친족 관계 가능성에 주목하는 입장들을 싸잡아서 일-한 양국어 동계론이나 왜-고구려 공통어설과 일치시키고 있지만, 그것은 거친 재단이다. 그들이 한 묶음으로 비판하는 '일본의 어용 학자들'이나 '남조선의 반동 부르주아 학자들' 사이에도 고구려어의 계통적 위치에 대한 견해들은 널따란 폭에 걸쳐 있다.

이두
— 한국어 서기 체계의 시작

　15세기 중엽에 훈민정음이라는 이름으로 민족 문자가 창제되기 전에는 우리말 문장을 표현하는 수단이 없었을까? 있었다. 그것이 이두다. 훈민정음이 창제되기 전에 우리 조상들은 한문이라는 이름의 고전 중국어로만 문자 생활을 한 것이 아니라, 한자를 빌려 우리말을 표기하는 이두로써도 문자 생활을 했다. 한글이 창제되기 전에 이미 한국에는 한문과 이두라는 두 가지 서기 체계가 존재했고, 한글이 창제된 후에는 세 가지 서기 체계가 병존한 것이다.
　고전 중국어를 표기하는 한문과는 달리, 이두는, 비록 한자를 빌려 사용하기는 하지만, 한국어를 표기하는 방식이다. 삼국 시대에 이미 나타나기 시작한 이두는 그 나름의 발전 과정을 거치며 조선조말까지 존속되었다. 이두는 삼국 시대의 금석문에 쓰인 것(초기 이두)과 조선조 이후까지 공문서에 쓰인 것(이찰)과 신라의 향가에 쓰인 것(향찰)이 서로 조금씩 다른 체계를 보여주고 있다. 그래서 연구자들은 흔히 이두를 세 가지 형태로 나눈다. 그 첫째는 주로 금석문에 사용된 이두다. 이것은 이두 발전의 초기 형태라고 해서 '초기 이두'라고도 하고, 그 대표적인 기록이 5세기 중엽(또는 6세기초)의 임신서기석(壬申誓記石: 1940년 경주 석장사 절터에서 발견됨)에 새겨져 있다고 해서 '서기체'라고도 한다. 초기 이두의 가장 커다란 특징은 한자를 사용하되 그 어순을 한국어식으로 바꾸어놓은 것이다. 임신서기석에 새겨진 이두문의 앞부분은 이렇다.

壬申六月十六日二人幷誓記天前誓今自三年以後忠道執持過失无誓若此事失天大罪得誓

우리가 이 이두문을 고대 한국어로 정확히 읽을 수는 없지만 그 의미는 대충 이렇다: "임신년 6월 16일(壬申六月十六日) 두 사람이(二人) 함께(幷) 맹세하여(誓) 기록한다(記). 하늘 앞에(天前) 맹세한다(誓). 지금부터(今自) 3년 이후에(三年以後) 충성의 도리를(忠道) 붙잡아서(執持) 과실이 없기를(過失无) 맹세한다(誓). 만약에(若) 이 일을 잃으면(此事失) 하늘에(天) 큰 죄를 얻으리라고(大罪得) 맹세한다(誓)."

글자의 배열이 우리말 어순과 일치한다는 것을 쉽게 깨달을 수 있다. 만일 한문으로 썼다면, '지금부터 삼 년 이후에'는 '今自三年以後'가 아니라 '自今三年以後'가 됐을 것이고, '충성의 도리를 붙잡아서'는 '忠道執持'가 아니라 '執持忠道'가 됐을 것이며, '과실이 없기를 맹세한다'는 '過失无誓'가 아니라 '誓无過

失'이 됐을 것이다. 또, '만약에 이 일을 잃으면'은 '若此事失'이 아니라 '若失此事'가 됐을 것이고, '하늘에 큰 죄를 얻으리라고 맹세한다'는 '天大罪得誓'가 아니라 '誓得大罪於天'이 됐을 것이다.

그러나 한국어 문장의 표기는 어순만 바꾼다고 해서 완전히 이뤄질 수 없다. 교착어인 한국어에는 흔히 '토'라고 부르는 문법적 요소들이 발달해 있기 때문이다. 체언 뒤에 붙는 조사나 용언의 어미, 보조 어간 같은 것들 말이다. 이런 문법적 요소들이 표기되지 않으면, 문맥이 불명확해서 그 뜻을 완전히 이해하기 힘들다. 이런 문제를 해결하기 위해 창안된 것이 '이찰'이다. 거칠게 말하자면 이찰은 초기 이두에 문법적 형태가 보충된 것이다. 주로 공문서에 쓰인 이찰은 오랜 세월 동안 다듬어지며 한자의 뜻이나 음을 빌려 많은 이두토들을 개발해냈고, 그 과정을 거치며 실체어에서도 이두어들이 여럿 만들어졌다. 이찰은 가장 오래 그리고 가장 널리 쓰였기 때문에, 보통 '이두'라고 하면 '이찰'을 가리킨다. 널리 사용됐던 이두토들 가운데는 是〔이〕·亦〔이〕·乙〔을/를〕·以〔로〕·果〔과〕·良中〔에〕·矣〔의〕·隱〔은/는〕·乙良〔을랑〕·敎是〔이시〕·白〔옵〕·置〔도〕·良置〔아도〕·遣〔고〕·去等〔거든〕·去乙〔거늘〕·去乃〔거나〕 따위가 있다. 실체어에서도 이두어들이 고안됐으니, 物物〔갓갓: '가지가지'의 의미〕·숨흡〔마름〕·爲良如〔ᄒ야다: '하다'의 의미〕·故只〔짐즛: '짐짓' '일부러'의 의미〕 같은 것들이 그 예다. 이두토들이 그렇듯, 이 실체어 이두어들도 비록 한자로 표기되었을망정 고유어들이다. 그러나 비록 이찰이 우리말 어순으로 일관되고 이두토를 개발해 문맥을 명확히했다고 하더라도, 그 어휘에서는 고유어인 이두어보다 한자어가 우세했다. 더 정확히 얘기하면 고유어의 형태가 그 표기에 명확히 드러나지 않았다. 또 이렇게 한자어가 우세하다 보니 성구(成句) 같은 경우에는 한국어 어순이 아니라 한문 어순으로 기록되는 경우도 있었다. 이찰의 이런 특징은 그것이 주로 관청 공문서에서 사용하던 체제인 것과 관련이 있다고도 할 수 있다. 여기서 더 나아가 실체어의 고유어 형태까지를 거의 다 드러낼 수 있도록 고안된 것이 향찰이다. 말하자면 향찰은 한자의 문자적 한계 내에서 한국어의 입말을 가능한 한 가장 완전히 표기하게끔 고안된 서기 체계다. 향찰에 대해서는 다음 장에서 얘기하기로 하자.

향찰
―이두의 최고 형태

　향찰은 이두의 가장 발달된 형태다. 그것은 향가를 적는 데 사용돼 고려 초기까지 존속하다가 향가 형식의 쇠퇴와 함께 결국 사라지고 말았다. 초기 이두의 특징이 우리말 어순에 있고 이찰의 특징이 우리말 어순과 다양한 이두토에 있다면, 향찰은 우리말 어순과 이두토만이 아니라 풍부한 이두어를 사용하고 있다는 점에 그 특징이 있다. 즉 향찰에서는 한국어의 어순과 토와 고유어·실체어가 모두 비교적 명료하게 드러난다. 물론 이찰도 이두어를 사용하고는 있지만 그 이두어는 향찰에서 훨씬 더 풍부하다. 그리고 이찰의 특징이라고 할 만한 이두토도 향찰에서 더 다양하다. 말하자면 이두 서사 체계의 발달 단계로 보아 가장 원시적인 것이 초기 이두라면, 가장 발달된 것이 향찰인 것이다. 그러나 그것이 반드시 이찰과 향찰의 시간적 선후 관계를 드러내는 것은 아니다. 다시 말해 역사적으로 이찰 이후의 단계가 향찰이었다고 말하기는 힘들다. 왜냐하면 이찰은 향찰이 사라져버린 뒤에도 오래도록 살아남아 19세기말까지 사용되었기 때문이다. 이찰이야말로 이두 서사 체계 발전의 원줄기인 것이다. 그래서 보통 우리가 이두라고 하면 이찰을 뜻한다. 그런 용법을 사용한다면, 향찰은 이두의 일종이 아니라 이두와 나란히 존재했던 우리말 표기 방식인 것이다. 향찰은 이두의 발전 과정에서 향가라는 노래를 표기하기 위해서 일종의 곁가지로서 개발된 서사 체계였다. 그것은 물론 이찰보다는 훨씬 더 섬세하고 명료하게 우리말을 표기할 수 있는 서사 체계였다. 만약에 이찰이 아니라 향찰이 이두 발전 과정의 본령을 차지했다면, 우리 문자사는 크게 달라졌을지도 모른다. 어쩌면 한글이라는 음소 문자가 만들어지는 대신에 가나류의 보조적인 음절 문자가 만들어져 지금의 일본에서처럼 한자 위주의 국한 혼용이 지배적 전통으로 자리잡았을지도 모른다. 이찰의 우리말 표기 능력이 워낙 부실했기 때문에 음소 문자 창제라는 혁명적 사건이 일어날 수 있었다고 볼 수도 있는 것이다. 그렇다면, 향찰의 소멸은 결과적으로 우리 민족에게 축복이었는지도 모른다.

  이찰과 마찬가지로 향찰도 한자의 음과 훈을 빌려서 우리말을 표기한다. 엄격한 원칙은 없지만 의미적 요소는 훈독법이 주가 되고, 형태적 요소는 음독법이 주가 된다. 신라 때의 향가 「헌화가(꽃흘가)」의 앞머리는 "紫斤岩乎邊希"다. 이것을 국어학자 홍기문은 "블근 바호 갓희"(현대어로는 "붉은 바위 가에서")라고 읽었다. 이 노래를 지은 8세기 늙은이가 사용했던 한국어를 지금의 우리가 정확히 알 수 없지만, 일단 홍기문이 읽은 대로 이 노래가 불렸다고 하자. 여기서 紫와 岩과 邊은 뜻으로 읽히고,

斤과 乎와 希는 음으로 읽힌다. 8세기 한국인이 "紫斤岩乎邊希"라는 향찰문을 보았다면, 이것을 "블근 바호 갓희"라고 읽는 것은 자연스럽다. 紫 뒤에 斤이 있으니 이것이 '붉다'(붉다)의 관형형이라는 게 금방 드러나고, 岩 뒤에 乎가 있으니 岩을 '암'으로 음독하지 않고 '바호'(바위)라고 훈독한다는 것이 곧 드러난다. 邊 뒤에 希가 있으니 이것이 邊의 처소격을 나타낸다는 것을 곧 알 수 있다. 만약에 "블근 바호 갓희"라는 8세기어(물론 이것은 8세기어라기보다는 15세기어에 가깝다. 우리가 향가를 '해석'한다는 것은 향찰을 15세기에 가까운 과거 언어로 읽는 것이다. 15세기 이전의 한국어가 우리에겐 자세히 알려져 있지 않기 때문이다)를 향찰이 아닌 초기 이두나 이찰로 표기했다고 생각해보자. 그것을 초기 이두로 표기했다면 紫岩邊이 될 것이다. 사실 이것은 한문 표기나 다름이 없다. 이 이두문의 의미야 대충 알 수 있지만, 어떻게 읽는지는(즉 훈독을 해야 할지 음독을 해야 할지, 또는 토를 붙여야 할지 말아야 할지는) 쓴 사람을 빼고는 누구도 알기 힘들다. 다음,「헌화가」의 해당 부분을 이찰로 표기했다고 해보자. 이찰에는 이두토가 있으니까 처소격 조사 '희'(에, 에서) 정도는 希로 표기할 수 있었을 것이다. 그래서 紫岩邊希 정도로 표기했을 것이다. 이것은 초기 이두 표기 紫岩邊보다야 명료하지만, 다른 무엇보다도 紫岩을 '자암'이라고 음독해야 할지, '블근 바호'(붉은 바위)라고 훈독해야 할지에 대한 단서가 없다. 만일 그 시대에 '자암'이라는 말과 '블근 바호'라는 말이 공존했다면 (마치 현대 한국어에 '춘풍'이라는 말과 '봄바람'이라는 말이 공존하듯), 동시대인들도 이 紫岩을 어떻게 읽어야 할지 전혀 알 수 없을 것이다. 그러나 이런 문제가 향찰에서는 명료하게 해결된다. 향가의 기록자는 한국어 단어의 의미를 나타내는 한자와 그 형태를 나타내는 한자를 병렬해 紫斤岩乎라고 씀으로써, 이 향찰문을 '븕근 바호'라고 훈독해야 한다는 것을, 즉 이것이 한자어를 표기한 게 아니라 고유어를 표기한 것이라는 점을 명확히 드러내고 있는 것이다.

고대 한국어는 아직도 우리에게 미지로 남아 있어서 향가의 정확한 해석은 지금도 연구자들의 골머리를 아프게 하고 있는 것이 사실이다. 그러나 그 향가가 지금 정도라도 해석된 것은 그것이 그나마 향찰로 기록됐기 때문이다.

한글 '험담' 두 마디

한글은 우리 민족 고유 문자의 이름이다. 그리고 10월 9일은 한글의 생일이다. 조선어연구회가 음력 9월 29일을 가갸날로 선포한 것이 1926년이므로 한글날의 역사도 벌써 70년이 넘었다. 문자의 제정을 기념하고 경축하는 민족은 지구 위에서 한국인들밖에 없을 것이다. 그것이 반드시 한글에 대한 축복이랄 수는 없다. 이 유별난 관행에는 우리 언어와 문자가 겪어온 시련의 그림자가 서려 있기 때문이다. 오늘 내가 하고 싶은 얘기는 한글의 고된 역사나 한국어의 아름다움에 대한 것은 아니다. 그저 한글에 대한 험담 몇 마디다.

첫째는 '한글'이라는 말과 '한국어'라는 말의 혼동에 관한 것. 많은 사람들이 '한글'이라는 말을 '한국어'의 의미로 사용한다. 한글날이 되면 으레 "한글을 다듬고 가꾸자"는 얘기가 나오지만, 그 말을 하는 사람들이 '한글'이라는 말로 가리키는 것은 대체로 '한국어'다. "존 스튜어트 밀의 『자유론』을 한글판으로 읽었다"고 말할 때도, 그 '한글판'이 뜻하는 것은 '한국어판'이다. 이들 경우의 한글이라는 말은 한국어라는 말로 고쳐야 옳다. 한글은 한국어를 적는 문자 체계일 뿐이므로. 다만, 외래어나 한자어가 아닌 고유어를 한글이라고 부르는 관행은 이해할 만하다. 현대 한국어의 서기 체계에서 고유어는 한글로만 표기되니 말이다. '한글 이름'이라든지 '한글 지명'이라든지 할 때의 '한글'이 그 예다. 그러나 나 같으면 이런 경우에도 한글이라는 말 대신에 고유어라든지 토박이말이라든지 토착어라는 말을 사용하겠다. 또 이 경우에 한글이라는 말을 사용하더라도, 이 한글은 1446년에 세종이 반포한 뒤 긴 세월 동안 다듬어진 문자 체계로서의 '한글'과는 엄격히 구별해야 한다.

물론, 말의 쓰임새에 대한 최종적 심판관은 그 말을 쓰는 사람들이다. 사람들 대다수가 한글이라는 말을 한국어라는 의미로 사용한다면, 그걸 금지할 도리는 없다. 그래도 나는 이 혼동이 늘 마음에 걸린다. 이런 혼동이 생긴 것은 한국인들의 마음속에서 한국어와 한글이 워낙 견고하게 맺어져 있기 때문인지도 모른다. 그러나 실상, 한국어와 한글의 결합이 필연적인 것은 아니다. 우리는 한국어를 외국 문자로 표기할 수도 있다. 예컨대 우리는 로마 글자를 사용해 한국어를 표기할 수도 있다. 고대 한국인들은 한자를 사용해서 한국어를 표기하는 이두·향찰·구결 따위의 방식을 생각해냈고, 또 그것들을 실제로 사용했다. 마찬가지로 우리는 한글을 사용해서 일본어나 스페인어를 표기할 수도 있다. 유고슬라비아의 제1 공용어인 세르보-크로아티아어는 키릴 문자로도 표기되고 로마 문자로도 표기된다. 한국어도 한글도 우리에게는 다 소중하지만, 그 둘 가운데 더 소중한 것은 말할 나위 없이 한국어다.

둘째는 한글을 둘러싼 신화에 관한 것. 우선 한글의 창제를 세종의 애민 정신과 관련시키는 신화가 있다. 세종이 여러 점에서 훌륭한 군주이기는 했을 것이다. 그러나 한글의 창제가 크게 보면 백성 세계의 의식 성장과 정권 측의 민중 통제 의지가 맞물려 이뤄졌다는 것, 구체적으로는 한국 한자음을 되도록 중국음에 가깝게 고치겠다는 욕심을 품은 세종이, 정비된 한자음을 적기 위해 한글을 만들었다는 것은 역사학자들이 대체로 합의하고 있는 사실이다. 다음, 한글의 우수성에 대한 신화가 있다. 물론 한글의 제자 원리는 탁월하다. 특히 조음 기관을 본떴다는 닿소리 글자들은 기본 글자에 획을 더해 추가되는 음운 자질을 드러냄으로써, 로마 글자 같은 음소 문자보다도 한걸음 더 나아간 '음운 자질 문자'라는 찬사를 듣고 있다. 다시 말해, 그 소리들과 관련된 조음 기관을 본뜬 기본 글자 다섯(ㄱ, ㄴ, ㅁ, ㅅ, ㅇ)에다 획을 더하거나 겹쳐 씀으로써 거셈(거센소리)이나 됨(된소리) 따위의 음운 자질이 추가된 새 글자들을 만들어내고 있는 것이다. 실로, 훈민정음 스물여덟 글자는 15세기 한국 음운학의 수준을 눈부시게 보여준다. 그러나 한글이 로마 문자보다 훨씬 더 뛰어난 글자라고 하더라도, 우리는 한글이 로마 글자보다 2천 년쯤 뒤에 나타난 글자라는 사실을 잊어서는 안 된다. 다시 말해, 그 2천 년 동안 인류가 쌓은 지식이 한글에 반영되었다는 사실을 지나쳐서는 안 된다. 게다가 한글은 그 놀라운 제자 원리에도 불구하고 한자처럼 음절 단위로 네모지게 모아 쓰게 돼 있어서,

음소 문자 본연의 구실을 제대로 하지 못하고 있다. 한글은 본질적으로 음소 문자이고 그 제자 원리만을 보면 음소 문자보다도 더 나아간 음운 자질 문자이기도 하지만, 다른 한편으로 그 실제적 운용에서는 음소 문자에 못 미치는 음절 문자이기도 한 것이다.

그러니까 한글에 대한 내 험담은 두 가지다. 첫째, 한국어와 한글의 관련은 필연적이 아니고 그 둘 가운데 우리에게 훨씬 더 소중한 것은 한국어라는 것. 둘째, 한글은 숭고한 동기에 의해 만들어진 것이 아니고 보기에 따라선 최고의 문자도 아니라는 것.

② 한국어의 단어와 문장

한국어, 세 겹의 언어

　우리말의 어휘는 그 기원에 따라 크게 세 층으로 나뉜다. 가장 아래에 있는 층이 고유어이고, 그 위를 한자어가 덮고 있고, 맨 위에 (한자어 이외의) 외래어가 얹혀 있다. 그 세 개의 층은 우리말의 어휘를 이루는 낱말들의 기원을 나타낼 뿐만 아니라, 그 낱말들이 우리말에 흡수된 시간적 순서에 얼추 대응하기도 한다.
　토박이말이라고도 하는 고유어는, 말 그대로, 바깥에서 들어온 말이 아닌 한국어 고유의 말이다. 하늘·땅·아들·딸·사람·나라 따위의 낱말들이 고유어다. 고유어 가운데는 기초 어휘에 속하는 말들이 많고, 또 이 말들은 한자어나 외래어에 견주어 일반적으로 정서적 호소력이 크다. 그러나 고유어의 범위를 엄밀하게 확정하기는 힘들다. 한국어의 역사적 연구가 크게 진전하지 않은 터여서 낱말의 기원이 모호한 경우가 많기 때문이다. 그래서 일반적으로 고유어는 한자어와 (서양) 외래어를 뺀 나머지 어휘 전체를 지칭한다. 즉 한자로 표기할 수 없는 말 가운데 분명한 외래어가 아닌 말들은 흔히 고유어로 간주된다.

이렇게 느슨하게 정의된 고유어는 실상 많은 차용어들을 포함하고 있다. 예컨대 우리 공군의 상징이기도 한 '보라매'의 '보라'는 몽고어에서 차용된 것이고, 살쾡이 비슷한 고양잇과의 짐승인 '스라소니'는 여진어에서 차용된 것이다. 이보다 더 흔한 것은 본디 한자어였던 것이 형태가 일그러져 한자 표기가 불가능하게 된 낱말들이다. 벼락·서랍·썰매·숭늉·철쭉·과녁·대추·마고자·봉숭아·사글세·우엉·방죽·도둑·광 같은 낱말들은 일반적으로 고유어로 간주되지만, 실상 이 단어들은 벽력(霹靂)·설합(舌盒)·설마(雪馬)·숙랭(熟冷)·척촉(躑躅)·관혁(貫革)·대조(大棗)·마괘자(馬褂子)·봉선화(鳳仙花)·삭월세(朔月貰)·우방(牛蒡)·방축(防築)·도적(盜賊)·고방(庫房) 같은 한자어들이 민중의 입에서 입으로 옮겨다니다가 그 형태가 일그러진 것이다. 이런 유형의 낱말들 가운데는 '괴악(怪惡)하다'에서 온 '고약하다,' '매상(每常)'에서 온 '마냥,' '산행(山行)'에서 온 '사냥,' '석류황(石硫黃)'에서 온 '성냥,' '순라(巡邏)'에서 온 '술래,' '염치(廉恥)'에서 온 '얌체,' '중생(衆生)'에서 온 '짐승,' '차양(遮陽)'에서 온 '챙,' '가가(假家)'에서 온 '가게,' '간난(艱難)'에서 온 '가난,' '귀향(歸鄕)'에서 온 '귀양,' '자미(滋味)'에서 온 '재미'처럼 그 형태만이 아니라 의미가 다소 달라진 것들도 있다.

한국어 어휘의 두번째 층인 한자어는 한자로 표기될 수 있는 말이다. 한자어들도 본질적으로는 외래어지만, 차용의 역사가 오래돼 우리말에 동화된 정도가 유럽어계 외래어들보다 사뭇 크다. 이 한자어 층에는 신체(身體)·부모(父母)·처자(妻子)·천지(天地)·풍속(風俗)·풍년(豊年)처럼 한자를 매개로 중국어에서 차용한 말들 이외에, 철학(哲學)·물질(物質)·세포(細胞)·분자(分子)·원자(原子)·중공업(重工業)처럼 19세기말 이래 한자를 매개로 일본어에서 수입된 수많은 '문화 어휘'가 포함되고, 또 식구(食口)·권솔(眷率)·어중간(於中間)·양반(兩班)·전답(田畓)·대지(垈地)처럼 한국에서 만들어진 한자어들도 포함된다. 한자어의 마지막 유형인 이 한국제(韓國製) 한자어는 때로 한국제 한자를 포함하기도 하는데, 예컨대 논을 뜻하는 畓(답)이나 집터를 뜻하는 垈(대)는 한국에서 만들어진 한자다. 또 일본어에서 건너온 한자어 가운데는 정작 일본어에서는 한자어가 아닌데 그것이 한자를 매개로 우리말에 차용돼 한국어에서 한자어가 된 것도 있다. 즉 일본어에서는 훈독을 하지만, 한국어에 수입돼 음독을 하게 된 단어의 경우다. 일본어 '미나라이'에서 온 견습(見習), '하가키'에서 온 엽서(葉書), '와리비키'에서 온 할인(割引), '사키바라이'에서 온 선불(先拂), '이리구치'에서 온 입구(入口), '데구치'에서 온 출구(出口) 따위의 말들이 그렇다. 이런 세 가지 유형의 한자어들은 우리말 어휘의 반 이상을 차지한다.

　한자어 층 바깥을 감싸고 있는 것은 (유럽계) 외래어다. 잉크·펜·렌즈·커피처럼 영어에서 온 외래어가 가장 많지만, 포르투갈어에서 온 빵, 독일어에서 온 아르바이트, 프랑스어에서 온 레스토랑 등 원래의 국적은 다양하다. 이 외래어의 상당수는 일본어를 통해서 수입된 것이다. '텔레비전'을 '테레비'라고 줄여 말한다거나 '아파트먼트 하우스'를 '아파트'라고 줄여 말하는 것은, 이 영어 단어들이 한국어로 넘어오면서 일본에 기착한 흔적이다.

　이렇게 고유어·한자어·외래어는 세 층을 이루며, 또는 동심원을 이루며 한국어를 만들고 있다. 한국어 어휘가 고유어로만 이뤄지지 않은 것이 어떤 독자들에게는 유감스러운 일일지도 모르겠다. 그러나 세상에 고유어로만 이뤄진 언어는 없다. 완전히 닫힌 사회가 존재할 수 없기 때문이다. 한자어와 유럽계 외래어 같은 차용어들 덕분에 한국어는 그 어휘를 크게 불렸고, 생각과 느낌의 결을 섬세하게 담아낼 수 있게 되었다. 이런 차용어들은 한국어가 받은 축복 가운데 하나다. 그것들은 외국어 단어가 아니라 한국어 단어다.

봄바람과 춘풍
―― 한국어 어휘의 이중 계보

앞장에서 한국어 어휘의 세 층은 고유어·한자어·외래어라고 했지만, 그 가운데 우리말의 근간을 이루는 것은 고유어와 한자어다. 그러니까 우리말의 어휘는 크게 보면 두 계보를 지니고 있는 셈이다. 상대(上代) 이래 한자어의 대량 유입은 많은 고유어를 한국어에서 사라지게 했고, 그것은 우리에게 큰 아쉬움이다. 그러나 비슷한 뜻의 한자어가 한국어에 수입된 경우에도 고유어의 상당수는 그대로 남았다. 대체로 고유어가 이미 있었던 상태에서 그 위를 한자어가 덮은 형국이지만, 반드시 그런 것만은 아니다. 먼저 한자어가 수입된 이후에, 고유어를 살리려는 노력에 의해서 만들어진 고유어 계통의 유의어들도 있다. 이 경우에는 고유어 쪽이 그것의 한자어 유의어에 견주어 그 형성이 늦은 셈이다. 특히 고유어로 된 문법 용어의 대부분은 그것들에 대응하는 한자어보다 형성이 늦었다. 예컨대 움직씨나 이름씨 같은 말들은 동사나 명사보다 더 늦게 우리말 어휘 목록에 올랐다.

그 시간적 선후 관계야 어떻든, 한자어의 유입 덕분에 한국어에는 계보를 달리하는, 즉 고유어 계통과 한자어 계통의 유의어 쌍이 무수히 형성되었다.

　예를 들자면 봄바람과 춘풍, 여름옷과 하복, 가을밤과 추야, 겨울잠과 동면, 아침밥과 조반, 사람과 인간, 목숨과 생명, 가슴과 흉부, 가슴둘레와 흉위, 배와 복부, 허파와 폐, 지라와 비장, 이자와 췌장, 눈알과 안구, 목구멍과 인후, 엉덩이와 둔부, 이앓이와 치통, 배앓이와 복통, 피와 혈액, 살갗과 피부, 온몸과 전신, 키와 신장, 몸무게와 체중, 이물과 선수, 고물과 선미, 가루와 분말, 덧셈과 가산, 뺄셈과 감산, 곱셈과 승산, 나눗셈과 제산, 제곱과 자승, 세모꼴과 삼각형, 사다리꼴과 제형, 가로줄과 횡선, 세로줄과 종선, 모눈종이와 방안지, 누에치기와 양잠, 언덕과 구릉, 입맛과 구미, 빚과 채무, 제비뽑기와 추첨, 뱃길과 항로, 뽕밭과 상전, 바다와 해양, 열매와 과실, 꽃잎과 화엽, 콩기름과 두유, 풋나물과 청채, 나이와 연령, 늙마와 노년, 늙은이와 노인, 안팎과 표리, 새해와 신년, 가뭄과 한발, 햇빛과 일광, 달빛과 월광, 돌솜과 석면, 돈과 금전 등 한이 없다.

　이런 유의어 쌍 가운데서 고유어 계통의 말들은 대체로 친숙한 느낌을 주고, 한자어 계통의 말들은 공식적인 느낌을 준다. 이것은 영어의 경우와 비견할 만하다. 영어의 어휘도 크게는 게르만 계통의 어휘와 (그리스-)라틴-프랑스어 계통의 어휘로 대별할 수 있는데, 이 두 계통의 어휘가 무수한 유의어 쌍을 형성하고 있다. 그런데 영어에서도 게르만 계통의 어휘는 대개 친숙한 느낌을 지닌 데 비해, 라틴-프랑스어 계통의 어휘는 공식적인 느낌을 준다. 예컨대 영어의 inside와 interior, outside와 exterior, birth와 nativity, backbone과 spine, breath와 respiration, work와 labor 같은 유의어들 사이의 관계는 우리말에서 안과 내부, 바깥과 외부, 태어남과 출생, 등뼈와 척추, 숨쉬기와 호흡, 일과 노동 사이의 관계에 견줄 만하다.

　국어 순화론자들 가운데 근본주의적 입장을 취하는 사람들은 우리말의 유의어 쌍들 가운데서 한자어를 죄다 추방하고 싶어한다. 대응하는 고유어 유의어가 있는 이상, 한자어들은 언어의 쓰레기로 생각되는 것이다. 그러나 라틴-프랑스어 계통의 무수한 차용어들이 영어의 어휘를 풍부하게 하고 영어의 문체를 섬세하게 만들었듯, 우리말의 한자어들은 한국어의 어휘를 크게 불리고 문체를 기름지게 만들었다. 그리고 이런 한자어들이 고유어들과 완전한 동의어라면 추방할 수도 있겠지만, 이들은 완전한 동의어가 아니다. 실상 어떤 언어에서도 완전한 동의어는 아주 드물다. 예컨대 "목숨을 걸고 이 일을 완수하자"와 "생명을 걸고 이 일을 완수하자"에서처럼 '목숨'과 '생명'은 언뜻 같은 뜻의 말처럼 보이지만, 실은 그렇지 않다. 목숨은 사람이나 짐승, 즉 유정 명사(有情名詞)에만 쓰일 뿐, 식물에 대해서는 쓰이지 않는다. 그래서 우리는 "꽃도 생명을 지니고 있다"라고는 말해도 "꽃도 목숨을 지니고 있다"라고 말하지는 않는다. 또 생명과는 달리 목숨은 사물에 대해서 비유적으로 쓰이지 않는다. "그의 작품은 생명이 길 거야"라고는 말할 수 있지만, "그의 작품은 목숨이 길 거야"라고 말할 수는 없다. 빈정거리는 경우를 빼놓고는 말이다. 또 "한 생명을 잉태하다"라는 말은 자연스럽지만,

"한 목숨을 잉태하다"라는 말은 부자연스럽다. 이런 경우들은 한자어가 그 고유어 동의어보다 뜻의 폭이 넓은 경우다. 실은 그 반대의 경우가 더 많다. 예컨대 피와 혈액을 보자. 혈액은 물질로서의 피만을 가리켜서 의학적 뉘앙스를 가질 뿐 생명 현상과 관련되는 다양한 뉘앙스를 지니고 있지 않다. "피 끓는 젊음" "피를 나눈 사이" "정말 피를 말리는구먼" 같은 표현에서, 익살을 부릴 의도가 아니라면, 피를 혈액이라는 말로 대치할 수는 없다. 사람과 인간도 "인간은(사람은) 만물의 영장이다"라는 문장에서는 동의어처럼 보이지만, 실제의 쓰임새는 아주 다르다. 인간은 추상적이어서 사람이 사용되는 구체적 문맥에서 사용되지 못한다. "사람들이 많이 모였네"라거나 "저기 사람이 있네"라거나 "젊은 사람이 왜 그래?"라거나 "프랑스 사람" 같은 표현에서 '사람'을 '인간'으로 바꾸면, 그것은 비아냥이거나 외계인(또는 동물)의 말투가 되고 만다. 그러니까 그런 특수한 문체적 의도를 노렸을 때만, '사람'을 '인간'으로 대치할 수 있다.

고유어와 한자어의 일 대 다(一對多) 대응

　우리말에서 고유어와 한자어가 무수한 유의어 쌍을 이루고 있다는 사실은 이미 앞장에서 말했다. 그런데 그 자리에서 예로 든 봄바람과 춘풍, 여름옷과 하복, 가을밤과 추야, 안팎과 표리, 새해와 신년, 가뭄과 한발, 햇빛과 일광, 달빛과 월광, 돌솜과 석면 같은 경우처럼 고유어와 한자어가 일 대 일(一對一)로 대응하기도 하지만, 더 많은 경우에 고유어와 한자어는 일 대 다(一對多)로 대응한다. 그러니까 고유어 한 단어에 여러 한자어가 대응한다. 이 경우에 한자어는 고유어가 지닌 의미 영역을 여럿으로 나누어 제가끔 한몫을 챙긴다.
　이 문제를 집중적으로 다룬 김광해 교수의 『고유어와 한자어의 대응 현상』이라는 책에는 고유어 '고치다'에 대응하는 한자어들의 예가 제시되고 있다. 고유어 동사 '고치다'는 (건물을) 수리(修理)하다, (옷을) 수선(修繕)하다, (병을) 치료(治療)하다, (잘못을) 교정(矯正)하다, (정책이나 진로를) 수정(修正·修

整)하다, (세법을) 개정(改正)하다, (제도를) 개혁(改革)하다, (기록을) 경정(更正)하다, (구조를) 개조(改造·改組)하다, (낡은 건축물을) 개수(改修)하다 같은 한자어 동사들에 대응한다. 구체적 문장들 속에서 이 한자어 동사들은 '고치다'로 대체할 수 있지만, 반대로 그 '고치다'를 아무 한자어 동사로나 대체할 수는 없다. 예컨대 우리는 '옷을 수선하다' '병을 치료하다' '잘못을 교정하다' '진로를 수정하다' '세법을 개정하다' '제도를 개혁하다' '낡은 집을 개수하다' 같은 표현을 '옷을 고치다' '병을 고치다' '잘못을 고치다' '진로를 고치다' '세법을 고치다' '제도를 고치다' '낡은 집을 고치다'로 바꿔 말할 수 있다. 그러나 '병을 고치다'를 '병을 개혁하다'로 바꾼다거나, '세법을 고치다'를 '세법을 치료하다'로 바꾼다거나, '옷을 고치다'를 '옷을 교정하다'로 바꾼다거나, '잘못을 고치다'를 '잘못을 수선하다'로 바꿔 말할 수는 없다. 그러니까 고유어 '고치다'는 그 대응 한자어들을 모두 의미적·통사적으로 포괄하고 있는 반면에, 대응 한자어들은 '고치다'의 여러 영역 가운데 일부분씩을 떼내어 자기 몫으로 삼고 있는 것이다. 그래서 이 한자어 유의어들은 '고치다'에 견주어 의미가 좁혀졌고(특수화했고), 통사적으로 선택 제약이 더 커지게 되었다. 선택 제약이 더 커졌다는 것은, '고치다'는 위에 등장한 어떤 목적어와도 마음대로 어울릴 수 있는 데 비해, 대응하는 한자어 동사들은 특별한 목적어들과만 어울릴 수 있다는 뜻이다.

고유어와 한자어가 흔히 일 대 다 대응을 이루고 있다는 것은, 고유어 단어들이 문맥에 의해서 의미 적용 한계를 설정하는 데

반해, 이에 대응하는 한자어들은 문맥과 상관없이 자립적으로 의미 한계를 설정한다는 것을 뜻하기도 한다. 즉 위의 예에서 '고치다'는 구체적 문맥 안에서 의미가 확정되지만, 대응하는 한자어 유의어들은 문맥과 상관없이 그 의미가 이미 확정돼 있다. 다시 말해 일 대 다 대응에서 고유어는 상관적 자립성이 한자어보다 매우 낮은 다의어다. 한국어 화자들은 이 다의어의 모호성을 해결하려는 방법으로 한자어에 의존하려는 경향을 보이기도 한다. 이때 고유어가 지닌 여러 의미들 사이, 또는 그에 대응하는 한자어가 제 나름대로 특수화해서 감당하고 있는 의미들 사이에는 일종의 가족 유사성이 있다고 할 만하다.

　이런 일반적 경우와는 달리 한자어 대 고유어가 일 대 다 대응을 보이고 있는 예가 우리말에 없는 것은 아니다. 한자어 동사 '착용하다'는 (옷을) '입다,' (신을) '신다,' (장갑을) '끼다,' (모자나 안경을) '쓰다' 같은 고유어 동사들과 대응한다. 이 경우에는 '착용하다'의 의미가 일반적이고, 즉 문맥 의존적이고, 고유어 동사들의 의미가 특수적·자립적이다. 그래서 '입다' '신다' '끼다' '쓰다' 등은 아무 경우에나 '착용하다'로 바꿀 수 있지만, '신발을 착용하다'를 '신발을 입다'라거나 '신발을 쓰다'라거나 '신발을 끼다'로 바꿔 말할 수는 없다. 한자어 대 고유어가 일 대 다 대응을 보이고 있는 또 다른 예로 한자어 동사 '요리하다'에 고다, 삶다, 데치다, 쑤다, 볶다, 덖다, 부치다, 끓이다, 지지다 따위의 고유어 동사들이 대응하는 경우를 들 수 있다. 또 '바느질하다'에 대응하는 꿰매다, 박다, 시치다, 감치다, 누비다, 호다 따위의 동사들처럼, 고유어 대 고유어가 일 대 다 대응을 하는 경우도 있다. 그러나 이런 경우들은 예외적인 것이고, 우리말에서 일반적인 것은 고유어 대 한자어가 일 대 다 대응을 보이는 것이다. '갚다'에 대응하는 반납하다, 반환하다, 상환하다, 변제하다, 보답하다, 보복하다 등의 한자어 동사들도 그 한 예다. '값'에 대응하는 가치·대금·대가·금액·요금·액수·액면·시가·비용·원가·수치 등의 한자어 명사들은 또 다른 예다. 이런 예들은 우리말에 무수하다. 그리고 그것은 한자어가 국어를 섬세하고 명확하게 만들고 있다는 것을 뜻한다.

역전 앞과 한옥집
―― 잉여적 표현에 대하여

한국어 어휘를 이루는 세 층은 고유어와 한자어와 외래어다. 이들이 복합어를 만들 때, 고유어는 고유어끼리 한자(어)는 한자(어)끼리 외래어는 외래어끼리 어울리는 일이 가장 흔하고 자연스럽다. 그러나 실제로는 이런 이질적인 기원의 형태소나 단어들이 서로 어울려 새로운 단어를 만드는 일도 드물지 않다. 예컨대 싸전·밥상 같은 말은 고유어에 한자어가 덧붙여져 된 말이고, 창살·분내 같은 말은 한자어에 고유어가 덧붙여져 된 말이다. 전기다마는 한자어에 일본계 외래어가 더해진 것이고, 다다미방은 일본계 외래어에 한자어가 더해진 것이다. 계란빵이나 우승컵은 한자어에 서양어 차용어가 붙은 것이고, 잉크병이나 크림통은 서양어 차용어에 한자어가 붙은 것이다. 이런 일은 그 어휘의 기원이 크게 게르만계, 라틴계, 그리스계인 영어에서도 드물지 않게 볼 수 있다. 예컨대 전화를 뜻하는 telephone은 그리스어계 tele(먼)와 그리스어계 phone(소리)이 결합한 것이지만, 텔레비전을 뜻하는 television은 그리스어계 tele에 라틴어계 vision(보는 것)이 결합한 것이고, 자택 근무를 뜻하는 tele-working은 그리스어계 tele에 게르만계 working(일)이 결합한 것이다.

고유어와 한자어가 결합해서 복합어를 만들고 있는 예들 가운데는 동의중복(同義重複) 현상을 보이는 말들이 있다. 즉 같거나 비슷한 뜻의 고유어와 한자(어)가 병렬된 단어들 말이다. 이런 말들을 흔히 동의첩어(同義疊語)라고 한다. 이런 말들에서 한자어와 고유어 두 요소 가운데 하나는 잉여적이다. 역전(驛前)앞·문전(門前)앞이나 외갓(外家)집·처갓(妻家)집 같은 말들이 가장 널리 인용되는 예이지만, 우리말에는 이런 어휘들이 많이 있다. 그리고 그것이 꼭 어휘의 수준에서만 이뤄지는 게 아니라 구(句)나 절(節)의 수준에서도 이뤄진다.

'도(刀)'나 '칼'이나 같은 뜻인데도 우리는 면도(面刀)칼이라고 하고, '내(內)' 자체로 벌써 '속'의 뜻인데도 우리는 흔히 속내의(內衣)라는 말을 쓴다. '채(菜)'가 이미 '나물'의 뜻인데도 우리는 산채(山菜)나물이라는 말을 쓰고, '발(髮)'이나 '머리'나 같은 뜻인데도 우리는 단발(短髮)머리라고 말한다. '옥(屋)'이 이미 '집'인데 우리는 한옥(韓屋)집·양옥(洋屋)집 타령이다. 삼월(三月)달·고조(高祖)할아버지·추풍령(秋風嶺)고개·강촌(江村)마을·고목(枯木)나무·계수(桂樹)나무·함성(喊聲)소리·해변(海邊)가·매화(梅花)꽃·완도(莞島)섬·사기(砂器)그릇·낙숫(落水)물·석교(石橋)다리·뇌리(腦裏)속·새신랑(新郎)·모래사장(沙場)·손수건(手巾)·돌비석(碑石) 같은 말에도 잉여적인 한자나 고유어가 끼여 있다.

'소녀(少女)'는 어리게 마련인데도 '어린 소녀'라는 말이 흔히 쓰이고, '광장(廣場)'은 넓게 마련인데도 '넓은 광장'이라는 말이 흔히 쓰인다. '큰 대문(大門)'도 마찬가지다. '유언(遺言)을 남기다' '박수(拍手) 치다' '피해(被害)를 입다' '미리 예습하다' '둘로 양분(兩分)하다' '그림으로 도해(圖解)하다' 같은 절(節) 수준의 표현에도 잉여적 요소가 있다. 유언의 '유'가 이미 '남긴다'는 뜻이고, 박수의 '박'이 '친다'는 뜻이고, 피해의 '피'가 '입는다'는 뜻이고, '예습'의 '예'가 '미리'라는 뜻이고, '양분'의 '양'이 둘이라는 뜻이고, '도해'의 '도'가 '그림'이라는 뜻이니 말이다.

'바른말'에 집착을 보이는 사람들은 이런 표현들을 못마땅해한다. 그래서 '역전 앞'은 '역전'이라고 말해야 하고, '낙숫물'은 '낙수'라고 해야 하고, '피해를 입다'는 '해를 입다'라고 해야 하고, '박수를 치다' '유언을 남기다'는 '박수를 하다' '유언을 하다'라고 말해야 한다고 역설한다. 그러나 이들은 어떤 단어나 표현의 옳고 그름을 최종적으로 결정하는 것은 그 언어를 실제로 사용하는 사람들이라는 걸 무시하고 있다. 여기서 어원이나 본디의 뜻 같은 것은 그리 중요하지 않다. 중요한 것은 관습이다. 그리고 그런 관습이 생긴 데에는 말하는 대중 나름의 심리적·사회적 이유가 있다. '대문(大門)'이라는 말은 본디 '큰 문'이라는 뜻이었겠지만, 이젠 크든 작든 집의 정문을 가리킨다. 그래서 '작은 대문'도 있을 수 있다. '피해'는 '가해(加害)'의 반의어로서만이 아니라 이젠 그저 '손해'라는 의미로 사용되고 있다.

　게다가 말을 하는 대중의 입장에서는 한자어의 뜻이 어렵거나 모호할 경우 그 뜻을 또렷이하기 위해 고유어를 첨가할 필요를 느꼈을 수도 있다. 또 같은 뜻의 말을 반복해 사용함으로써 그 의미를 더 강조하고 싶었을 수도 있다. 이런 동의첩어들은 잘못된 단어나 표현이 아니라 우리말의 독특한 어휘 구성 또는 표현법에 속한다. 고유어와 한자어가 섞인 예는 아니지만, 예컨대 '과반수 이상'이라는 표현도 과(過)와 이상(以上)이 중복되었다는 이유로 틀린 말이라고만 할 수는 없다. 그야말로 과반수 이상의 사람들이 '과반수 이상'이라는 표현을 자연스럽게 받아들인다면, 그것은 독특한 표현일 뿐 틀린 표현은 아니다.

'자장면 문장'에 대하여

    연숙·정숙·재봉·상수는 한겨레대학교 국문과의 새내기들이다. 이들 네 사람은 강의실이고 도서관이고 식당이고 록 카페고 늘상 어울려 다닌다. 어느 날 이들 넷이 상수네 집에서 함께 중간 고사 공부를 하다가 중국 음식을 시켜먹기로 했다.

    상수: 주문 받을게, 한 사람씩 읊어봐.
    연숙: 볶음밥.
    재봉: 나두 볶음밥이야.
    정숙: 난 자장면이야.
    상수: 연숙이랑 정숙이는 볶음밥이구, 재봉이는 자장면이란 말이지. 나두 볶음밥이니까, 어디 보자……
    정숙: 어휴, 이 돌머리. 내가 자장면이구, 재봉이가 볶음밥이라니까!

이 대화에서 정숙이 "난 자장면이야"라고 했을 때, 그녀가 뜻하는 것은 자신이 자장면을 주문하겠다는 것이지 자신이 자장면이라는 것은 아니다. "나두 볶음밥이야"라고 말한 재봉의 경우도 마찬가지다. 말하자면 우리가 흔히 사용하는 "난 자장면이야"는 "난 여자야"와는 다른 심층 구조를 지닌 문장이다. 이번에는 우리의 주인공 넷이 해외 여행을 하기로 하고 갈 곳을 정하기 위해 모였다.

연숙: 어디가 좋겠니?
상수: 일본.
정숙: 난 중국이야. 중국이 아니래두 좋은데, 난 일본은 절대
　　　아니야.

이 경우에도 정숙이 뜻하는 것은 자신이 중국에 가고 싶다는 것이지, 자신이 중국이라는 얘기는 아니다. 그녀가 "난 일본은 절대 아니야"라고 했을 때도 그녀가 뜻하는 것은 일본엔 절대 가고 싶지 않다는 것이지, 자신이 일본이 아니라는 너무나 당연한 사실을 새삼스레 환기시키는 것은 아니다.

실은 이런 유형의 문장은 일본어 학자들 사이에서 '뱀장어 문장'이라는 이름을 얻으며 일찍부터 주목돼왔다. 뱀장어를 즐기는 일본 사람들이 식당에서 음식을 주문하며 "보쿠와 우나기다" (난 뱀장어다)라고 흔히 말하는 데서 붙여진 이름이다. "나는 뱀장어가 먹고 싶다" 또는 "내가 먹고 싶은 것은 뱀장어다" 정도의 심층 구조를 가졌을 문장이 표면 구조에서 "난 뱀장어다"

가 되기까지 어떤 변형 규칙이 적용됐는지에 대해 학자들 사이에 논란이 있었지만, 그런 전문적인 얘기는 접어두자. 어쨌든 이 '뱀장어 문장'은 일본어가 논리적이지 않다는 주장의 논거가 되기도 했고, 또 그것은 한국어의 '자장면 문장'에도 제기될 수 있는 주장일 것이다.

그러나 어떤 자연 언어도 논리적으로 완전하지는 않다. 세월이 흘러 정숙은 재봉과, 연숙은 상수와 결혼을 했다. 어느 날 술자리에서 만난 상수가 재봉에게 말했다: "난 내 아내를 사랑해." 그러자 재봉이 대꾸했다. "나두 그래." 여기서 재봉이 뜻하는 바는 모호하다. 그가 사랑하는 것이 정숙인지 연숙인지가 확실치 않은 것이다. 맥락으로 보아 재봉이 사랑하는 사람은 자기 아내, 즉 정숙인 듯하지만, 재봉이 엉큼한 마음을 품은 채 말장난을 했을 수도 있다. 사실 재봉과 상수의 이 대화는 서양 사람들이 쓴 논리학 개론서에 자연 언어의 불투명성의 예로 자주 거론되는 것이다. 수학 언어로는(또는 심층 구조에서는) 명백히 다른 두 문장이, 자연 언어에서는(또는 표면 구조에서는) "나두 그래"라는 모호한 문장으로 뭉뚱그려지고 마는 것이다. 외국 출장을 나간 상수가 아내에게 편지를 썼다. 그 편지는 "사랑하는 연숙에게"라는 말로 시작된다. 상수가 이 말로 뜻하고자 했던 것은 '내가 사랑하는 연숙에게'일 테지만, 그걸 '나를 사랑하는 연숙에게'라고 해석할 수 없는 것도 아니다.

이런 불투명성은 한국어나 일본어만이 아니라, 모든 자연 언어가 피할 수 없는 운명이다. 예컨대 어떤 영국 사람이 "old men and women"이라는 말을 했다면, 이 말이 뜻하는 것이 늙은 남자들과 늙은 여자들인지 여자들과 늙은 남자들인지가 모호하다. "Flying dishes can be dangerous"라는 문장도 그렇다. 날아다니는 접시가 위험한 것인지, 접시를 날리는 것이 위험한 것인지가 모호하다.

앙투안 리바롤이라는 프랑스 작가는 1784년 베를린 아카데미에 제출한 「프랑스어의 보편성에 대하여」라는 논문에서 "명료하지 않은 것은 프랑스어가 아니다. 명료하지 않은 것은 영어·이탈리아어·그리스어 또는 라틴어다"라는 유명한 선언을 했지만, 그 말은 프랑스어가 자연 언어가 아니라는 '바보 선언'에 지나지 않는다. 18세기를 풍미했던 프랑스어의 보편성·명료성에 대한 이런 신화는 명료한 프랑스어를 쓰는 걸로 이름났던 그 시기의 철학자 볼테르에 의해서도 조롱당했다. 어떤 자연 언어가 그 자체로서 명료하거나 불명료하지는 않다. 우리는 다만 어떤 자연 언어를 명료하거나 불명료하게 쓸 수 있을 따름이다.

'오른'과 '왼,' 옳고 그름

아이들이 앞·뒤·위·아래와 함께 일찌감치 배우는 방향어가 오른쪽·왼쪽이다. 사전에서는 오른쪽을 "동쪽을 향했을 때, 남쪽에 해당하는 방향"이라고 정의하고, 왼쪽은 "동쪽을 향했을 때, 북쪽에 해당하는 방향"이라고 정의한다. 동서남북의 방향은 해가 돋는 쪽을 기준으로 해서 정해지므로 고정돼 있지만, 오른쪽·왼쪽은 삼라만상이 다 기준이 될 수 있어서 유동적이다. 관형사 '오른'은 접두사처럼 쓰여 오른편·오른손·오른팔·오른발·오른다리·오른새끼(오른쪽으로 꼰 새끼)·오른나사(시계 바늘 방향으로 돌리는 나사) 따위의 복합어를 만들고, 관형사 '왼' 역시 접두사처럼 쓰여 왼편·왼손·왼팔·왼발·왼다리·왼새끼(왼쪽으로 꼰 새끼)· 왼나사(시계 바늘 반대 방향으로 돌리는 나사) 따위의 복합어를 만든다.

　'오른손'은 어원적으로 '옳은 손'이라는 뜻이고, '왼손'은 어원적으로 '그른 손'이라는 뜻이다. 관형사 '오른'은 '옳다'는 뜻의 옛말 '올흐다'의 관형형 '올흔'이 변한 것이고, '왼'은 '그르다'는 뜻의 옛말 '외다'의 관형형 '왼'에서 온 것이기 때문이다. 16세기 언어학자 최세진은 한자 교습서 『훈몽자회』(1527)에서 한자 是와 非를 '올홀 시' '욀 비'로 읽었고, 이 책이 나온 지 반세기쯤 지난 뒤 유명한 서예가 한석봉이 임금의 명령을 받아 엮은 한자 교습서 『석봉천자문』(1583)에서는 한자 右와 左를 '올홀 우' '욀 좌'로 읽고 있다. 그러니까 한국어에서는 오른쪽·왼쪽이 옳고 그름과 대응하고 있는 것이다. 『석봉천자문』의 해당 부분을 현대어로 고치면 右는 '옳을 우'이고 左는 '그릇될 좌'다. '바르다'의 관형형에서 온 관형사 '바른'이 '오른'의 동의어로 쓰이고 있는 데서도 이런 사정이 드러난다. '바른손' '바른쪽' '바른편'은 '오른손' '오른쪽' '오른편'의 동의어다. 오른손은 옳은 손이자, 곧고 올바른 손인 것이다. 어른들이 아이들을 왼손잡이로 만들지 않으려고 애쓰는 데는, 오른쪽이 바른 쪽이자 옳은 쪽이라는 생각도 한몫을 하고 있는 듯하다.

 신기한 것은, 오른쪽과 왼쪽을 옳고 그름에 대응시키는 관념이 한국어에서만이 아니라 외국어에서도 발견된다는 점이다. 실상 인도-유럽어족에 속하는 언어들 대부분에는 이 언어 사용자들이 오른쪽을 좋은 쪽으로, 왼쪽을 나쁜 쪽으로 생각했다는 흔적이 남아 있다. 예컨대 프랑스어로는 오른쪽을 droit라고 하고 왼쪽을 gauche라고 하는데, droit의 일차적인 뜻은 곧은·바른·옳은의 뜻이고, gauche는 왼쪽이라는 의미 외에 서투른·비뚤어진이라는 뜻을 지니고 있다. 이탈리아어에서는 오른쪽을 뜻하는 destro가 능숙하다는 뜻을 겸하고 있는 반면에, 왼쪽을 뜻하는

sinistro는 불길하다는 뜻을 겸하고 있다. 이탈리아어에서 오른쪽, 왼쪽이 지니고 있는 이 능란함·상서로움과 불길함이라는 비유적 의미는 이 단어들을 낳은 고대 로마 시기의 라틴어 dexter와 sinister가 이미 담고 있었던 의미다. 영어에서도 오른쪽을 뜻하는 right는 본디 곧은·올바른의 뜻이고, 왼쪽을 뜻하는 left는 고대 영어에서 약한이라는 뜻이었다. 그러나 정치적 용어로 사용되는 좌익·우익은 한국어나 유럽어의 왼쪽, 오른쪽이 지니고 있는 이런 어원적(또는 비유적) 의미와는 전혀 무관하다. 다시 말해, 옳아서 우익이 된 것도 아니고, 글러서 좌익이 된 것도 아니다.

좌익은 일차적으로 '왼쪽 날개'라는 뜻이지만 정치적으로는 급진적·혁신적 정파를 뜻한다. '오른쪽 날개'라는 뜻의 우익 역시 정치적으로는 점진적·보수적 정파를 뜻한다. 이렇게 정치적 맥락에서 쓰이는 한국어 좌익·우익은 같은 뜻의 영어 left wing, right wing을 번역한 것이다. 정확하게 말하면 left wing, right wing을 일본 사람들이 먼저 사요쿠(左翼)·우요쿠(右翼)라고 번역했고, 그 말들이 한자를 매개로 해 좌익·우익의 형태로 한국어에 차용된 것이다.

영어에서 right wing, left wing이 정치적 우파와 좌파의 의미를 지니게 된 것은 프랑스어의 관행을 수입한 것이다. 프랑스어에서 왼쪽이 진보주의자를 의미하고 오른쪽이 보수주의자를 의미하게 된 것은 1789년의 프랑스 대혁명 이후다. 혁명기에 국민의회가 열렸을 때, 의장석에서 바라보아 오른쪽에 왕당파 의원들이 앉았고, 왼쪽에 혁명을 지지하는 의원들이 앉았던 데서 이런 용법이 생긴 것이다.

엄마와 남자의 공통점

이런 수수께끼를 들어보셨는지 모르겠다. 남자에게는 있고 여자에게는 없는 것, 그러나 엄마에게는 있고 아빠에게는 없는 것. 진지한 독자라면 이 수수께끼를 듣자마자 범주니 집합이니 하는 골치 아픈 개념들에 대해 잠시 생각한 뒤, "세상에 그런 게 어디 있단 말이냐"고 핀잔을 줄지도 모른다. 그러나 수수께끼는 수수께끼에 불과하다. 이 수수께끼를 푸는 데에 필요한 건 건전한 상식이 아니다. 이 수수께끼의 답은 'ㅁ 받침'이다. '엄마'와 '남자'에는 우리가 보는 대로 ㅁ 받침이 있다. 그러나 '여자'와 '아빠'에는 우리가 보는 대로 ㅁ 받침이 없다. 이 ㅁ 받침의 유무가 엄마와 남자를 한편으로 묶고, 아빠와 여자를 다른 편으로 묶는다.

이와 비슷한 유형의 수수께끼는 얼마든지 만들어낼 수 있다. 그리고 그 가운데는 우리들에게 익숙한 것도 있다. 하늘과 땅 사이에는 뭐가 있을까? 그 답은 우리가 잘 알다시피 '과' 다. 한나

라당과 국민회의 사이에 있는 것도 증오나 경쟁이 아니라 '과'
다. 또 이런 수수께끼는 어떨까? 오스트리아·말레이시아·방
글라데시·마케도니아·아르헨티나·리투아니아·룩셈부르
크·슬로바키아, 이 여덟 나라의 공통점은? 아무리 심오한 지리
학 지식도 이 수수께끼를 푸는 데는 도움이 되지 않는다. 이 수
수께끼는 외국 사정에 대한 지식을 재기 위해 만들어진 게 아니
니 말이다. 답은 이들 나라의 이름이 모두 다섯 음절(글자)로 이
루어져 있다는 것이다.

  이 수수께끼들의 공통점은 질문의 핵심 단어들이 어떤 개념을
가리키는 것이 아니라, 기호로서의 자기 자신을, 즉 말 자체를
가리킨다는 것이다. "엄마와 남자에게는 있지만, 여자와 아빠에
게는 없는 것"이라는 수수께끼에서 엄마·아빠·여자·남자가
가리키는 것은 어떤 속성을 지닌 대상들의 집합이 아니라, 자기
자신, 즉 엄마·아빠·여자·남자라는 말 자체다. "하늘과 땅
사이에는 무엇이 있을까"라는 수수께끼에서도 하늘과 땅은 머리
위에 높이 펼쳐져 있는 공간이나 바다를 제외한 지구의 곁면을
가리키는 것이 아니라, 자기 자신, 즉 '하늘'이라는 말과 '땅'이
라는 말을 가리킨다. 여덟 나라의 공통점을 묻는 수수께끼에서
도 마찬가지다. 오스트리아가 가리키는 것은 중부 유럽에 자리
잡은, 이런저런 특성을 지닌 나라가 아니라 자기 자신, 즉 '오스
트리아'라는 말 자체다.

  언어학자들은 단어가 이런 식으로 쓰일 때, 즉 단어가 언어 기
호로서의 자기 자신을 가리킬 때, '자기 지시적'으로 사용되었
다고 말한다. 자기 지시적으로 사용된 낱말은 어떤 개념을 나타

내는 것이 아니라, 단지 언급의 대상일 뿐이다. "전원주가 김창숙보다 훨씬 더 예쁜걸!"이라는 말도 자기 지시의 세계에서는 전혀 엉뚱하지 않다. '전원주'라는 이름이 '김창숙'이라는 이름보다 훨씬 더 예쁘다는 뜻이므로.

나는 첫번째 수수께끼를 낼 때 독자들에게 정직하지 못했다. 세심한 독자라면 내가 수수께끼를 낼 때는 "남자에게는 있는 것"이라고 말했고, 그 답을 해설하면서는 "남자에는 ㅁ 받침이 있다"고 말했다는 걸 눈치챘을 것이다. 한쪽은 '에게'고 다른 쪽은 '에'다. 현대 한국어에서 조사 '에게'는 짐승이나 사람에게 쓰인다. 관념이나 식물이나 무생물에 '에게'와 똑같은 기능으로 쓰이는 조사는 '에'다(나는 벌써 위 문장에서도 사람 '에게'와 무생물 '에'를 구별해서 썼다). 사람이나 짐승을 가리키는 명사를 유정 명사라고 하고, 식물이나 무생물을 가리키는 명사를 무정 명사라고 한다. 유정 명사 뒤의 '에게'가 무정 명사 뒤에서 '에'로 되는 현상은 '에게'의 여러 기능에 두루 일관되고 있다. 예컨대 1) 행동이 미치는 상대편을 나타낼 경우: 연숙에게 물을 주다; 소에게 물을 주다; 꽃에 물을 주다. 2) 행동을 일으키게 한 대상임을 나타내는 경우: 드라큘라에게 물리다; 호랑이에게 물리다; 호랑이 이빨에 물리다. 3) 딸린 대상을 나타내는 경우: 사람에게는 두 팔이 있다; 호랑이에게는 네 발이 있다; 장미에는 가시가 있다.

그러니, 내가 문제를 낼 때 '남자에게는'이라고 말한 것은 겉보기엔 문법적으로 정확했지만(보통의 문맥에서라면 '남자'는 유정 명사이므로), 내심 정직한 것은 아니었다. 내가 정직했다면 문제를 낼 때도 '남자에는'이라고 말해야 했을 것이다. 내가 사용한 '남자'는 자기 지시적이었고(즉 '남자'라는 말 자체를 가리켰고), 따라서 그것은 유정 명사가 아니었으니 말이다. 그러나 내가 만일 수수께끼를 낼 때도 정직하게 '남자에는'이라고 말했다면, 민감한 독자들은 내 말투가 어딘지 이상하다는 걸 느꼈을 것이고, 이내 내가 말하는 '남자'가 특정한 부류의 사람을 뜻하는 것이 아님을 눈치챘을 것이다. 그래서 나는 독자들이 그걸 미리 눈치챌까 봐 자기 지시적인(즉 무생물적인) '남자'에 짐짓 생명을 불어넣어, 곧 의인화해서, '남자에게는'이라고 말한 것이다.

하나·둘·셋·넷

　대부분의 바깥 문명들에서 그렇듯, 우리도 수를 헤아릴 때 십진법을 사용한다. 십진법은 열을 기본 단위로 해서, 열을 열 개씩 포개나가며 한 자리씩 올려 세는 기수법이다. 십진법이 가장 보편적인 기수법이 된 것은 말할 나위 없이 사람의 손가락이 열 개이기 때문이다.

　현대 한국어에서 고유어로 헤아릴 수 있는 가장 큰 숫자는 아흔아홉이다. 곧, 두 자릿수까지만 고유어로 헤아릴 수 있다. 중세 한국어에서는 백(百)을 뜻하는 '온'과 천(千)을 뜻하는 '즈믄'이 쓰였지만, 이제 그 말들은 사라져버렸다. 외솔 최현배에 따르면 이 밖에도 만(萬)을 뜻하는 '골,' 억(億)을 뜻하는 '잘,' 조(兆)를 뜻하는 '울' 따위의 고유어 수사가 있었다고 하지만, 불확실하다. 고유어의 한 자릿수는 하나·둘·셋·넷·다섯·여섯·일곱·여덟·아홉이고, 두 자리의 기본 수는 열·스물·서른·마흔·쉰·예순·일흔·여든·아흔이다. 이들 고유어 숫자의 어원에 대해서는 나라 안팎의 학자들이 여러 가지 의견을 제시했고, 그 가운데는 그럴듯하게 생각되는 것도 있다. 그러나 거기까지는 들어가지 않는 것이 좋겠다. 그 견해들이 역사적 사실과 정확히 부합한다는 증거가 없기 때문이다. 다만, 평범한 사람의 언어적 직관으로 보아도, 서른·마흔·쉰·예순·일흔·여든·아흔이라는 말들의 뒷부분이 기원적으로는 동일한 형태소였을 것이라는 짐작은 할 수 있다. 또 셋과 서른, 여섯과 예순, 일곱과 일흔, 여덟과 여든, 아홉과 아흔이 의미적으로만이 아니라 형태적으로도 깊은 관련을 지니고 있다는 게 한눈에 보인다. 이것은 십진법을 사용하는 언어에서는 아주 자연스러운 현상이다. 우리에게 비교적 익숙한 외국어인 영어에서도 의미적으로 연관된 한 자릿수와 두 자릿수(three와 thirty, four와 forty, five와 fifty, six와 sixty 등) 사이의 형태적 관련성이 또렷하다. 우리말에서 특이한 것은 둘과 스물, 넷과 마흔, 다섯과 쉰 사이에 서 있을 법한 형태적 관련성이 눈에 띄지 않는다는 것이다.

고유어 수사들은 또 여러 변이 형태들을 지니고 있다. 우선 이 말들이 관형사로 쓰일 때, '하나'는 '한'이 되고, '둘'은 '두'가 되고, '셋'은 '세'가 되고, '넷'은 '네'가 된다. 그래서 우리는 짐승이나 물고기를 셀 때 "하나 마리, 둘 마리, 셋 마리, 넷 마리"라고 말하지 않고, "한 마리, 두 마리, 세 마리, 네 마리"라고 말한다. 그런데 이 관형사들 가운데 '세'와 '네'는 단위를 나타내는 일부 의존 명사 앞에서는 '서'와 '너' 또는 '석'과 '넉'으로 다시 바뀌기도 한다. 서 돈·서 말·서 푼·서 홉·석 달·석 자·석 장·석 줄·너 근·너 되·너 말·너 푼·너 홉·넉

달·넉 섬·넉 자 같은 말에 이 서·석·너·넉이 보인다. '스물'도 관형사로 쓰이면 스무 집·스무 개에서처럼 '스무'로 변한다.

'다섯'과 '여섯'은 형태를 그대로 지닌 채 다섯 마리·여섯 마리에서처럼 관형사로도 사용되지만, 단위를 나타내는 일부 의존 명사 앞에서는 역시 '닷'과 '엿'으로 변하기도 한다. 닷 냥·닷 말·닷 돈·엿 냥·엿 말·엿 돈 따위의 표현에서 그 '닷'과 '엿'이 보인다. '다섯'은 또 수사로 쓰이든 관형사로 쓰이든 불명료함을 드러낼 때는 '댓'으로 변한다. "군인 댓을 데리고 오다"나 "잉어 댓 마리"라고 말할 때, '댓'은 '다섯 가량'의 뜻이다. '두엇'이나 '너덧'도 '둘 가량' '넷 가량'의 뜻이지만, "둘 보다는 좀 많은" "넷 보다는 좀 많은"이라는 뉘앙스가 있다. '두엇'의 '엇'이나 '너덧'의 '덧'이 '셋' '다섯'과 관련이 있어서 그런지도 모른다. '너덧'은 "그 남자 애인이 너덧은 될걸"이나 "강아지 너덧 마리"에서처럼 수사로도 관형사로도 쓰이지만, '두엇'은 "친구를 두엇만 불러라"에서처럼 수사로만 쓰일 뿐 관형사가 되면 '두어'로 바뀐다. 예컨대 우리는 "쌀 두엇 가마"라고 말하지 않고 "쌀 두어 가마"라고 말한다. "쌀 두어 가마"는 "쌀 두 가마쯤"이라는 뜻이지만, 두 가마에서 좀 넘친다는 뉘앙스가 있어서, 두 가마에서 모자랄 때는 사용되지 않는 듯하다.

이 숫자들은 또 앞이나 뒤의 숫자와 결합하면서 흔히 조금씩 형태를 바꾼다. 한둘·두셋·서넛·두서넛·네다섯·네댓·대여섯·예닐곱·일고여덟·일여덟 따위의 말들에서 보듯, 이 숫자들이 혼자 쓰일 때와는 달리 조금씩 그 형태가 일그러져 있는 것이다. 위에서 말한 댓·두엇·너덧과 함께 이런 수사들을 불확정수라고 한다. 한둘·두셋·서넛·두서넛은 관형사가 되면 한두·두세·서너·두서너로 바뀐다. 물고기의 수효가 딱 넷일 때는 '네 마리'이지만, 셋인지 넷인지 확실치 않을 때는 '세네 마리'가 아니라 '서너 마리'다.

　서수사(사물의 차례나 등급을 나타내는 수사)는 양수사(기본 수사) 뒤에 접미사 '째'를 붙여서 둘째·셋째·넷째·다섯째 따위로 만들지만, '하나'에 대응하는 서수사는 예외적으로 '첫째'다. 그러나 두 자릿수 이상이 되면 다시 '하나'로 돌아와, 열첫째·스물첫째가 아니라 열하나째(또는 열한째)·스물하나째(또는 스물한째)가 된다. 이 밖에도 접미사 '째'가 덧붙을 때 양수사의 형태가 살짝 변하는 예가 더 있다. 열두째·스무째·스물두째 따위의 말들이 그렇다.

　우리말 속담 가운데는 '열'과 '하나'를 대립시키는 것이 여럿 있다. 거기서 열은 많음을 비유한 것이고 하나는 적음을 비유한 것이다. "열 길 물 속은 알아도 한 길 사람 속은 모른다"라거나, "열 사람이 지켜도 한 도둑놈을 못 막는다"거나, "열 사위는 밉지 않아도 한 며느리는 밉다" 같은 속담들이 그 예다. 우리가 알다시피 이 속담들은 각각 사람의 마음은 헤아리기 어렵고, 못된 짓은 밝혀내기 어렵고, 봉건 시대의 시집살이가 아주 고달픈 것이었다는 전언을 담고 있다.

하루 · 이틀 · 사흘 · 나흘

우리말에는 1일 · 2일 · 3일 등 중국계의 날짜(날 수) 이름 말고도 이 이름들에 대응하는 고유어 날짜 이름들이 있다. 알다시피 그 이름들은 하루 · 이틀 · 사흘 · 나흘 · 닷새 · 엿새 · 이레 · 여드레 · 아흐레 · 열흘 따위다. 이 고유어 날짜 이름들의 정확한 어원과 변천 과정을 우리가 모른다고 하더라도, 이 말들이 하나에서 열에 이르는 고유어 수사와 밀접한 형태적 관련이 있다는 것은 한눈에 알 수 있다. 예컨대 셋과 사흘, 넷과 나흘, 다섯과 닷새 등의 사이에는 그 의미적 연관에 상응하는 형태적 연관이 눈에 띈다. 예외가 하나 있다. 이틀이 그것이다. '둘'과 '이틀' 사이에는 그 의미적 연관에 상응하는 형태적 연관이 눈에 띄지 않는다. 그러나 현대 한국어에도 '두 해'를 뜻하는 '이태'라는 말이 있고, '다음의 해'라는 뜻의 '이듬해'라는 말도 있으며, 또 잘 쓰이지는 않지만 '짐승의 두 살'을 뜻하는 '이듭'이라는 말이 있다는 걸 생각하면, '이틀'이라는 말의 앞부분이 '둘'이라는 의미와 관련이 있다는 걸 짐작할 수는 있다.

　한자어 날짜 이름들처럼 고유어 날짜 이름들도 기간의 의미와 차례의 의미를 함께 지니고 있다. 곧 이 낱말들은 날 수를 나타내기도 하고 날짜를 나타내기도 한다. '하루'라는 말은 24시간이라는 시간의 길이를 뜻하기도 하고, 어떤 달의 첫째 날을 뜻하기도 한다. 날짜 이름들이 차례의 의미를 지니고 쓰일 때는 흔히 뒤에다 '-날'이라는 말을 붙여서 하룻날·이튿날·사흗날·나흗날·닷샛날·엿샛날·이렛날·여드렛날·아흐렛날·열흘날이라고 말한다. 또 11일 이후의 날짜를 열하루·열이틀·열사흘 등으로 세는 것과 구별하기 위해 특별히 앞에 '초(初)'라는 접두사를 덧대어 초하루·초이틀·초사흘 따위로 말하거나, 초하룻날·초이튿날·초사흗날 따위로 말하기도 한다.

　하루라는 말과 관련된 가장 알려진 속담은 "하룻강아지 범 무서운 줄 모른다"는 속담일 것이다. '하룻강아지'를 말 그대로 해석하면 태어난 지 하루밖에 안 되는 강아지다. 그런 강아지가 호랑이 무서운 줄 모른다는 것이니, 이 속담은 풋내기가 힘센 사람에게 멋모르고 겁 없이 덤비는 것을 비유하는 말이겠다. 그런데 실은 여기서 '하룻강아지'라는 말은 '하릅강아지'가 와전된 것이다. '하릅'이란 짐승의 한 살 됨을 일컫는다. 위에서 나온 '이듭'이라는 말과 같은 계열의 말이다. 그러니 하릅강아지란 나이가 한 살인 강아지, 즉 태어난 지 1년이 채 안 된 강아지를 가리킨다. 이와 비슷하게 하릅송아지는 한 살 된 송아지를 뜻하고, 하릅비둘기는 한 살 된 비둘기를 뜻한다. '하릅'이라는 말이 점차 잊혀져서 단지 사전에만 올라 있을 뿐 일상어에서 잘 쓰이지 않게 되자, 속담 속의 하릅강아지라는 말도 하룻강아지로 바뀐 것이다. 아무리 세상 물정을 모른다지만 태어난 지 하루밖에 안 된 강아지가 범에게 덤빌 수야 있겠는가? 그렇지만 사정이 어떻든, 하릅강아지가 하룻강아지로 와전됨으로써 이 속담은 한층 더 생동감을 얻게 되었다.

하릅은 한습이라고도 한다. 하릅이나 한습이라는 말에서도 나타나듯, 마소의 나이를 세는 고유어 명사는 우리말 고유어 수사와 형태적 연관을 갖는다. 한 살에서 열 살까지 마소의 나이를 세는 말들을 나열하자면, 하릅·두습(이듭)·세습(사릅)·나릅·다습·여습·이롭·여듭·아습(구릅)·열릅(담불)이다. 하릅이나 한습만이 아니라 이 말들은 거의 다 사전에 처박혀 있는, 죽어가는 말들이다. 우리 것 찾기에 열심인 소설가들이나 시골의 노인들에게나 알려져 있는 말들일 뿐이다. 마소의 나이를 지칭하는 말이 따로 있었다는 것은 그만큼 우리 전통 사회에서 소나 말의 역할이 중요했다는 뜻일 수도 있다. 그러나 앞으로 소나 말을 보고 자라날 기회가 거의 없는 세대들이 이 말들을 다시 살려 쓰게 될 것 같지는 않다. 새 세대들에겐 이 말들이 하나에서 열까지에 대응하는 무슨 은어처럼 들릴 것이다.

수와 관련된 국어 어휘에 대해 얘기하다 보니, 아주 오래 전에 듣던 장단 두 개가 어렴풋이 떠오른다. 첫째는 하나에서 열까지를 헤아리는 악동들의 은어고, 다른 하나는 정권 측에서 만들어 아이들에게 유행시켰을 70년대판 『용비어천가』다. 악동들은 하나에서 열까지를 이렇게 헤아렸다: 한놈·두시기·석삼·너구리·오징어·육개장·칠면조·팔다리·구두짝·쨍그랑.

이 은어는 좀 천하게 들리기는 해도, 추악하게까지 들리지는 않는다. 특히 추악하고 유치하기 짝이 없는 70년대판 『용비어천가』와 비교하면 말이다: 일, 일하시는 대통령; 이, 이 나라의 지도자; 삼, 삼일 정신 받들어; 사, 사랑하는 겨레에; 오, 오일륙 일으키니; 육, 육대주에 빛나고; 칠, 칠십년대 번영은; 팔, 팔도 강산 뻗었고; 구, 구국 영단 내리니; 십, 시월 유신이로다.

　위대하여라, 박정희 시대여!

하느님과 하나님, 기독교와 개신교

　기독교에서 신봉하는 유일신을 로마 가톨릭교(천주교)에서는 '하느님'이라고 부르고, 개신교에서는 '하나님'이라고 부른다. 우리나라에서 개신교의 세력이 가톨릭교의 세력보다 더 큰 터라, 기독교 신자들 사이에서는 하나님이 하느님을 점차 밀어내고 있는 듯하다.
　그러나 말할 나위 없이 둘 가운데 옳은 말은 하느님이다. 개신교 쪽에서 하나님을 고집하며 내세우는 가장 커다란 논거는 그들의 신이 유일신, 곧 하나밖에 없는 신이어서, 우리말의 수사 '하나'에 존칭 접미사 '님'을 덧붙여 이 유일신을 지칭하게 됐다는 것이다. 우리말에서 하나·둘·셋 같은 수사가 존칭 접미사 '님'과 어울리는 것이 아주 부자연스럽다는 지적은 이들에게 별로 먹혀들지 않는다. 사실 "하나밖에 없는 분"이어서 '하나님'이라는 해석은, 독실한 신자에게는 매력적으로 들리기까지 한다. 그러나 마땅히 하느님이 되셔야 할 분이 하나님이 된 것은, 우리말 모음 체계에서 '아래아,' 즉 'ㆍ'가 불안정해지며 빚어진 삽화에 지나지 않는다.

실제로 19세기말에 영국 선교사 존 로스와 존 매킨타이어가 한국의 개신교 신자들의 도움으로「누가복음」을 번역해낸『예수셩교 누가복음 젼서』(1882)에는 하느님이라는 형태와 하나님이라는 형태가 동시에 나온다. 여기에 나오는 하나님이라는 형태가 개신교 쪽에서 세력을 얻으면서, "하나밖에 없는 분"을 지칭한다는 해석이 나왔지만, 이 해석은 뒷사람들의 견강부회에 지나지 않는다. 번역자들 자신이 그런 뜻으로 하나님을 사용하지 않았기 때문이다.

『예수셩교 누가복음 젼서』에 나오는 하느님이든 하나님이든 그 이전 형태는 '하ᄂᆞ님'이다. 그리고 이 하ᄂᆞ님은 '하늘'의 옛 형태인 '하ᄂᆞᆯ'에 '님'이 붙으며 ㄹ이 탈락된 형태다. 마치 현대어에서 아들과 딸에 님이 붙으면 ㄹ이 탈락해서 아드님ㆍ따님이 되듯. 말하자면 하ᄂᆞ님은 하늘님의 뜻이다. 그것이 만일 '하나밖에 없는 분'이라는 뜻이었다면, '하ᄂᆞ님'이 아니라 'ᄒᆞ나님'이었어야 한다. 아래아가 소실되기 전에 하나를 뜻했던 우리말은 'ᄒᆞ나'였지, '하ᄂᆞ'가 아니었기 때문이다. 그러니까 하나님과 하느님 사이에서 오락가락하던 외국 선교사들이나 초창기 개신교 신자들은 그들이 번역어로서 하나님을 사용할 때조차 '하늘 + 님'을 생각했던 것이지, 오늘날의 개신교 신자들처럼 '하나 + 님'을 생각했던 것은 아니다. 아래아가 소실되면서 두번째 음절의 아래아는 '아ᄃᆞᆯ'이 '아들'로 변하듯 ㅡ 모음으로 변하는 것이 일반적이었는데, 방언에 따라서는 그것이 일정치가 않았고, 또 아래아가 상당 기간 동안 ㅏ와 ㅡ 사이에서 동요하기도 했다. 『예수셩교 누가복음 젼서』의 '하나님'은 그 방언의 흔적, 또는 흔들림의 흔적일 뿐이다.

이 하나님 또는 하느님을 유일신으로 모시는 종교가 기독교인데, 우리 사회에서는 이 '기독교'라는 말도 흔히 잘못 사용되고 있다. 꼭 잘못 사용된다기보다는 불분명하게 사용된다고 말하는 것이 더 적당할지도 모르겠다. 예컨대 "김대중 대통령의 종교는 천주교이고, 대통령 부인 이희호씨의 종교는 기독교"라고 말할 때, 우리는 천주교 역시 기독교라는 사실을 잊고 있다. 실상 언론 매체에서조차 점차로 '기독교'는 '개신교'의 의미로 사용되고 있다.

'기독(基督)'이라는 말은 '그리스도'를 중국 사람들이 한자로 음역(音譯)한 것이므로, 기독교는 그리스도교·예수교·야소교(耶蘇敎: 耶蘇는 '예수'를 중국인들이 한자로 음역한 것)와 같은 뜻이고, 그것은 영어의 크리스채니티나 이탈리아 말의 크리스티아네지모에 해당하는 말이다. 기독교를 뜻하는 영어의 크리스채니티나 이탈리아 말의 크리스티아네지모 역시 우리말의 기독교처럼 그리스도에서 온 말이다. 그런데 그 서양말들은 단순히 개신교만이 아니라 신구교를 가릴 것 없이 그리스도를 이 세상의 구세주로 받드는 모든 종파를 가리킨다. 당연한 일이다. 그 말들의 뜻이 '그리스도의 종교'니까. 사실은 국민 대부분이 적어도 형식적으로나마 천주교도인 이탈리아나 스페인 같은 나라에서 기독교도라는 말은 주로 천주교 신자를 가리킨다. 우리나라 역사에서도 가장 먼저 전래된 기독교 교파는 개신교가 아니라 천주교였고, 그래서 예컨대 17세기나 18세기에 살던 우리 조상들이 야소교라고 부른 것은 개신교의 어떤 교파가 아니라 천주교였다. 기독, 곧 그리스도는 로마 가톨릭교도든 정교회 신자든 개신교도든 모든 기독교 신자들이 구세주로 영접하는 분이다. 그 '그리스도(기독)를 영접하는 종교'라는 의미의 기독교라는 말이 개신교만을 가리키는 관행은 외국에서는 찾아보기 힘든 우리 사회의 독특한 관행이다.

그러나 말의 쓰임을 궁극적으로 결정하는 것은 그 말을 사용하는 사람들이다. 신구교를 막론하고 기독교 신자들 대다수가 하느님보다 하나님을 선호한다면, 그리고 한국어 사용자 대다수가 기독교를 개신교의 의미로 사용한다면, 그걸 금지할 방법은 없다.

김치에 대하여

우리나라 식품 가운데 나라 바깥에까지 잘 알려진 것 가운데 하나가 김치다. 영어 사전에나 일어 사전에까지 '김치'라는 표제어가 올라 있을 정도다. 우리가 알고 있는 김치는 배추·무·오이 같은 채소를 소금에 절였다가, 고추·파·마늘·젓 등의 양념을 버무려 넣고 담근 반찬이다. 김치 하면 연상되는 빛깔은 빨간색이고, 그 빨간색은 빨간 고추 양념에서 나온 것이다. 그러나 고추가 우리나라에 수입된 것은 17세기이므로, 지금 우리가 알고 있는 김치는 17세기 이후의 김치다.

그렇더라도 김치는 고대의 한국인들이 이미 즐기던 식품이다. 김치는 지역이나 가정에 따라, 그리고 철에 따라 여러 종류가 있다. 나박김치는 무를 얄팍얄팍 네모지게 썰어 절인 것에 양념을 넣고 국물을 부은 뒤 미나리를 썰어 넣은 김치이고, 보쌈김치는 무와 배추에 갖은 양념을 한 뒤 다시 넓다란 배춧잎에 싸서 담근 김치이며, 깍두기는 무를 모나게 썰어서 소금에 절인 뒤 양념을 넣고 버무려 담근 김치다. 또 동치미는 무를 크게 썰거나 아예 통째로 소금에 절여 국물을 흥건하게 해 심심하게 담근 김치이고, 섞박지는 절인 무와 배추를 썬 다음 여러 가지 고명에 젓국을 조금 치고 익힌 김치다.

겨울 동안 먹기 위해 한꺼번에 많이 담근 김치는 김장김치이고, 김장김치보다 일찍 담가 먹는 김치는 지레김치이며, 새로 나온 어린 무나 배추로 담근 김치는 풋김치다. 봄까지 먹도록 젓갈을 넣지 않고 짜게 담근 김치는 늦김치이고, 익지 않은 김치는 날김치다. 국물이 매우 많아 건더기가 둥둥 뜬 김치는 둥둥이김치이고, 무나 배추 한 가지로만 담근 김치는 홀아비김치이며, 무·배추를 간장에 절여 곧 먹게 만든 김치는 벼락김치다. 배추를 통째로 담그면 통김치고, 조각으로 썰어서 담그면 쪽김치다. 특히 국물의 맛이 좋도록 담근 김치는 국물김치다. 또 주가 되는 채소에 따라 호박김치·부들김치·가지김치·미나리김치·시금치김치·파김치·고들빼기김치·열무김치·갓김치·오이김치·박김치 따위가 있다. 오이김치도 여러 가지다. 오이에 소를 박고 국물에 익히면 오이소박이이고, 썰어서 소를 박지 않으면 짜개김치이며, 독에 담고 소금물에 넣어 익히면 오이지이고, 썰어 젓국과 고춧가루에 버무리면 오이깍두기이다.

김치가 한국 고유의 식품인 만큼, 김치라는 말도 우리 고유어라는 생각을 하는 사람들이 많을 것이다. 그러나 이 김치는 '잠긴 푸성귀'라는 듯의 沈菜(침채)라는 한자어가 변한 것이다. 이 한자어는 중국에서 건너왔다기보다는 한국에서 만들어진 것으로 판단된다. 옛 문헌에는 沈菜가 '딤치' 또는 '팀치'의 형태로 나온다. 그런데 이 두 어형은 진화를 거듭한 채 오늘날까지도 병존해 있다. '딤치'는 짐치, 김치, 김츼를 거쳐 오늘날 김치가 되었고, 팀치는 아마도 침치를 거쳐 침채가 돼 오늘날 제사 용어로 사용되고 있다. 김치만이 아니라, 김치와 관련된 다른 말들 가운데도 한자어에서 온 걸로 짐작되는 말들이 여럿 있다. 예컨대 동치미는 '겨울 김치'라는 뜻의 동침채(冬沈菜)에서 마지막 음절이 떨어져 나간 뒤 변한 말이 아닌가 짐작되고, 김장은 '김치를 저장한다'는 뜻의 침장(沈藏)이 변한 말이 아닐까 짐작된다. 물론 이것은 억측일 수도 있다. 요사이 김치에 꼭 들어가게 마련인 고추도 고초(苦草)라는 한자어가 변한 것이다.

우리말에는 또 김치를 뜻하는 말로 '지'가 있다. 비록 표준어에선 독립적으로 쓰이지 못하고 접미사로만 쓰이지만. 끓여서 식힌 소금물에 오이를 담가 익힌 오이지, 무나 오이를 소금에 짜게 절여서 담근 짠지, 김장할 때 무를 좀 싱거운 맛이 나게 담근 싱건지, 조기젓국으로 간을 맞추어 담근 젓국지 같은 말에 그 '지'가 보인다. 섞박지나 익은지 같은 말에도 그 '지'가 보인다. 이 '지'가 고유어인지 한자어인지에 대해서는 견해가 갈린다.

우선 '절인 것'을 뜻하던 고유어 '디히'가 변한 것이라는 주장이 있다. 16세기초 문헌인 『박통사언해』 초간본에는 "쟝앳디히"라는 단어가 나오는데, 이것은 현대 한국어 장아찌의 그 당시 형태다. 『두시언해』에도 겨울 김치라는 뜻으로 '겨슓디히'라는 말이 나온다. 그러니까 장아찌의 '찌'가 오이지의 '지'와 같은 말이고, 그것은 중세어 '디히'가 진화한 것이라는 견해다. 이 견해를 가진 사람들은 본디 우리말에서 '디히'가 김치를 가리키다가 15세기 이전의 어느 시기에 딤치(沈菜)가 나타나 이 말로 대체되었다고 생각한다. 이에 대해 우리말 '지'가 '담근다'는 의미를 지닌 한자 漬(지)나, '김치' 또는 '절인다'는 의미를 지닌 한자 葅(저)에서 왔다고 보는 견해도 있다. 앞의 견해가 더 미더워 보인다.

  한마디만 더. 김치의 가장 중요한 재료인 배추 역시 白菜(백채)라는 중국어가 귀화한 것이다. 이 '배추'는 한자를 매개로 해서가 아니라, 입을 통해 중국어에서 직접 차용된 것으로 생각된다.

여러 가지 '손'

 숙어란 두 마디 이상의 말이 합하여 하나의 뜻을 이루는 말이다. 숙어를 이루는 낱말들은 맥락에 따라서는 곧이곧대로 해석될 수도 있지만, 대개는 숙어 전체가 관용적으로 특별한 뜻을 지닌다. 그래서 숙어를 관용어라고도 한다. 예컨대 '손'이 들어가는 숙어들을 살펴보자. "그는 인사권을 손에 쥐고 사리사욕을 채웠다"라는 문장에서 '손에 쥐다'는 '자신의 소유로 만들다'라는 의미다. 그러니까 이 숙어에서 손은 소유나 지배를 의미한다고 할 수 있다. '손에 넣다' '손에 들어오다' 같은 숙어에서도 마찬가지다. "오랫동안 탐내던 보물이었는데 오늘에야 손에 넣었다"라거나 "이 넓은 평야가 우리 손에 들어왔으니 당분간 식량 걱정은 안 해도 되겠군"이라는 문장에서 바로 그 소유하는 손, 지배하는 손이 보인다. 반면에 '손을 잡다' '손을 떼다' '손을 씻다' 같은 표현에서 손은 관계·관여 따위의 의미를 지닌다. "신라는 당나라와 손을 잡고 백제와 고구려를 쳤다" "이제

후배들끼리도 잘 꾸려나갈 수 있을 듯해 나는 그 일에서 손을 뗐다" "또 도박이야? 이젠 그만 손을 씻는 게 어때?" 같은 문장에서 '손'은 관계나 관여를 의미하는 손이다. 한편 '손을 놓다' '손을 털다' '손이 비다' 따위의 숙어에서 손은 일·작업의 의미다. "경숙은 바느질하던 손을 놓고 조카들의 밥상을 차렸다" "경기 침체로 그는 요식업에서 손을 털고 나앉아버렸다" "손이 비었으면 이리 와 좀 거들어주렴" 따위의 문장에 등장하는 '손'이 바로 일하는 손이다.

그러나 이런 여러 가지 손들의 경계가 항상 또렷한 것은 아니다. "요식업에서 손을 털고"의 '손'이 일하는 손인지 관계 맺는 손인지는 모호하다. 또 '손이 비다'라는 숙어도 위의 예에서처럼 '하던 일을 다 끝내서 짬이 생기다'의 의미만 있는 것이 아니라 '수중에 돈이 떨어지다'의 의미도 있다. 이럴 때의 손은 소유하는 손이다. "손이 비어 조카 녀석한테 과자 한 봉지도 못 사줬네" 할 때의 '손' 말이다. 또 '손을 대다' 같은 표현에서도 손은 관계를 뜻하기도 하고 (불법적인) 소유를 뜻하기도 한다. "그런 더러운 일에 네가 손을 댔단 말이야?" 하는 문장에서 '손'은 관계 맺는 손이고, "대통령이라는 자가 국가 재산에까지 손을 댔단 말이야?"라는 문장에서 '손'은 (불법적으로) 소유하는 손이다. 그러니까 어떤 숙어에서 그 중심 단어가 무슨 뜻이냐를 따져보는 것보다는, 전체의 뜻을 그냥 익히는 게 중요하다. 실상 그것이 우리가 숙어를 사용하고 이해할 때의 태도다. '숙어'(熟語)란 글자 그대로 '익은 말'이니까. 그렇게 익혀지고 나면 '손이 크다'나 '손이 작다'는, 본래의 뜻을 잃고, 돈이나 물건을 다

여러 가지 '손' 95

루는 데 통이 크거나 작다는 뜻이 된다. 또 '손에 설다'나 '손에 익다'는 어떤 일이 익숙지 못해 서투르거나 그 서투르던 일이 점차 익숙해진다는 뜻이 된다.

'손'의 복합어들도 여러 숙어를 만들어내고 있다. '손가락질을 받다'는 '남에게 깔보이거나 비웃음을 받다'의 의미이고, '손가락을 빨다'는 '먹을 것이 떨어져 굶고 있다'의 의미다. "사람들한테 손가락질을 받으면서도 그 신문은 사상 검증이라는 걸 계속하고 있다"라거나 "직장을 잃은 지 삼개월, 이젠 손가락을 빠는 수밖엔 없겠군"이라는 문장에서 그런 깔보거나 비웃는 손가락이나 대용식(代用食)으로서의 손가락이 보인다. 또 '손금을 보듯하다'는, "그는 언론계의 속사정을 손금을 보듯 훤히 알고 있었다"에서처럼, 어떤 사정을 자세히 알고 있는 걸 비유하는 말이다. 본디 뜻이 '손과 발'인 '손발'도 여러 숙어를 만든다. '손발이 되다'는 어떤 사람의 충실한 협조자나 부하가 된다는 뜻이고, '손발이 따로 놀다'는 모임이나 조직에서 구성원들의 행동이 제각각이라는 뜻이며, '손발이 맞다'는 함께 일하는 사람끼리 서로 호흡이 잘 맞는다는 뜻이다. "아이히만은 히틀러의 손발이 되어 유대인 학살을 지휘했다" "그 친구랑 파트너가 되면 늘상 손발이 따로 놀아 제대로 되는 일이 없다" "그 팀은 손발이 척척 맞아 벌써 일을 다 끝냈어" 같은 문장들이 '손발'의 관용어가 쓰인 예다. '손버릇이 나쁘다'는 남의 물건을 훔치거나 남을 때리는 버릇이 있다는 뜻이고, '손톱도 안 들어간다'는 사람됨이 몹시 완고하거나 인색하다는 뜻이다. "그렇게 손버릇이 나쁘니 미움을 받지" "김사장한테 사정을 해보라구요? 손톱도 안 들어갈 사람이에요" 같은 문장에서 나쁜 손버릇과 안 들어가는 손톱이 보인다.

　우리말은 신체어(身體語)를 포함하는 숙어가 풍부한 편이다. 얼굴말고도 발·낯·입·가슴·애·배·목·속 따위의 말들이 어떤 숙어를 만들어내고 있는지 각자 한번 생각해보자. 하나씩만 예를 들어본다면 '발이 넓다' '낯이 두껍다' '입이 무겁다' '가슴이 두 근 반 세 근 반 한다' '애를 먹다' '배가 맞다' '목이 빠지다' '속이 뒤집히다.'

이 · 그 · 저
── 가리킴말에 대하여

　오늘은 1999년 5월 25일이다. 어제는 1999년 5월 24일이었고, 내일은 1999년 5월 26일일 것이다. 그런데 어제·오늘·내일이라는 말과 1999년 5월 24일, 1999년 5월 25일, 1999년 5월 26일이라는 말은 그 성격이 다르다. 앞의 말들은 말하는 사람의 시간적 위치가 기준점이 되어 대상을 가리키는 데 견주어, 뒤의 말들은 말하는 사람의 시간적 위치와 무관하게 지시하는 대상이 정해져 있다. 1999년 5월 26일은 1999년 5월 26일일 뿐이지만, 내일은 시간이 지남에 따라 오늘이 되고 어제가 된다.
　이번에는 서울에 사는 갑돌이 어느 날 밤 도쿄에 사는 하나코와 전화 통화를 하며 하늘의 달에 대해서 얘기하고 있다고 가정해보자.

　　갑돌: 여기선 달이 보이네. 거기서도 달이 보이니?
　　하나코: 응, 저기 보이네. 오늘은 여기도 하늘이 맑아.

이 대화에서도 여기·저기·거기와 서울·도쿄·하늘(달)은 그 말의 성격이 다르다. 앞의 말들은 말하는 사람의 공간적 위치가 기준점이 돼 대상을 가리키는 데 비해 뒤의 말들은 말하는 사람의 공간적 위치와 무관하게 대상을 지칭한다. 서울은 서울일 뿐이고 도쿄는 도쿄일 뿐이고 달은 달일 뿐이지만, 갑돌의 '여기'는 서울이고, 하나코의 '여기'는 도쿄다. 달 기지의 주민 닐 주니어 암스트롱이 그 통화에 끼여들었다면, 닐의 '여기'는 달일 것이다. 어제·오늘·내일이나 여기·저기·거기처럼 말하는 사람의 시공간적 위치가 기준점이 돼 사물을 직접 가리키는 데 쓰이는 낱말이나 그와 비슷한 문법적 자질이 든 낱말을 가리킴말이라고 한다. 가리킴말에는 나·너·우리·너희 같은 인칭대명사, 지시 관형사 이·그·저와 그 계열의 낱말들, 어제·오늘·내일·작년·올해·내년처럼 시간을 가리키는 명사나 부사, 오다나 가다 같은 동사들, 서술어의 현재·과거·미래형 들이 포함된다.

갑돌은 하나코에게 자신을 지칭하며 '나'라고 말하겠지만, 하나코에겐 갑돌이 '너'다. 하나코는 갑돌에게 도쿄로 놀러 '오라'고 청할 수 있겠지만, 그 청에 응해서 갑돌이 할 수 있는 일은 도쿄로 놀러 '가는' 것이다. 가리킴말은 말하는 사람의 위치에 따라서 그 가리킴의 대상이 달라지므로 어린아이들이 언어를 학습하며 어려움을 겪는 말들이기도 하다. 언어학자들은 보통 가리킴말을 나/너 같은 사람 가리킴말, 여기/저기/거기 같은 장소 가리킴말, 어제/오늘/내일, 했었다/했다/한다 같은 시간 가리킴말로 분류한다. 그러나 러셀의 정의대로 "'나'는 '이것'을 경험하는 사람"이라면, '나'를 포함한 사람 가리킴말들은 장소 가리킴말로 분류할 수도 있겠다. 그러니까 가리킴말의 특징은 말하는 사람의 시간적 위치나 장소적(공간적) 위치가 기준점이 되는 것이다. 그런데 학자에 따라서는 시간과 공간 말고 사회라는 맥락을 가리킴말에 도입하기도 한다. 예컨대 '나'나 '우리'는 말하는 사람이 듣는 사람에 대해 지닌 사회적 위치(나이나 신분이나 계급을 포함한)에 따라 '저'나 '저희'로 변한다. 그래서 '나'나 '우리'는 '너'나 '너희'와 묶일 때 사람 가리킴말(장소 가리킴말)이 되는 반면, '저'나 '저희'와 묶일 때는 사회적 가리킴말이 된다. 프랑스어에서도 2인칭 단수 대명사 tu가 격식을 차린 말에서는 vous로 변하는데, 이럴 때 tu와 vous 역시 사회적 가리킴말이라고 할 수 있다. 말하자면 사회적 가리킴말이란 전통적으로 경어법이라고 부르던 범주와 관련된 개념이다.

흔히 지시사라고 부르는 우리말의 가리킴말들은 대체로 이/그/저의 3원 체계를 갖는다. 이것/그것/저것, 이리/그리/저리, 이렇게/그렇게/저렇게/, 여기/거기/저기, 얘/걔/쟤, 이런/그런/저런, 이만큼/그만큼/저만큼, 이만하다/그만하다/저만하다, 이럭저럭/그럭저럭, 이만저만/그만저만, 이러쿵저러쿵, 이모저모 같은 말들이 그 예다. 일본어에도 이른바 고(こ)/소(そ)/아(あ)의 3원 체계가 있고, 스페인어에도 esto/eso/aquello의 3원 체계가 있다. 영어나 프랑스어에는 this/that, ci/la의 2원 체계가 있다고 보는 것이 일반적이다.

우리말에서 '이' 계열의 말들은 대체로 말하는 사람에게 공간적·심리적·시간적으로 가까운 대상을 가리킨다. '그' 계열의 말들은 대체로 듣는 사람에게 공간적·심리적으로 가까운 대상을 가리키고, '저' 계열의 말들은 대체로 말하는 사람이나 듣는 사람 모두에게서 떨어져 있는 대상을 가리킨다. 그러나 그 구체적 용법은 그보다 훨씬 더 섬세하고 복잡하다. 예컨대 '저'는 '이'나 '그'와는 달리 직접적 가리킴의 맥락에서만 쓰일 뿐 이미 언급한 사물을 되돌아 가리키는 대용어가 될 수 없다. 그래서 "사랑? 난 이 말이 싫어"나 "사랑? 난 그 말이 싫어"라고 말할 수는 있지만, "사랑? 난 저 말이 싫어"라고는 말할 수 없다. 또 '저'는 가리키는 대상이 말하는 사람에게 보일 경우(또는 들릴 경우)에만 사용한다. 그래서 "어딜 갔는지 얘가 안 보이네"라거나 "어딜 갔는지 걔가 안 보이네"라고는 말할 수 있어도 "어딜 갔는지 쟤가 안 보이네"라고 말할 수는 없다. '오다'는 '이' 계열의 말들에, '가다'는 '그'와 '저' 계열의 말들에 대응한다고 할 수 있다.

대용어와 게으름의 대명사

앞장에서 얘기한 가리킴말들은 발화의 상황에서 나타나는 언어의 방위 결정적 특징들과 관련돼 대상을 직접 가리키는 데 쓰이는 말들이다. 이에 견주어 일부 가리킴말들에서 유래되기는 했지만 대상을 직접 가리키는 것이 아니라 이야기 속에서 이미 언급된 대상을 되돌아 가리키는 데 쓰이는 말들이 있다. "난 경숙이가 좋아" "걔(=경숙이)가 어디가 좋으니?"라는 대화에서 '걔'나, "경숙이랑 인호가 연애한다던데" "그건(=경숙이랑 인호가 연애한다는 건) 다 헛소문이야"라는 대화에서 '그거' 같은 말들이 그 예다.

대용어는 앞에서 언급된 말, 즉 선행사를 받으면서 선행사와 같은 대상을 가리킨다. 그래서 대용어는 선행사와 '공지시적'이라고 말한다. 대용어는 위에서 든 예나 "인호는 자기(=인호)밖에 몰라"의 '자기'처럼 대명사일 수도 있고, "어머니가 예쁘더니 딸도 그렇군(=예쁘군)"의 '그렇군'처럼 (대)형용사일수도 있고, "아버지가 돈을 마구 쓰더니 아들도 그러네(= 돈을 마구 쓰네)"의 '그러네'처럼 (대)동사일 수도 있다. 그런가 하면 "경숙과 인호는 두 사람(= 경숙과 인호)의 결혼에 대해 진지하게 얘기했다"의 '두 사람'이나 "미당 서정주씨를 만났다. 시인(= 미당 서정주씨)의 최근 작업에 대해 알아보기 위해서였다"의 '시인'처럼 명사(구)일 수도 있다.

우리말 지시사의 3원 체계를 이루는 말들 가운데 이(것), 그(것)와는 달리 저(것)는 가리킴말로만 쓰일 뿐, 대용어로는 쓰이지 않는다는 사실을 다시 강조해두자. "걔가 그 지경이 되다니. '저건' 말도 안 돼"라는 말은 우리말에서 말도 안 된다. '저' 계열의 다른 말들도 마찬가지다. "이 신문 기사 좀 봐. 아직도 지하철 역사 안에서 담배를 피우는 사람들이 있다는군. 우리나라 사람들은 이래서(= 지하철 역사 안에서 담배를 피워서) 문제야"에서 '이래서'를 '그래서'로 바꿀 수는 있지만, '저래서'로 바꿀 수는 없다. 단, 담배를 피우는 사람 곁에서 그 사람을 관찰하는 사람은 '저래서'를 사용할 수 있다.

위의 예들에서도 이미 드러났지만, 대용어와 공지시적 관계에 있는 선행사도 "난 딸이 하난데 걔(= 딸)가 벌써 시집갈 나이야"의 '딸'처럼 단일 선행사가 있는가 하면, "난 딸 둘에다가 그 밑으로 아들 하날 두었는데 걔들(= 딸 둘 + 아들 하나) 모두 공부가 시원찮아"의 '딸 둘'과 '아들 하나'에서처럼 선행사 이외의 요소('에다가 그 밑으로')에 의해서 두 부분으로 갈라져 있는 분리 선행사도 있다. 또 "수학에서 과락을 하다니 이것(= 수학에서 과락을 한 것) 참 큰일이군"에서처럼 선행사가 문장(이나 구절)일 수도 있다.

필자는 위에서 대용어가 선행사와 공지시적이라고 말했다. 그러나 특수한 경우에는 대용어가 선행사와 공지시적이 아닐 수도 있다. 대표적인 예가 '게으름의 대명사'라고 알려진 말들이다. 게으름의 대명사란, 대용어로 사용되는 대명사 가운데 선행사의 핵심적인 뜻만 받을 뿐 선행사와 공지시적이지는 않은 대명사다. 게으름의 대명사를 설명하기 위해서 흔히 인용되는 예는 "마누라한테 자기 월급 봉투를 갖다 주는 남자가 그걸(= 자기 월급 봉투를) 자기 정부한테 갖다 주는 남자보다 더 현명해"라는 문장이다. 이 문장에서 선행사 '자기 월급 봉투'와 대용어 '그거'는 공지시적이 아니다. 즉 동일한 대상을 가리키지 않는다. 선행사 '자기 월급 봉투'는 자기가 번 돈을 아내에게 갖다 주는 남자의 월급 봉투이고, '그거'는 자기가 번 돈을 정부에게 갖다 주는 남자의 월급 봉투이기 때문이다.

이와 관련해 예전에 거론했던 예를 한번 상기해보자. 갑수와 을수가 함께 술을 마시고 있었다. 갑수가 말했다. "난 내 아내를 사랑해." 을수가 받았다. "나도 그래." 여기서 '그래'도 '내 아내를 사랑해'의 뜻이다. 즉 '그래'는 선행사 '내 아내를 사랑해'의 대용어다. 그러나 일반적인 상황에서 이 경우의 대용어와 선행사는 '공지시적'이지 않다. 갑수와 을수가 동시에 한 여자와 결혼 상태에 있지 않은 다음에야, 갑수가 사랑하는 아내와 을수가 사랑하는 아내가 서로 같을 수는 없을 것이기 때문이다. 이 경우의 '그래'를 게으름의 동사라고 부를 수 있을지 모르겠다. 만약에 위 대화에서 '그래'가 게으름의 동사가 아니라면, 즉

'그래'가 '내 아내를 사랑해'와 공지시적이라면(동일한 대상을 사랑한다는 뜻이라면), 갑수와 을수는 사랑이라는 말을 느슨한 의미로 사용하고 있거나 실험적인 결혼 생활을 하고 있을 것이다.

좁은 의미의 대용어는 이처럼 선행사를 되돌아 가리키는 말을 뜻하지만, 이른바 역행 대용어를 대용어에 포함시키기도 한다. 역행 대용어란 앞서 언급한 대상을 가리키는 말이 아니라 뒤에 언급할 대상을 가리키는 말이다. 예컨대 "이것 참 큰일이군, 수학에서 과락을 하다니"에서 '이것'은 뒤에 나오는 '수학에서 과락을 한 것'을 가리킨다. 또 "그 소식 들었니? 경숙이와 인호가 곧 결혼한대"에서도 '그 소식'은 뒤에 나오는 '경숙이와 인호가 결혼한다는 소식'을 가리킨다. "내 주장은 요컨대 이래. 경숙이와 인호는 결코 결혼할 수 없어"에서 '이래' 역시 그 다음에 나오는 '경숙이와 인호는 결코 결혼할 수 없어'라는 문장을 가리킨다. 역행 대용어에 대비시켜서 일반적인 대용어를 지칭할 때는 순행 대용어라는 말을 사용하기도 한다.

'-들,' 수의 곡예사

 성(性)도 그렇지만 수(數) 역시 한국어 문법에서는 체계적인 범주가 아니다. 단수(홑셈)나 복수(겹셈)를 나타내는 형태가 구별되기는 하지만, 그런 수 표시가 문법적으로 중요한 구실을 하지 않는다. 예컨대 한국어에서 의자라는 단수 명사와 의자들이라는 복수 명사가 형태적으로 구분된다고는 할 수 있지만, 그것이 문법적으로 큰 의미를 갖는 것은 아니다. "저 의자는 빛깔이 고운걸"이라는 문장과 "저 의자들은 빛깔이 고운걸"이라는 문장을 보자. 여기서 '의자'와 '의자들'은 그 형태만이 아니라 의미도 다르다. 그러나 그 차이가 문장의 다른 요소들에 영향을 주지는 않는다. 만약에 이 문장들을 프랑스어로 옮긴다면, '의자'가 '의자들'로 변함에 따라 '의자'를 꾸미는 '저'도 변하고, '의자'를 서술하는 '빛깔이 고운걸'도 변할 것이다. 그래서 한국어에서와는 달리 프랑스어에서는 수가 체계적인 문법 범주다.
 한국어 체언의 복수는 흔히 접미사 '-들'을 덧붙여 표현한다.

사람들·친구들·책들·의자들·우리들·너희들·이것들·저것들 식이다. 단, 수사는 그 자체가 수를 나타내므로 '-들'과 결합하지 않는다. 그래서 하나들·둘들이라는 말은 우리말에 없다. 또 한국어에서 복수를 표시하기 위해 체언에 이 '-들'을 덧붙이고 안 붙이고는 특별한 경우를 빼고는 대체로 수의적이다. 예컨대 "사람들이 많이 모였네"라는 뜻으로 "사람이 많이 모였네"라고 말할 수도 있다. 실제로 양화사(量化詞)를 포함해 구체적으로 수를 나타내는 말이 드러나 있는 경우에는, 이 '-들'을 안 붙이는 것이 오히려 더 자연스럽다. 그래서 "여러 사람이 다쳤대"가 "여러 사람들이 다쳤대"보다 더 자연스럽다. 마찬가지로 "그날 시위로 많은 학생들이 퇴학을 당했어"보다는 "그날 시위로 많은 학생이 퇴학을 당했어"가 더 한국어답다. 또 "저기 의자가 많은걸"이라는 문장이 "저기 의자들이 많은걸"이라는 문장보다 더 자연스럽다. '이'나 '저'나 '그' 같은 지시 관형사 뒤의 명사는 '-들'이 꼭 붙어야 복수가 되지만, 그 명사 앞에 양화사가 붙으면 '-들'을 꼭 붙여야 하는 것은 아니다. 그래서 "이 꽃"의 복수는 "이 꽃들"이지만, "이 많은 꽃"이라고만 말해도 "이 많은 꽃들"의 뜻이 된다.

그런데 한국어의 복수 표시 형태 '-들'은 통사적 측면에서 아주 재미있는 특성을 하나 지니고 있다. 즉 복수로 만들 체언에 덧붙을 수 있는 이 '-들'은, 이 밖에도 이야기의 상황에서 앞에 나왔거나 전제된 주어가 복수라는 걸 나타내며 여러 위치를 떠돌 수 있는 것이다. 예컨대 "많이들 먹어라"거나 "웃지들만 말고 자세히 얘기해봐"라거나 "조용히 합시다들" 같은 문장에서 이 '-들'은 전제된 주어, 즉 이 말을 듣는 사람이 복수라는 것을 뜻한다. 그래서 "많이들 먹어라"는 "너희들 많이 먹어라"의 뜻이고, "웃지들만 말고 자세히 얘기해봐"는 "너희들 웃지만 말고 자세히 얘기해봐"의 뜻이고, "조용히 합시다들"은 "여러분들, 조용히 합시다"의 뜻이다. 마찬가지로 "잘들 해봐"는 "너희들 잘 해봐"의 뜻이고, "집에서들 놀고 있더군요"는 "그 아이들은(그 사람들은) 집에서 놀고 있더군요"의 뜻이며, "안들 들어오냐?"는 "너희들/그 사람들 안 들어오냐?"의 뜻이다. 이런 '-들'의 자유자재는 주어가 생략되면서, 생략된 주어가 복수라는 걸 나타내기 위해 빚어진 현상으로 해석된다. 언어학자들은 이런 현상을 '-들의 복사(複寫 copying)'라고 부르기도 한다. 그러나 주어가 생략되지 않은 경우에도 이 '-들'이 관성으로 그냥 남아 있기도 한다. 예컨대 "그 아이들은 집에서 놀고 있어요"를 "그 아이들은 집에서들 놀고 있어요"라고 말하기도 한다. 주어가 생략되지 않았으므로 이 '-들'은 있으나마나한 군더더기이지만, 바뀐 환경에도 적응하지 않고 마치 주어가 생략되었을 때처럼 그대로 남아 있는 것이다. 이 '-들'은 여러 자리에 동시에 나타날 수도 있다. "그 아이들은 집에서들 놀고들 있어요"라거나 "가방들 챙기고들 빨리들 갑시다"처럼. '-들'의 이런 용법은 유형론적으로 한국어와 아주 비슷한 일본어에서도 찾아볼 수 없는 한국어만의 독특한 현상이다.

이 접미사 '-들'은 "아이들" "참새들"처럼 동일한 개체가 복수라는 걸 뜻하기도 하지만, 한 개체를 대표로 삼아 그와 어울리는 무리들을 아우르기도 한다. 예컨대 갑수와 을숙과 병서와 정희가 늘상 어울려 다닐 때, 그들을 한꺼번에 "갑수들"이라고 표현하기도 한다. 또 의존 명사로서의 '-들'도 있다. 이 '-들'은 둘 이상의 명사를 열거할 때 맨 뒤에 쓰는 말이다. 예컨대 "갑수·을숙·병서·정희 들"이라고 말할 때의 '-들'이 그것이다.

자기 · 자신 · 자기 자신

　　재귀 대명사란 한 문장이나 절 안의 선행어와 동일 지시 관계에 있는 대용어다. 선행어는 대체로 그 문장의 주어다. 다시 말하면 재귀 대명사는 선행 주어로 지시가 되돌아오는 대명사, 선행 주어를 되짚어 가리키는 대명사다. 영어에서 -self(복수는 -selves)로 끝나는 대명사들이 재귀 대명사들이다. 한국어의 재귀 대명사는 사람을 가리키는 것으로 자기 · 자신 · 저 · 자기 자신 · 당신 · 스스로 · 서로 따위가 있고, 사물을 가리키는 것으로 '자체'가 있다. "나폴레옹은 자기를 과신했다" "이광수는 자신을 속였다" "박정희는 스스로를 몰랐다" "그 놈은 저밖에 몰랐다" 같은 문장에서 재귀 대명사 자기 · 자신 · 스스로 · 저는 각각 해당 문장의 주어인 나폴레옹 · 이광수 · 박정희 · 그 놈을 가리킨다. 이 재귀 대명사 대신에 일반 대명사를 쓰면 조응이 모호해진다. 즉 "나폴레옹은 그를 과신했다" "이광수는 그를 속였다" "박정희는 그를 몰랐다" "그 놈은 그밖에 몰랐다"에서 대명사

'그'는 나폴레옹이나 이광수나 박정희나 그 놈을 가리킬 수도 있고, 다른 사람을 가리킬 수도 있다.

재귀 대명사 '저'를 1인칭 겸양 대명사 '저'와 혼동해서는 안 된다. 재귀 대명사 '저'는 "너는 저밖에 모르는 놈이야" "그 놈은 저만 생각하는 놈이야" "나는 저만 아는 사람이 아닙니다"에서처럼 인칭과 상관없이 두루 쓰인다. 재귀 대명사 '저'는, 1인칭 대명사 '저'처럼, 주격 조사 '-가' 앞에서는 '제'로 변한다. "그 놈은 제가 하지 않았다고 잡아떼던걸"에서처럼. 재귀 대명사 '저'에는 '자기'나 '자신'에 견주어 낮춤의 뉘앙스가 있다. 이 재귀 대명사들은 3인칭의 손윗사람을 가리킬 때는 '당신'으로 교체된다. "대통령께선 당신을 돌보지 않고 나라 걱정만 하십니다"가 그 예다. 이 재귀 대명사 '당신'도 2인칭 대명사 '당신'과 혼동해서는 안 된다. '당신'이 2인칭 대명사로 쓰일 때는 그 존대 등급이 예사높임에 지나지 않지만, 3인칭 재귀 대명사로 쓰일 때는 극존칭이다. 역사적으로 보면 '저'나 '당신'이나 본디는 재귀 대명사로만 쓰이던 것이 현대어에서 인칭 대명사를 겸하게 되었다. 근래에는 재귀 대명사 '자기' 역시 젊은이들 사이에서 '너'나 '당신'의 의미를 지닌 2인칭 대명사로 쓰이고 있다.

'자기'와 '자신'의 용법이 똑같지는 않다. '자신'은 사람을 나타내는 명사나 대명사 뒤에 붙어 선행어를 의미적으로 되풀이 강조하거나 '스스로'의 뜻을 나타낼 수 있다. 현주 자신·대통령 자신·나 자신·너희(들) 자신·자기 자신 하는 식으로 말이다. 이 경우의 자신은 또 다른 재귀 대명사인 '스스로'로 대치할 수 있다. 현주 스스로·대통령 스스로·나 스스로 하는 식으로 말이다. 그러나 '자기'에는 이런 용법이 없다. '저'에도 이런 용법이 없다. 그래서 용법으로 보면 '자기'와 '저'가 유사하고, '자신'과 '스스로'가 유사하다. '자기'에 '자신'이 붙은 '자기 자신'은 독립적인 재귀 대명사로 취급된다. 이 '자기 자신'과 '자기'(또는 '자신')는 많은 경우에 서로 대치할 수 있지만, 한 가지 점에서 커다란 차이가 있다. 복문에 등장하는 '자기'는 주절의 주어를 우선적으로 가리키지만, '자기 자신'은 동일한 절 안의 주어를 가리킨다는 점이 그 차이다. '자신'의 경우는 그 둘 사이에서 동요한다. 예컨대 "갑수는 을수에게 병수가 자기를 때렸다고 말했다"라는 문장에서 '자기'는 갑수를 가리킨다. 생각하기에 따라서 종속절의 주어인 병수를 가리킨다고도 볼 수 있지만, '우선적으로는' 주절의 주어인 갑수를 가리킨다고 생각된다. 이 문장에서 '자기'를 '자기 자신'으로 바꾸어보자. "갑수는 을수에게 병수가 자기 자신을 때렸다고 말했다." 여기서 '자기 자신'은 병수다. 뜻이 완전히 달라지는 것이다. '자기 자신'은 동일한 절의 주어만을 가리킨다는 점에서 영어의 재귀 대명사들과 닮았다. 예컨대 "Alice told Betty that Cathy hit herself"라는 문장에서 herself는 동일한 절의 주어인 Cathy를 가리킬 뿐 주절의 주어인 Alice를 가리킬 수 없다. 영어에는 재귀화가 같은 절 안에서만 일어난다는 통사적 제약이 있는데, 우리말의 '자기 자신'이 이와 비슷한 것이다. 그러면 이번에는 그 자리에 '자신'을 넣어보자. "갑수는 을수에게 병수가 자신을 때렸다고 말했다." 이 문장의 의미는 굉장히 모호하다. 어찌 생각하면 '자신'이 갑수인 듯도 하고, 달리 생각하면 병수인 듯도 하다.

'서로'와 '스스로'는 종래에 부사로 분류해왔지만, 요새는 점차 재귀 대명사로 분류하는 추세다. "걔들은 서로를 모른다"거나 "그는 스스로에게 물어보았다" 같은 문장에서 '서로'나 '스스로'는 앞에 나온 주어와 동일 지시 관계에 있다. "그들은 서로 욕질을 해댔다"나 "국장은 스스로 자리에서 물러났다"에서처럼 '서로'나 '스스로'가 단독으로 쓰였을 때는, 언뜻 이 말들을 부사로 보는 것이 자연스러워 보이기도 한다. 그러나 이 경우에도 이 말들이 '서로가' '스스로가'로 대치될 수 있으므로, '서로' '스스로'를 '서로가' '스스로가'에서 주격 조사 '~가'가 탈락된 것으로 보아, 재귀 대명사로 처리하는 것이 더 깔끔하다. '서로'는 행동이 서로 되미침을 나타내는 교호사(交互詞)의 구실을 하는 것이 다른 재귀 대명사와 다른 점이다.

'것,' 세상의 모든 것

'것'은 의존 명사다. 그러니까 '것'은 홀로 쓰이지 못하고, 관형사나 용언의 관형형 뒤에 올 수 있다. 그런 제약만 지키면 이 '것'은 세상의 모든 것을 의미할 수 있다. '것'은 문장 속에 이미 나왔던 말의 대용어로도 쓰일 수 있고, 문장 바깥의 사물·사람·사건·정황 등 모든 것을 가리킬 수 있다. 이 '것' 속에는 우주의 안과 밖 모든 것이 들어 있다. 그 '것'은 이것·저것·그것이기도 하고, 네 것·내 것·우리 것·너희 것이기도 하고, 좋은 것·나쁜 것·큰 것·작은 것·젊은것·늙은것이기도 하다.
 "내가 좋아하는 건(것은) 라면이야"라는 문장에서 '것'은 '라면'이라는 사물이지만, "내가 미워하는 건 너야"에서 '것'은 '너'라는 사람이고, "내가 라면을 먹은 건 자정이 조금 지나서야"에서 '것'은 '자정이 조금 지나서'라는 시각이고, "내가 널 미워하는 건 네가 고집이 세서야"에서 '것'은 '네가 고집이 세서'라는 이유다. 또 "우리가 헤어진 건 김포 공항에서야"에서

'것'은 '김포 공항에서'라는 장소이고, "정말 끔찍했던 건 6·25 전쟁이라구"에서 '것'은 '6·25 전쟁'이라는 사건이다. "이상한 거(것을) 자꾸 물어보지 마"에서 '것'은 무엇을 가리키는지 알 수 없다.

'것'은 용언의 관형형 뒤에 쓰여서 어떤 문장이나 용언이 나타내고 있는 바로 그 사실이나 행동 또는 상태를 나타내기도 한다. 그러니까 이때의 '것'은 이른바 체언절 또는 명사절을 만든다. 예컨대

1) 그 판사가 뇌물을 받았다는 것이 신문에 보도됐다. 2) 그러고도 무사했다는 것이 놀랍다. 3) 대법원장은 그가 뇌물을 받았다는 것에 놀라움을 표시했다. 4) 나는 대법원장이 놀라워한다는 것을 대법원장 비서한테서 들었다. 5) 우리 중에 누가 반부패 운동의 앞장을 서느냐는 것이 문제다. 6) 고위 공직자들이 뇌물을 받는 것이 너무 잦다. 7) 시민 단체가 반부패 운동에 나서는 것을 좀 도와주자. 8) 언론이 그 문제를 보도하는 것이 좀 이상하다.

같은 문장들에 나타나는 '것'이 그렇다.

예로 든 문장 여덟 개 가운데 첫째에서 다섯째까지는 '것'에 의해 체언화된 문장이 그 종결형을 그대로 유지하고 있고(즉 '-다' 형을 유지하고 있고), 나머지 세 문장에서는 종결형을 유지하지 못하고 있다. 남기심 교수는 종결형을 유지하고 있는 체언형을 '긴 체언형'이라고 부르고, 그러지 못한 체언형을 '짧은 체언형'이라고 부른다.

남교수의 설명을 따라가보자. 위의 예에서 1)~3)의 긴 체언형은 의미의 변화 없이 짧은 체언형으로 바꿀 수 있다. 즉 1)의 "그 판사가 뇌물을 받았다는 것이"는 "그 판사가 뇌물을 받은 것이"로, 2)의 "무사했다는 것이"는 "무사한 것이"로, 3)의 "그가 뇌물을 받았다는 것에"는 "그가 뇌물을 받은 것에"로 바꿀 수 있다. 그러나 4)~5)의 긴 체언형은 그렇지 못하다. 고치면 비문이 된다. 다시 말해 "나는 대법원장이 놀라워하는 것을 대법원장 비서한테서 들었다"거나 "우리 중에 누가 반부패 운동의 앞장을 서는 것이 문제다"라는 문장은 성립하지 않는다.

또 6)~7)의 짧은 체언형은 긴 체언형으로 바꿀 수 없지만, 즉 "고위 공직자들이 뇌물을 받는다는 것이 너무 잦다"거나 "시민단체가 반부패 운동에 나선다는 것을 좀 도와주자"는 문장은 옳지 않지만, 8)의 짧은 체언형은 긴 체언형으로 바꿀 수 있기도 하고 없기도 하다. 바꿀 수 있기도 하고 없기도 한 것은 "언론이 그 문제를 보도하는 것이 좀 이상하다"라는 문장이 중의적이기 때문이다. 이 문장은 "언론이 그 문제를 보도한다는 사실이 좀 이상하다"는 뜻일 수도 있고, "언론이 그 문제를 보도하는 태도가 좀 이상하다"는 뜻일 수도 있다. 앞의 뜻일 때는 "언론이 그 문제를 보도한다는 것이 좀 이상하다"로, 즉 긴 체언형으로 말바꿈이 가능하지만, 뒤의 뜻일 때는 그렇지 않다.

이런 예는 얼마든지 있다. "그가 걸어가는 것이 이상하다"라는 문장도 "그가 (차를 타지 않고) 걸어가는 것이 이상하다"라는 뜻일 수도 있고, "그가 걸어가는 모양이 이상하다"라는 뜻일 수도 있다. 앞의 뜻일 때에만 "그가 걸어간다는 것이 이상하다"라고 긴 체언형으로 바꿀 수 있다. "미자가 영어를 하는 것은 우스워"라는 문장도 마찬가지다. "미자가 영어를 하는 사실이 우스워"의 뜻일 수도 있고, "미자가 영어를 하는 태도(나 발음)가 우스워"의 뜻일 수도 있다. 이 역시 앞의 뜻일 때만 "미자가 영어를 한다는 것은 우스워"처럼 긴 체언형으로 바꿀 수 있다. 그러니까 이런 중의적인 문장에서 '것'은 '사실'이라는 추상적인 의미를 지닐 수도 있고, '태도'나 '모양'이라는 비교적 구체적인 뜻을 지닐 수도 있는 것이다.

  체언절을 형성하는 '것'이 비교적 구체적인 뜻을 지니는 경우를 들어보면, "미자가 피아노 치는 걸(것을) 들었니?"에서 '것'은 '소리'이거나 소리와 관련된 어떤 것이고, "옆집에서 고기 굽는 게(것이) 구수하구나"에서 '것'은 '냄새'나 냄새와 관련된 어떤 것을 의미한다고 할 수 있다. "미자가 피아노 치는 걸 들었니?"라는 문장에서 주절의 용언을 바꾸면 이 '것'의 의미는 바뀐다. "미자가 피아노 치는 걸 알았니?"에서 '것'은 '사실' 정도의 막연한 뜻이 되고, "미자가 피아노 치는 걸 못 하게 했니?"에서 '것'은 '행위' 정도의 뜻이 되며, "미자가 피아노 치는 걸 떠밀었니?"에서 '것'은 '미자'를 가리킨다. 이런 문장들에서, 긴 체언형과 짧은 체언형의 호환성 여부, '것'의 의미가 추상적이냐 구체적이냐, 또 구체적이라면 어떤 뜻이냐 하는 것은 주로 주절의 서술어에 달려 있다는 걸 짐작할 수 있다.

  '것'은 또 명사문을 만드는 데도 쓰인다. 명사문이란 "나도 다음달에 파리에 갈 예정이야" "철수도 곧 갈 모양이야"에서처럼 '예정' '모양' 같은 명사가 그 문장의 서술어 노릇을 하지만, 그 서술어의 주어는 없는 문장이다. '예정' '모양' 앞에 나온 부분은 이 명사들을 수식하는 관형어절일 뿐, 문장 전체의 주어가 없는 것이다. '것'도 이와 비슷한 명사문을 만든다. 즉 '것'이라는 명사가 그 문장의 서술어지만, '것'을 수식하는 관형어절만 있을 뿐 그 '것'의 주어는 없는 경우다.

이런 유형의 문장에 쓰이는 '것'에는 크게 세 가지가 있다. 첫째 '것'은 '-ㄴ/은/는/던 것이다'의 형식으로 쓰여, 전에 일어났거나 이미 알고 있는 사실 또는 앞에서 말한 내용을 다시 한 번 강조하거나 확인하거나 근거를 대는 기능을 한다. "그는 코를 킁킁거렸다. 냄새를 맡고 있는 것이다"라거나, "체온이 38도까지 올랐다. 감기가 심한 것이다" 같은 문장이 예다. 어린아이나 여성이 수다를 떨며 이런 유형의 '거예요'를 남발하기도 하지만, 대개의 경우엔 앞의 문장과 관련 없이 불쑥 이 '것이다'가 나오면 어색하게 들린다. 어떤 글의 첫 문장에 이런 '것이다'가 나올 땐 그 문장이 오문이라고 보아도 좋다. 물론 신파극에서는 "했던 것이었던 것이었던 것이었다" 식으로 과장되게 이런 표현을 즐기기도 했던 것이지만.

명사문을 만드는 '것'은 둘째로 '-ㄹ/을 것이다'의 형태로 쓰여 추측이나 예상을 나타낸다. "봄이 오면 내 님도 돌아올 거야(것이야)"라거나 "걔 지금 많이 아플 거야" 같은 문장이 그 예다.

마지막으로 명사문의 '것'은 '-ㄹ/을 것' 형식으로 문장을 끝맺어 명령의 뜻을 나타낸다. "식사 후에는 꼭 이를 닦을 것" "자정 이후에는 욕실 사용을 삼갈 것" 같은 말이 그 예다.

형태소와 변이 형태

"하늘이 맑다"라는 문장과 "바다가 푸르다"라는 문장에서 '이'와 '가'는 주격 조사(또는 주격 표시)다. 그 둘은 완전히 똑같은 기능, 완전히 똑같은(문법적) 의미를 지니고 있다. 다만 그 앞의 체언이 폐음절(자음으로 끝나는 음절)로 끝날 때는 '이'가 쓰이고, 개음절(모음으로 끝나는 음절)로 끝날 때는 '가'가 쓰일 뿐이다. 말하자면 우리말에서 '이'와 '가'는 동일한 형태소다.

형태소란 의미를 지닌 최소의 언어 단위를 뜻한다. 의미적으로 더 이상 쪼갤 수 없는 형태적 단위(소리 연결체)가 형태소다. 형태소는 '하늘' '바다'처럼 독립된 낱말인 것도 있고, '이/가' 같은 조사나 '-다' 같은 어미처럼 독립적인 낱말이 아닌 것도 있다. 조사나 어미는 비록 낱말과는 달리 어휘적 의미는 없지만, 문법적 의미는 지닌다. "하늘이 맑다"라는 문장은 '하늘' '-이' '맑' '-다'의 네 형태소로 이뤄져 있다.

다시 '이'와 '가'로 돌아가자. '이'와 '가'는 완전히 동일한 문법적 의미를 지닌 동일한 형태소다. 그러나 그 형태는 다르다. 이럴 때, 한쪽을 다른 쪽의 '변이 형태'(또는 '이형태')라고 부른다. '가'는 '이'의 변이 형태인 것이다. 또는 '이'가 '가'의 변이 형태라고도 할 수 있다. 여러 변이 형태들 가운데 주된 것을 가려낼 수 있으면, 그 형태를 기준으로 "이런저런 형태들은 이 주된 형태의 변이 형태들"이라고 말할 수 있겠지만, '이'와 '가'의 경우는 그렇지 못하다. 역사적으로는 한국어의 주격 조사는 '이'였고 '가'가 등장한 것은 몇백 년 안 되니 '이'를 주된 형태로 삼을 수도 있겠지만, 공시적으로 보면 "한국어의 주격 조사는 '가'다. 단 앞의 체언이 폐음절로 끝날 때는 변이 형태 '이'를 취한다"라고 설명할 수도 있으므로 쉽게 판결을 내리기는 어렵다.

판별이 쉬운 경우도 많다. '(손을) 젓(다)' 같은 동사는 뒤에 모음이 이어질 때, '저(으니)' '저(어서)'처럼 '저'로 변한다. (또는 '저'가 뒤에 자음이 오거나 마지막 음절을 형성할 때 '젓'으로 변한다.) 이때 '젓'과 '저'의 두 변이 형태 가운데 어느 것이 주된 것일까? 주된 형태가 '젓'인데 뒤에 모음이 오면 ㅅ이 탈락한다고 설명하는 것이, 주된 형태가 '저'인데 뒤에 자음이 오거나 마지막 음절을 형성하면 ㅅ이 덧붙는다고 설명하는 것보다 자연스러우므로, 이럴 때 주형태는 '저'가 아니라 '젓'이 된다. 주된 변이 형태는 흔히 {젓}처럼 중괄호 안에 집어넣는다.

변이 형태는 그것이 나타나는 조건에 따라 음운론적 변이 형태, 형태론적 변이 형태, 자유 변이 형태로 나뉜다. 음운론적 변이 형태는 앞뒤 환경의 음운에 따라 결정되는 변이 형태다. 위에서 본 '이'와 '가'의 경우가 대표적이다. 폐음절 뒤에서는 '이'이고, 개음절 뒤에서는 '가'인 것이다. 목적격 조사 '을'과 '를,' 보조사 '은'과 '는,' 접속 조사 '와'와 '과'도 마찬가지다. 폐음절 뒤에는 앞쪽의 형태가 오고, 개음절 뒤에는 뒤쪽의 형태가 오는 것이다. '밥을'과 '국수를,' '밥은'과 '국수는,' '밥과 국수'와 '국수와 밥' 같은 데서 이 변이 형태들이 어떻게 분포되는지가 확연히 드러난다. '젓-'과 '저-' 역시 음운론적 변이 형태다. 자음으로 시작하는 어미 앞에서나 고립적으로 쓰일 때는 '젓-'이고, 모음으로 시작하는 어미 앞에서는 '저-'다. '덮어라' '때려라'에서 보이는 명령형 어미 {어라}는 어간 끝음절의 자음이 양성 모음일 때는 '밟아라'에서처럼 /아라/라는 변이 형태로 변하고, 어간이 받침 없이 'ㅏ'나 'ㅓ'로 끝났을 때는 '가라' '서라'에서처럼 /라/라는 변이 형태를 취한다. 이런 음운론적 변이 형태들이 항상 철자법에 반영되는 것은 아니다. '꽃이' '꽃나무' '꽃과' 같은 말에서 세 '꽃' 모두 동일한 철자를 취하고 있지만, 그것들은 다 변이 형태들이다. 첫번째는 /꽃/이고, 두번째는 /꼰/이고, 세번째는 '꼳'인 것이다. 그러니까 형태소 {꽃}은 모음 앞에서는 변이 형태 /꽃/으로 나타나고, 비음 앞에서는 변이 형태 /꼰/으로 나타나고, 그 밖의 환경에서는 변이 형태 /꼳/으로 나타난다.

형태론적 변이 형태는 한 형태소가 다른 특정한 형태소와 어울릴 때에 나타나는 변이 형태다. 일인칭 대명사 {나}는 주격 조사 '가' 앞에서는 /내/라는 변이 형태를 취하고 이인칭 대명사 {너} 역시 주격 조사 '가' 앞에서는 /네/라는 변이 형태를 취한다. 일인칭 겸양 대명사 {저} 역시 주격 조사 '가' 앞에서 /제/ 라는 변이 형태를 취한다. 그래서 '나는·나를'과 '내가,' '너는·너를'과 '네가,' '저는·저를'과 '제가'처럼 변이 형태들이 나타나는 환경이 다르다.

  음운론적 변이 형태와 형태론적 변이 형태는 일정한 환경에서 배타적으로 나타난다. 즉 그 분포는 그 경계가 확연히 구분된다. 주격 조사 '가'가 나올 자리에 '이'가 나올 수는 없고, 일인칭 대명사 '제'가 나올 곳에 '저'가 나올 수는 없다. 반면에 임의로 교체할 수 있는 변이 형태들도 있는데, 이것들을 자유 변이 형태라고 한다. '외다'와 '외우다'는 둘 다 표준어로 인정돼 있어서 서로 뒤바꿀 수가 있다. 이때 '외-'와 '외우-'는 자유 변이 형태다. 또 자유 변이 형태에는 제로 형태를 포함시킬 수도 있다. 예컨대 "나, 너를 사랑해"라는 말과 "나, 너 사랑해"라는 말은 아무런 의미의 변화 없이 서로 뒤바꿀 수 있다. 그렇다면 목적격 조사 '를'은 자유 변이 형태로 제로를 가지고 있는 셈이다.

소래 달아났이오
── 주격 조사의 지리적 변이

　표준어의 주격 조사는 '가'와 '이'다. 앞의 체언이 모음으로 끝날 경우엔 '가'이고, 앞의 체언이 자음으로 끝날 때는 '이'다. '국무총리가' '대통령이'에서처럼 말이다. 모음으로 끝나는 음절을 개음절이라고 하고, 자음으로 끝나는 음절을 폐음절이라고 한다. 그러니까 표준어의 주격 조사는 개음절 뒤에선 '가'이고, 폐음절 뒤에선 '이'다. 본디 중세 한국어의 주격 조사는 '이' 하나였다. 폐음절 뒤에선 그 '이'가 온전히 형태를 보존했고, ㅣ모음 이외의 모음으로 끝난 체언 뒤에선 앞의 모음과 어울려 이중 모음을 이루었으며, ㅣ모음 뒤에선 제로 형태를 지녔다. 즉 ㅣ모음 뒤에선 생략됐다. 이 '이'가 개음절 뒤에서 '가'라는 이 형태를 취하게 된 것은 17세기 중반 이후다. 개음절 뒤에서 ㅣ가 청각적으로 또렷하지 않았다는 것이 '가'의 등장을 초래한 한 원인이었는지도 모른다. '가'의 등장이 일본어의 영향 때문이라는 증거는 전혀 없지만, 일본어에서도 주격 조사가 '가'인 것이

재미있다.

　표준어 사용자라면 누구나 주격 조사로 '가'와 '이'를 사용한다. 그러나 이 '가'와 '이'가 한국어 사용 지역 전체를 통일한 것은 아니다. 우선 서북 지방의 방언에서는 주격 조사로 '래'가 사용된다. 예를 들자면 "소래 달아났이오"(소가 달아났어요), "누구래 갔다 오간"(누가 갔다 오겠나), "갈 새래 있갔나"(갈 사이가 있겠나), "구래 잡솨서 네기 잘 못 들수무다"(귀가 먹어서 이야기를 잘 듣지 못합니다) 하는 식이다. 평안도 지방과 인접한 황해도 북부 지방에서는 주격 조사 '라'가 쓰이기도 한다. "누구라 갔다 왔시꺄?"(누가 갔다 왔습니까?), "무이를 누구라 마당에 놔이?"(무우를 누가 마당에 놓았니?) 같은 말에서 이 주격 조사 '라'가 보인다. 제주도 방언에서는 특정한 단어 아래서 주격 조사 '리'가 쓰인다. "ᄀ루리 빛이 거멍하다"(가루가 빛이 검다), "ᄒ루리 영 지느냐"(하루가 이렇게 기냐) 같은 말에서 주격 조사 '리'가 보인다. 그러나 제주 방언에서의 이 주격 조사 '리'는 본질적으로 '이'와 다름이 없다. 그리고 그것은 중세어의 흔적이다. 주격 조사 '리'를 취하는 명사들은 중세어에서 이른바 ㄹ 첨가를 했던 말들이다. 중세어에서 'ᄀᄅ'의 주격은 'ᄀᆯ리'였고, 'ᄒᄅ'의 주격은 '홀리'였다. 그 흔적이 'ᄀ루리' 'ᄒ루리'의 형태로 남아 있는 것이다. 이것은 제주도가 언어지리학에서 얘기하는 이른바 잔재 지역(자연적 조건 때문에 초점 지역에서 시작된 언어 개신에 영향을 받지 않는 지역)으로서 제주도 방언이 우리말의 옛 특성들을 많이 간직하고 있다는 한 증거다. 형태가 엇비슷한 주격 조사 '라' '래' '리'가 한반도의 서부 방언 지구에서만 나타난 사실도 흥미롭다. '라' '래' '리'는 역사적으로 '이'보다는 나중에, 그리고 '가'보다는 앞서 형성된 것으로 추측된다.

서북 지방과 동북 지방의 일부 방언에서는 지금도 개음절로 끝나는 일부 명사 뒤에 주격 조사 '가'가 아니라 여전히 '이'를 사용하는 경우도 있다. "저 사람 코이 와 데레"(저 사람 코가 왜 저래), "여기서 바다이 멀갓디"(여기서 바다가 멀겠지), "나라이 수테 발전했슴메"(나라가 많이 발전했습니다), "네모이 반뜨스한 기 조숨둥"(네모가 반듯한 것이 좋습니까), "하나이 적으문 어찌겠소"(하나가 적으면 어찌 하겠소) 같은 말에서 개음절 뒤에 사용된 주격 조사 '이'가 보인다. 이것 역시 중세어의 흔적이다. 위의 예에서 개음절로 끝났으면서도 주격 조사 '이'를 취하고 있는 명사들, 즉 코·바다·나라·네모·하나 등은 모두 중세어에서 단어 끝에 ㅎ을 보유하고 있던 말들이다. 단독으로 쓰일 땐 그 ㅎ이 숨어 있지만, 뒤에 조사가 붙을 땐 그 ㅎ이 나타난다. 예컨대 '바다'는 바다히(바다가)·바다해(바다에)·바다흘(바다를)·바다히니(바다이니)·바다흐로셔(바다로부터) 따위로 변했다. 다른 단어들도 마찬가지였다. 그러니까 이 단어들의 마지막 음절은 겉보기에는 개음절이지만 알고 보면 폐음절이었다. '바다'에서만이 아니라 이들 단어는 모두 그 마지막 ㅎ과 주격 조사 'ㅣ'가 합해진 '히'를 주격 조사로 취했던 명사들이다. 그 '히'가 이 방언들에서는 '이'의 형태로 남아 있는 것이다. 이 점에서는 서북이나 동북 지방도 언어의 개신이 효과적으로 전파되지 못한 잔재 지역이라고 할 수 있다.

동북 방언과 일부 동남 방언에서는 주격 조사 '이'와 '가'가

겹쳐진 형태인 '이가'가 사용되기도 한다. 함경도 지방의 "당신 너 딸이가 찾아왔슴메"(당신 딸이 찾아왔습니다)나 "이렇게 된 책임이가 누구겠소?"(이렇게 된 책임이 누구〔한테 있〕겠소?), 일부 경북 방언의 "오늘이가 어메 제삿날이오"(오늘이 어머니 제삿날입니다)나 "성님이가 은제 올라카당아?"(형님이 언제 오려고 하든?) 같은 말씨에서 '이'와 '가'가 합쳐진 이중 주격 조사 '이가'가 보인다. 이때 앞의 '이'를 주격 조사의 일부로 볼지, 미달이·의찬이의 '이' 같은 접미사로 볼지는 확정하기 힘들다. 반면에 내가·네가·제가에서 보이는 내·네·제는 나·너·저에 주격 조사 'ㅣ'가 녹아들어 만들어진 변이 형태인 것이 확실하다.

우리말의 시제

　시제란 말하는 이가 말하는 시간을 기준으로 해서 어떤 사건이나 동작이나 상태의 시간적 앞뒤를 나타내는 문법 범주다. 우리말에는 시제가 몇 가지로나 구분될까? "신은 죽었어요" "베오그라드 거리엔 사람들이 많았지" "토마토를 만 원어치나 샀네" "나는 나토의 유고 공습에 반대하였네" 같은 문장을 보자. 이 문장들이 말하는 시간을 기준으로 해서 과거의 사실을 기술하는 것은 분명하다. 미래나 현재를 나타내는 부사어를 집어넣어서 "신은 내일 죽었어요"라거나 "베오그라드 거리엔 지금 사람이 많았지" 따위로 말하면 비문이 되는 것을 보아도 위의 문장들이 과거의 일을 기술하고 있음을 알 수 있다. 그리고 서술어에서의 과거 표시가 '었'이라는 점도 또렷하다. '많았다'의 '았'이나 '샀다'의 'ㅆ'이나 '하였다'의 '였'은 '죽었어요'에서 드러나는 주된 형태 {었}의 변이 형태들이라고 할 수 있다. 그러니까 한국어에는 우선 과거 시제가 있다. 그리고 과거 시제 표시는 '었'이다.

이제 위 문장들에서 과거 시제 표시를 제거해보자. "신은 죽어요" "베오그라드 거리엔 사람들이 많지" "토마토를 만 원어치나 사네" "나는 나토의 유고 공습에 반대하네." 이 문장들은 분명히 과거 시제가 아니다. 과거를 나타내는 부사어를 집어넣어서 "신은 어제 죽어요" "베오그라드 거리엔 예전에 사람들이 많지"라고 하면 비문이 된다. 그러면 이 문장들은 현재 시제 아니면 미래 시제다. "신은 지금 죽어요"라거나 "베오그라드 거리엔 지금 사람들이 많지" 같은 문장이 자연스러운 걸 보면, 이 문장들은 현재 시제라고 할 수 있다. 그렇지만, "신은 내일 죽어요"라는 문장도 자연스럽다. 그렇다면 "신은 죽어요"라는 문장은 단순한 현재 시제라기보다는 '비과거 시제'라고 부르는 것이 더 타당할지도 모른다. 그러나 관례에 따라 이것을 현재 시제라고 부르기로 하자.

그러면 우리말에서 현재 시제 표시는 뭘까? 위에서 든 예를 보면 제로라고 할 수 있다. 어미를 뺀 어간 자체가 현재 시제가 되는 것이다. 말을 바꾸어 어간에 제로 형태를 덧붙이면 현재 시제가 된다. 그런데 문제가 그리 간단치는 않다. 현재 시제를 나타내는 이런 문장들을 보자. "그이가 나를 쳐다보네, 그이가 나를 쳐다봅니다, 그이가 나를 쳐다본다" "나는 그이의 눈빛을 읽네, 나는 그이의 눈빛을 읽습니다, 나는 그이의 눈빛을 읽는다" "물이 맑네, 물이 맑습니다, 물이 맑다." 이 문장들을 그 과거 시제 형태들, 즉 "그이가 나를 쳐다보았네, 나는 그이의 눈빛을 읽었습니다, 물이 맑았다" 등등과 비교해보면, 다른 말들에는 현재 시제 표시가 다 제로인 반면에 '쳐다본다' '읽는다'에서는 현재 표시가 'ㄴ/는'으로 나타난다. '쳐다본다'의 과거형은 '쳐다보았다'이고 '읽는다'의 과거형은 '읽었다'이다. 이 과거형에서 과거 시제 표시 었(았)을 제거하면 '쳐다보다' '읽다'가 되는데 이 형태는 현재 시제 형태가 아니라 학교 문법에서 기본형이라고 부르는 형태인 것이다. '쳐다본다' '읽는다'라는 형태가 현재형이라는 것은 명확하므로, 이 경우에 우리말의 현재 시제 표시는 'ㄴ/는'이라고 할 수 있는 것이다. 그렇다면 우리말의 현재 시제 표시는 제로인가, 아니면 'ㄴ/는'인가?

두 가지 설명이 가능하다. 첫째는 우리말의 현재 시제 표시는 일반적으로는 제로이되 동사의 경우 어미 '-다'를 포함한 몇몇 어미 앞에서는 'ㄴ/는'이라고 설명하는 것이다. (형용사의 경우는 '-다' 앞에서도 현재 시제 표시는 제로다. 위의 '맑다'가 그렇고, "하늘이 푸르다" "정원이 넓다" "집이 깨끗하다" 등도 다 마찬가지다.) 둘째는 'ㄴ다/는다' 자체를 어미 '다'의 변이 형태로 처리하고, 우리말의 현재 시제 표시는 예외 없이 제로라고 설명하는 것이다.

"신은 내일 죽어요"에서 보았듯, 우리말의 현재 시제(비과거 시제)는 현재만이 아니라 시간 부사어의 도움을 받아 미래도 표시한다. "모레 떠납니다" "두 시간 후에 가요" "그이는 다음달에나 돌아와요" "내년에 정년 퇴직합니다"에서처럼. 그러나 이것은 서술어가 비상태성 용언일 경우에만 그렇다. 서술어가 형용사나 상태성 동사(알다, 믿다, 기억하다 따위) 같은 상태성 용언일 경우엔 이 형태가 미래의 시간을 나타내는 데 사용될 수 없다. "어머니가 내일 아프셔요" "나는 모레 그 사람을 압니다" 같은 문장은 정상적인 상황에서는 사용되지 않는다.

미래의 사건은 우리말에서 어떻게 표현할까? 기상 예보관이 텔레비전에서 이렇게 말했다고 하자. "내일은 눈이 옵니다" "내일은 눈이 오겠습니다" "내일은 눈이 올 것입니다." 첫번째 문장은 현재 시제로써 미래를 표시한 것이다. 둘째와 셋째 문장은 '겠' 과 'ㄹ 것이' 라는 문법 형태를 포함하고 있다. 그러면 이 '겠' 과 'ㄹ 것이' 가 미래 시제 표시인가? 그렇다고 말하는 학자도 있지만, 이견도 만만치 않다. 그런 이견을 내세우는 사람의 견해에 따르면 우리말에서 '겠' 과 'ㄹ 것이' 는 '추정' 을 나타낼 뿐 미래를 나타내는 것이 아니다. 이 형태는 미래의 상황에서만 미래 시간과 관련된다는 것이다. "합격을 했다니 걘 참 좋겠다" "벌써 서울에 도착했겠다" "걘 지금도 내가 돌아오기를 기다릴 거야" "걔가 어제 나를 많이 기다렸을 거야" 같은 문장에서 '겠' 이나 'ㄹ 것이' 는 미래와 무관하다. 단지 말하는 사람의 추정을 드러낼 뿐이다. '추정' 은 법(法 = 서법: 말하는 이가 문장의 내용에 대해서 가지는 정신적 태도를 나타내는 문법 범주)과 관련된 것이지, 시제와 관련된 것은 아니다. 이런 의견을 따르자면 우리말에는 과거와 비과거(현재) 두 가지의 시제가 있는 셈이다. 반면에 많은 언어에서 미래 시제 형태가 추정을 겸하고 있다는 점을 내세워, 전통적인 견해대로 우리말에 세 가지 시제를 인정할 수도 있겠다.

게다가 과거 시제 표시인 '었' 조차도 순수한 시제 표시는 아니다. '완료' 라는 상(相: 어떤 동작이나 상태가 시간적으로 변화하는 양상을 나타내는 문법 범주)의 표지이기도 한 것이다. 예컨대 "내일 네가 이쪽으로 와주었으면 좋겠어"라는 문장에서 '었'은 과거 시제 표시가 아니라 명백히 완료상 표시다. 만약에 '었'의 본질이 과거 시제 표시가 아니라 완료상의 표시라고 해석하고, 일반적으로 현재 시제 표시로 간주되는 제로나 'ㄴ/는'을 미완료상 표시라고 해석한다면, 그리고 '겠'이나 'ㄹ 것이'도 미래 시제 표시가 아니라 추정을 나타내는 법의 표시라고 해석한다면, 우리말에서 시제는 체계적인 문법 범주가 아니고, 상과 법만이 체계적인 문법 범주라는 극단적인 견해도 나올 수 있다.

부정문에 대하여

한국어에서 부정문을 만드는 일반적인 방법은 서술 용언의 앞에 '안(아니)'을 놓거나(선행 부정), 서술 용언의 뒤에 '지 않다(지 아니하다)'를 첨가하는 것(후행 부정)이다. 예컨대 "그녀가 우네"의 부정문은 "그녀가 안 우네"이거나 "그녀가 울지 않네"이다. 명령문이나 청유문의 경우에는 서술 용언 뒤에 '-지 말다'를 첨가한다. 그래서 "울어라"의 부정문은 "울지 않아라"가 아니라 "울지 말아라"이고, "울자"의 부정문은 "울지 않자"가 아니라 "울지 말자"이다. 기원을 나타내는 절을 부정할 때는 '지 않다'와 '지 말다'가 둘 다 쓰일 수 있다. "네가 우리 집에 왔으면 좋겠어"에서 '왔으면'을 부정하려면 "네가 우리 집에 오지 않았으면 좋겠어"라고 할 수도 있고, "네가 우리 집에 오지 말았으면 좋겠어"라고 할 수도 있다. 서술격 조사(지정사) '이다'는 이런 일반적 방식을 사용하지 않고 '아니다'라는 말을 따로 사용한다. 그래서 "고래는 포유 동물이다"의 부정문은 "고래는 포유 동물이 아니다"이다.

'-지 않다' 형의 후행 부정은 거의 모든 용언에 적용될 수 있지만, '안' 형의 선행 부정은 그 결합 관계에 제약이 있다. 즉 이 선행 부정 요소 '안'은 일부 복합 동사나 여러 음절의 형용사나 모음 '아'로 시작하는 용언들과 결합될 때 부자연스럽게 들린다. 예컨대 "나는 하늘을 안 쳐다본다" "그 아이는 안 사랑스러워" "나는 개를 안 안는다"라는 문장은 비문이라고까지는 할 수 없을지 몰라도 표준어 화자에겐 상당히 어색하게 들린다. 후행 부정을 사용해 "나는 하늘을 쳐다보지 않는다" "그 아이는 사랑스럽지 않아" "나는 개를 안지 않는다"라고 말하는 것이 훨씬 더 자연스럽다.

'안'과 '지 않다'와 비슷하게 '못'과 '못하다'라는 부정 요소가 사용되는 수도 있다. 그러나 이 부정 요소는 주로 서술 용언이 동사일 때 사용되고, 또 약속문에는 사용되지 않는다. 예컨대 "이 국은 짜다"처럼 형용사가 서술 용언일 경우에 "이 국은 못 짜다"라거나 "이 국은 짜지 못하다"처럼 부정문을 만들 수는 없다. 또 "내가 두시 전에 거기 가마"라는 약속 문장을 "내가 두시 전에 거기 못 가마"라거나 "내가 두시 전에 거기 가지 못하마"라고 부정할 수는 없다. 이 '못'이나 '지 못하다'는 단순한 부정을 나타내는 '안'이나 '지 않다'와는 달리 '불능'이라는 고유 의미를 지니고 있어서 그 쓰임에 더 많은 제약이 있는 것이다. 특히 선행 부정 요소 '못'은 후행 부정 요소 '지 못하다'보다 제약이 더 심하다. 예컨대 "나는 그를 알지 못한다"라고는 할 수 있어도 "나는 그를 못 안다"라고는 할 수 없다. 또 "이 국은 못

짠데"와 "이 국은 짜지 못한데"에서도 만약에 어떤 요리 과정에서 '짜다'는 상태가 아주 바람직스러울 때 아주 어색한 대로 "이 국은 짜지 못하다"는 가능하지만, "이 국은 못 짜다"는 아예 불가능하다. 바람직스러운 상태를 드러내는 형용사들은 이 경우보다 더 자연스럽게 '지 못하다'와 어울릴 수 있다. "식량이 많지 못해서 배급이 충분히 이뤄지지 않았어요"에서의 '많지 못해서'나 "방이 깨끗하지 못해 미안하구먼"에서의 '깨끗하지 못해,' "우유가 신선하지 못해서 다 버렸어요"에서의 '신선하지 못해서'는 그다지 부자연스럽지 않다. 바람직한 상태인 많음, 깨끗함, 신선함에 충분히 이르지 못했음을 '지 못하다'로 표현한 것이다. 그러나 이것을 선행 부정문으로 바꾸어 '못 많아서' '못 깨끗해' '못 신선해'라고 말하면 비문이 되고 만다.

후행 부정 요소 '지 않다'는 '알다'와 '이다'를 제외하고는 거의 모든 용언과 자연스럽게 어울릴 수 있다. 그런 점에서 '지 않다' 형의 후행 부정이 한국어 부정문의 전형적인 형태라고 말할 수 있다.

일부 심리 동사를 상위문에 포함한 복문에서 이 부정 요소는 상위문과 하위문 사이를 오르내릴 수 있다. 예컨대 "나는 경숙이가 나쁜 애가 아니라고 생각한다"와 "나는 경숙이가 나쁜 애라고 생각하지 않는다"는 같은 의미다. 또 "나는 신이 존재한다고 믿지 않는다"와 "나는 신이 존재하지 않는다고 믿는다"의 경우도 마찬가지다. 앞의 경우에는 하위문의 부정 요소가 상위문으로 옮아갔고, 뒤의 경우는 상위문의 부정 요소가 하위문으로 옮아갔다. 이렇게 부정 요소의 오르내림을 가능케 하는 상위문의 동사로는 생각하다와 믿다 외에 바라다, 여기다, 기대하다, 짐작하다, 상상하다 따위가 있다.

　그러나 이런 일부 동사들을 상위문에 포함하고 있을 때를 제외하고는 대부분의 경우 복문에서의 부정 요소의 오르내림은 허용되지 않는다. 부정 요소가 상위문과 하위문을 오르내릴 경우에 그 의미가 변하는 것이다. 예컨대 동사 '밝히다'가 상위문의 서술 용언인 경우를 보자. 부정 요소를 하위문에 포함하고 있는 "유고 정부는 베오그라드가 폐허가 되지 않았다고 밝혔다"라는 문장과 그 부정 요소를 상위문으로 옮긴 "유고 정부는 베오그라드가 폐허가 됐다고 밝히지 않았다"는 그 의미가 다르다.

형용사는 adjective가 아니다

　우리말의 '푸르다'도 형용사고, 영어의 'blue'도 형용사다. 그러나 우리말의 형용사와 영어의 형용사는 그 성격이 근본적으로 다르다. 우리말 형용사는 영어(와 유럽어)의 adjective(와 다른 유럽어의 그에 대응하는 품사)를 일본 사람들이 게이요시(形容詞)라고 번역한 것을 우리가 수입한 것이다. 일본 사람들은 유럽어에서 adjective로 분류되는 말들과 자기들 언어의 형용사를 대충 일치시켰다. 그러나 일본어의 게이요시도 영어나 다른 유럽어의 adjective와 꽤 큰 차이가 있다. 한국어의 형용사는 더하다. 유럽어의 adjective와 근본적인 차이가 있는 것이다. 가장 커다란 차이는 유럽어에서 adjective의 본질적 기능이 명사구의 한정(수식)인 데 견주어, 한국어에서 형용사가 지닌 본질적 기능은 주어에 대한 서술이라는 것이다. 유럽어에서 서술의 힘을 가진 것은 verb(동사)뿐인데 견주어, 한국어에서는 동사와 형용사가 둘 다 서술의 힘을 지니고 있는 것이다. 그래서 한국어의 형용사에는 유럽어나 일본어의 형용사와는 달리 시제가 있다. 유럽어의 형용사도 어미 변화를 한다. 그러나 그 어미 변화는 그것이 한정(수식)하는 명사(구)와 관련해서 이루어진다. 즉 그것이 수식하는 명사의 성이나 수나 격과 관련해서 이루어진다. 그러나 한국어 형용사의 어미 변화는, 설령 그것이 명사구에 대한 수식어의 자격으로 사용될 때에도, 피수식어와는 아무런 관련이 없다. 우리말 형용사의 어미 변화는 시제나 서법 같은 서술어의 문법 범주와 관련해서 이루어진다. 그러니까 유럽어의 형용사가 동사보다는 명사에 더 가까운 어휘 범주라면, 한국어의 형용사는 명사보다는 동사에 더 가까운 어휘 범주다. 우리말의 형용사와 비슷한 유럽어의 어휘 범주는 형용사가 아니라 자동사다.

우리말의 '푸르다'를 영어로 번역한다면 blue가 아니라 be blue가 돼야 할 것이다. 우리말 '푸르다'에는 이미 영어의 be까지가 포함돼 있으니까. 물론 "나는 푸른 하늘을 사랑한다"라는 문장을 영어로 번역한다면 "I love the blue sky"가 될 것이다. 그러나 영어 문장이 단문인 반면, 한국어 문장은 심층적으로는 복문이다. '푸른'은 형용사 '푸르다'가 명사구에 대한 수식어로 기능하기 위해 관형화소 'ㄴ'을 덧붙여 일종의 관형절(관계절)이 된 상태이기 때문이다. 즉 "나는 푸른 하늘을 사랑한다"는 문장은 "나는 하늘을 사랑한다"라는 문장 안에 "하늘이 푸르다"라는 문장이 관형절로 삽입된 것이다. 그러니까 "나는 푸른 하늘을 사랑한다"를 유사한 문장 구조의 영어로 굳이 번역하자면 "I love the sky which is blue"가 되는 셈이다. "우리집은 오는 사람은 막지 않아"라는 문장에서 '오는 사람'과 위에 나온 '푸른 하늘'은 똑같은 구조를 지니고 있다. 동사 '오다'가 그 전문(專門)인 서술 기능을 잠시 접어두고 '사람'을 수식하기 위해 관형화소 '는'을 붙여 일종의 관형절을 이루었듯, 형용사 '푸르다'도 그 전문인 서술 기능을 잠시 접어두고 '하늘'을 수식하기 위해 관형화소를 붙여 관형절을 이룬 것이다. 이렇듯, 우리말에서 동사와 형용사는 그 노는 꼴이 아주 비슷하다. 물론 형용사는 일반적인 동사와는 달리 주로 상태를 서술하므로 의미적으로 동사와 차이가 난다. 그러나 그런 의미적 차이는 그렇게 중요한 것이 아니다. 그래서 형용사를 상태 동사라고 부르고 일반적인 동사를 동작 동사라고 부르는 사람도 있다.

물론 우리말에서 형용사와 동사가 똑같은 풍경을 보이는 것은 아니다. 그 가운데 일부는 상태를 서술한다는 형용사의 특성과도 관련이 있다. 우선 형용사는 명령법·청유법·약속법·의도법 등으로 사용할 수 없다. 가라·와라·가마·가려고는 가능하지만, 푸르러라·푸릅시다·푸르마·푸르려고는 불가능하다. "푸르러라"라고 말하면 감탄법이 돼버린다. 물론 특별한 상황이나 문체 속에서는 푸르러라·푸릅시다·푸르마·푸르려고를 명령법·청유법·약속법·의도법으로 쓰는 것도 가능하기는 하다. 그러나 그것은 일상어에서 일탈된 문학어나 개그 같은 데서 보이는 예외적 현상이다.

또 형용사는 본질적으로 상태성을 지녔기 때문에 대부분의 동사와는 달리 완결상·진행상 따위를 나타내지 못한다. "꽃이 이제 막 빨갰다"라거나 "꽃이 지금 빨갛고 있다" 같은 문장은 비문이거나 아주 어색하다. 그러나 동사로 분류되는 말들 가운데도 그 의미에 따라서 진행상을 나타내지 못하는 것들이 있으니, 상을 나타내지 못하는 것이 형용사를 동사로부터 구분짓는 것은 아니다. 형용사는 또 일반적으로 정도 부사어와 어울린다. 그것은 동사가 일반적으로 동태 부사어와 어울리는 것과 다른 점이다. "그녀는 매우 아름답다"는 가능해도 "그녀는 빨리 아름답다"는 불가능하다. 형용사 어미와 동사 어미는 대체로 같지만 구별되기도 한다. 형용사는 어미 '-다' 앞에서 그 자체로 현재형이 되지만 동사는 ㄴ을 첨가해야 한다. 관형형을 만들 때도 형용사는 'ㄴ'이 현재형이지만, 동사의 경우는 'ㄴ'이 과거형이고 '는'이 현재형이다. 그러나 이런 차이들은 한 어휘 범주 안에서도 얼마든지 생길 수 있는 '사소한' 차이들이다. 곧 한국어에서 형용사는 동사의 일종인 것이다.

기쁘다와 기뻐하다
──심리 형용사에 대하여

우리말의 형용사 가운데는 주어의 인칭을 선택하는 데 제약이 있는 것들이 있다. 그 대표적인 것이 이른바 심리 형용사라는 것이다. 심리 형용사는 주어의 주관적 심리 상태를 나타낸다. 그래서 이런 부류의 형용사를 주관 형용사라고도 한다. 기쁘다·즐겁다·반갑다·슬프다·분하다·외롭다·싫다·두렵다·쓸쓸하다·아깝다·섭섭하다·귀찮다·그립다 같은 형용사들이 이 부류에 속한다.

심리 형용사의 특징은 평서문에서 오로지 1인칭만을 주어로 삼을 수 있다는 것이다. 예컨대 "나는 기쁘다"라는 말은 성립하지만, "너는 기쁘다"라거나, "그 애는 기쁘다"라고는 말하지 않는다. 기쁘다는 것은 주어의 주관적 심리 상태를 드러내므로, '나' 이외의 다른 사람에 대해서는 이 형용사로 서술을 할 수 없기 때문이다. 물론 화자가 전지 전능한 신이라거나, 필자가 전지적 관점에서 쓰는 소설에서라면 2인칭이나 3인칭을 주어로 해서도 심리 형용사를 사용할 수 있다. 그러나 일상적 언어에서는 그런 용법이 허용되지 않는다. 반면에 의문문에서는 이런 심리 형용사들이 2인칭 주어와만 어울릴 수 있다. 예컨대 "너는 기쁘니?"라는 말은 가능하지만, "나는 기쁘니?"라거나, "그 애는 기쁘니?"라는 말은 성립하지 않는다. 이것도 당연하다. 어떤 사람이 기쁜지를 알고 있는 사람은 그 당사자뿐이다. 그래서 기쁜지의 여부를 대답할 수 있는 사람도 그 당사자다. 의문문에서 그 물음을 받은 사람은 오직 자신이 기쁜지의 여부를 대답할 수 있다. 그 '자신'은 묻는 사람의 입장에서는 2인칭이다. "나는 기쁘니?"라는 말이 성립할 수 없는 것은, 내가 기쁜지의 여부를 알고 있는 사람은 나, 즉 1인칭일 뿐, 너, 즉 2인칭이 아니기 때문이다. "그 애는 기쁘니?"라는 말이 성립할 수 없는 이유도 마찬가지다. 그 애가 기쁜지의 여부를 알고 있는 사람은 '그 애'일 뿐, 질문을 받는 '너'가 아니기 때문이다.

전형적인 심리 형용사는 아니지만 상황에 따라 심리 형용사로 사용되는 말들도 있다. 좋다·나쁘다·귀엽다·어렵다·힘들다·불편하다·어지럽다·걱정스럽다·맵다·달다·쓰다·짜다·짭짤하다·싱겁다·떫다·고소하다·덥다·춥다·뜨겁다·차갑다·시원하다 같은 말들이 그 예다. 이 형용사들은 주관적 심리 상태를 서술할 수도 있고 객관적인 물리적 상태를 서술할 수도 있는데, 심리 상태를 서술할 경우, 즉 심리 형용사로 쓰였을 경우엔 평서문에선 1인칭 주어와만 어울리고 의문문에선 2인칭 주어와만 어울린다는 통사-의미론적 제약을 지닌다.

그런데 이 심리 형용사들에 '어하다'가 첨가되면 행동성을 나타내는 동사처럼 사용된다. 예컨대 '기쁘다'는 마음속으로 느끼는 심리 상태를 서술하지만 '기뻐하다'가 되면 그런 심리 상태를 적극적으로 드러내는 행위를 서술한다. 즐겁다와 즐거워하다, 반갑다와 반가워하다, 슬프다와 슬퍼하다, 분하다와 분해하다, 외롭다와 외로워하다, 싫다와 싫어하다, 두렵다와 두려워하다, 쓸쓸하다와 쓸쓸해하다, 아깝다와 아까워하다, 섭섭하다와 섭섭해하다, 귀찮다와 귀찮아하다, 그립다와 그리워하다도 마찬가지다. 전형적인 심리 형용사가 아닌 말들도 심리 형용사적 성격이 있으면 '어하다'를 붙여 동사화할 수 있다. '춥다'와 '추워하다,' '덥다'와 '더워하다,' '고소하다'와 '고소해하다,' '어렵다'와 '어려워하다'에서처럼. 심리 형용사에 '어하다'가 붙어 동사화되면, 주어의 인칭 선택 제한이 없어진다. 동사화된 이 꼴들은 주관적 심리 상태를 서술하는 것이 아니라 그 심리 상태를 드러내는 행동을 서술하기 때문이다. '괴롭다'라는 심리 형용사는 평서문에서는 "나는 괴롭다"처럼 1인칭 주어와 어울리고 의문문에서는 "너는 괴롭니?"처럼 2인칭 주어와 어울릴 뿐이지만, '괴로워하다'로 동사화되면, "잎새에 이는 바람에도 나는/너는/그 애는 괴로워했다"처럼 주어의 인칭을 가리지 않는다.

  그러나 엄밀히 얘기하면, 좋아하다 · 귀여워하다 · 싫어하다 · 미워하다처럼 심리 형용사와 '어하다'가 서로 완전히 녹아들어 하나의 심리 동사처럼 굳어진 말들을 제외하고는 이 '어하다'형은 3인칭과 어울리는 것이 가장 자연스럽다. 특히 현재형에서는 더 그렇다. 이 '어하다'형은 어떤 관찰의 결과를 서술하는 것이기 때문이다. "개가 괴로워해"라는 말은 자연스럽지만, "내가 괴로워해" "네가 괴로워해"라는 말은 부자연스럽다. '괴로워해'는 어떤 관찰의 결과를 보고하는 것인데, 내가 나를 관찰해서 상대방에게 서술한다거나, 눈앞에 보이는 상대방의 행동을 관찰해서 그것을 당사자에게 서술한다는 것은 어색하기 때문이다.

이렇게 '어하다'가 붙어 동사화된 말들은 타동사로 쓰이는 일이 흔하다. "나는 네가 이사가는 것이 섭섭하다"의 심리 형용사 '섭섭하다'가 '어하다'와 함께 행동성 동사로 바뀌면 "걔는 네가 이사가는 것을 섭섭해한다"처럼 타동사로 쓰인다.

'~와/~과'에 대하여
──비교 형용사와 대칭성 동사

조사 '와'는 일차적으로 둘 이상의 사물을 같은 자격으로 이어준다. "죄와 벌" "너와 나" "엄마와 아빠" "개와 원숭이" "사과와 배" 같은 표현에서 그 '와'가 보인다. 이 '와'는 모음으로 끝난 체언, 즉 개음절로 끝난 체언에 붙는다. 자음으로 끝난 체언, 즉 폐음절로 끝난 체언에는 '와' 대신에 '과'가 붙는다. "전쟁과 평화" "민주당과 공화당" "미국과 러시아" "서울과 평양" "하늘과 바람과 별과 시"에서처럼. 즉 '와'와 '과'는 형태소 {와}의 음운론적 변이 형태들인 셈이다. 이 '와/과'는 나열의 접속 조사 기능말고도 "언니와 닮은 동생"에서처럼 비교되는 대상을 나타내는 부사격 조사로 사용되기도 하고, "동생과 싸웠니?"에서처럼 '함께함'을 나타내는 부사격 조사로 사용되기도 한다. 이 두번째와 세번째 '와/과'를 조금 살피자.

우리말의 어떤 형용사들은 비교 대상을 나타내는 '~와/~과'('~하고') 형태의 부사어를 반드시 거느리는 통사론적 특성을 지니고 있다. 그 부사어들은 필수적으로 따라붙게 마련이므로 이것을 보어라고도 할 수 있다. 예컨대 '비슷하다'라는 형용사가 그렇다. "이 영화는 그 영화와 비슷하다"라고는 말할 수 있지만, 그저 "이 영화는 비슷하다"라고 말할 수는 없다. '같다'나 '다르다'도 마찬가지다. "지식은 권력과 같아"라거나 "지식은 권력과 달라"라고는 말할 수 있어도 그저 "지식은 같아"라거나 "지식은 달라"라고 말할 수는 없다. 이렇게 비교 표시 부사어들을 반드시 수반하는 형용사들을 '비교 형용사'라고 하자.

비교 형용사들은 대체로 같다 · 비슷하다 · 다르다의 유의어들이다. 예컨대 동일하다 · 동등하다 · 유사하다 · 흡사하다 · 근사하다 · 상이하다 · 판이하다 같은 형용사들이 비교 형용사다. 비교 형용사는 일반적인 비교 구문에는 사용되지 않는다. 비교 구문이란 처럼 · 같이 · 보다 같은 조사로 이뤄지는 구문이다. "마돈나는 마릴린 몬로처럼 유명하다" "마돈나는 마릴린 몬로같이 예쁘다" "마돈나는 마릴린 몬로보다 젊다" 같은 문장들이 비교 구문이다. 이 예문에 등장하는 '유명하다'나 '예쁘다'나 '젊다'를 포함해서 일반적인 형용사들은 거의 다 이런 비교 구문에 쓰일 수 있지만, 비교 형용사들은 그렇지 못하다. 예컨대 "마돈나는 마릴린 몬로처럼 같다" "마돈나는 마릴린 몬로같이 비슷하다" "마돈나는 마릴린 몬로보다 다르다" 같은 문장은 비문이다.

비교 형용사말고도 '~와/~과' 형태의 부사어를 반드시 수반하는 말들이 있다. 이번에는 동사다. 예컨대 '마주치다'라는 동사가 그렇다. "나는 그 애와 마주쳤다"라는 문장은 가능해도 그저 "나는 마주쳤다"라는 문장은 불가능하다. '겨루다'라는 동

'~와/~과'에 대하여 145

사도 마찬가지다. "나는 지난번 수영 대회에서 그와 겨루었다"라는 문장은 가능하지만, "나는 지난번 수영 대회에서 겨루었다"라는 문장은 불가능하다. 이런 동사들의 예로는 다투다·싸우다·씨름하다·경쟁하다·언쟁하다·어울리다·합치다·결합하다·화합하다·공모하다·협력하다·상담하다·의논하다·성교하다·혼인하다·연애하다·맞서다·부닥치다·맞닥뜨리다·견주다·비교하다 따위가 있다. 이런 동사들은 모두 대칭성을 지니고 있다. 다시 말해 이런 동사들이 서술하는 동작은 혼자서 이룰 수 없는 것들이다. 반드시 짝이 필요하다. 혼인하는 것도 그렇고, 겨루는 것도 그렇고, 부닥치는 것도 그렇고, 합치는 것도 그렇고, 협력하는 것도 그렇다. 이런 대칭성 동사를 서술어로 갖는 주어의 짝이 되는 것이 '~와/~과'('~하고') 형태의 상대 표시 부사어(또는 보어)다.

비교 표시 부사어든 상대 표시 부사어든 이 '~와/~과'('~하고') 형태의 부사어는 문장의 의미를 손상시키지 않은 채 자리 이동을 할 수 있다. 즉 "이 영화는 그 영화와 비슷하다"는 "그 영화와 이 영화는 비슷하다"라고 말할 수 있고, "나는 지난번 수영 대회에서 그와 겨루었다"라는 문장은 "그와 나는 지난번 수영 대회에서 겨루었다"로 바꿀 수 있다.

버릇 · 성격 · 모양 · 직업

우리말의 접미사 가운데는 버릇이나 성격이나 모양이나 직업을 드러내는 어근 뒤에 붙어서 그 버릇 · 성격 · 모양 · 직업을 지닌 사람을 뜻하는 파생어를 만들어내는 것들이 있다. -꾸러기 · -보 · -바리 · -뱅이 · -이 · -장이(쟁이) · -꾼 같은 접미사들이 그렇다.

'-꾸러기'는 명사 뒤에 붙어서 어떤 버릇이나 심성이 지나친 사람을 의미하는 파생어를 만든다. 잠이 많은 사람은 잠꾸러기고, 욕심이 많은 사람은 욕심꾸러기며, 늘 심술만 부리는 사람은 심술꾸러기다. 장난이 심한 사람은 장난꾸러기고, 방정을 잘 떠는 사람은 방정꾸러기며, 늘상 청승스럽게 구는 사람은 청승꾸러기다. 변덕이 죽 끓듯 하는 변덕꾸러기, 거머리처럼 악착같은 악착꾸러기도 있다. '-꾸러기'와 비슷한 기능을 하는 접미사로 '-보'가 있다. 그러나 '-꾸러기'가 명사 어근과만 결합하는 데 견주어, '-보'가 결합하는 어근은 여러 품사에 걸쳐 있다. 예컨대 꾀보·털보·떡보·느림보에서처럼 명사(나 형용사의 명사형)와 결합하기도 하고, 울보·째보(언청이의 속어)에서처럼 동사와 결합하기도 하며, 약보(약빠른 사람)에서처럼 형용사와 결합하기도 한다. 또 사람의 모양을 나타내는 의태 어근과 결합해서 뚱보·뚱뚱보·땅딸보 같은 말을 만들기도 한다. '-바리'도 비슷한 기능을 한다. 샘바리는 샘이 심한 사람이고, 악바리는 무슨 일에나 악착같은 사람이다. 뒤에서 힘이 되어주는 사람을 뜻하는 벗바리, 이유 없이 남의 말에 반대하길 좋아하는 사람을 의미하는 트레바리, 미련하고 거친 사람을 의미하는 데퉁바리 또는 뒤틈바리라는 말도 있다. '-뱅이' 역시 주정뱅이·가난뱅이·게으름뱅이·비렁뱅이·안달뱅이(걸핏하면 안달하는 사람) 같은 말들을 만든다. 접미사 '-이'는 멍청이·얌전이·까불이·껄렁이(됨됨이나 언행이 껄렁껄렁한 사람)에서처럼 성격을 드러내는 불구 어근과 결합하기도 하지만, 더 자주는 신체 장애를 나타내는 명사와 결합해서 장애인을 의미하는 말을 파생시킨다. 육손이·애꾸눈이·절뚝발이·네눈이·곰배팔이(팔이 꼬부라져 펴지 못하거나 팔뚝이 없는 사람. '곰배팔'은 그렇게 된 팔) 같은 말들이 그 예다. 이 말들은 중립적인 어휘가 아니라 장애인에 대한 경멸의 함축을 강하게 담고 있는 비윤리적 어휘다. 그래서 특별한 상황에서가 아니면 잘 사용되지 않는다. 빙충이(똘똘하지 못하고 빙충맞은 사람)·시시덕이(시시덕거리기를 잘하는 사람)·홀쭉이·껑충이(키가 껑충하게 큰 사람)·출랑이(채신없이 출랑거리는 사람)·합죽이(이가 빠져서 입과 볼이 우므러진 사람)·오뚝이·물컹이(몸이나 마음이 약한 사람) 같은 말에서도 접미사 '-이'가 보인다.

'-장이'('쟁이')는 본디 놋갓장이(놋그릇을 만드는 일을 업으로 하는 사람)·미장이·무두장이(가죽을 부드럽게 만드는 무두질을 업으로 하는 사람)·또드락장이(금박 세공업자)·사주쟁이·관상쟁이·뚜쟁이(중매인이나 매음 주선자)에서처럼 어떤 분야에 종사하는 직업인을 의미하는 접미사이지만, 심술쟁이·겁쟁이·고집쟁이·무식쟁이·오입쟁이·주정쟁이·빚쟁이 같은 말에서는 '-꾸러기'와 비슷한 구실을 한다. 빚꾸러기와 빚쟁이는 의미가 다르다는 것을 기억하자. 빚꾸러기는 여기저기 빚을 많이 진 사람이지만, 빚쟁이는 일반적으로 빚을 준 사람, 즉 채권자를 뜻한다. 함께 동아리에 끼이지 못하고 남에게 따돌림을 받는 사람을 뜻하는 돌림쟁이라는 말도 있다. 요사이의 유행어 '왕따'에 해당하는 말이다. 꼼꼼쟁이는 너무 꼼꼼하거나 인색한 사람이고, 만만쟁이는 남에게 만만하게 보이는 사람이다. 또 콜록쟁이는 오랜 기침병으로 자꾸 콜록거리는 사람이다.

'-꾼'은 대체로 어떤 일을 전문적·직업적·습관적으로 하는 사람을 뜻한다. 씨름꾼·장사꾼·일꾼·지게꾼·짐꾼·땅꾼(뱀을 잡아 파는 사람)·장타령꾼(장타령을 부르며 동냥을 다니는 거지)·흥정꾼·부림꾼(남에게 부림을 받는 사람)·살림꾼 같은 말에서 그런 의미의 '-꾼'이 보인다. 노름꾼·주정꾼·난봉꾼·말썽꾼의 '-꾼'은 습관을 의미하는 '쟁이'나 '꾸러기'와 비슷한 구실을 한다. '-꾼'은 또 어떤 일이나 어떤 자리에 모이는 사람을 뜻하기도 한다. 구경꾼·잔치꾼·장꾼(장에 모여 물건을 팔고 사는 사람) 같은 말들의 '-꾼'이 그 예다.

'-둥이'는 위의 접미사들과 약간 성격이 다르다. 이 접미사에는 대체로 '어린이' '귀여움' 따위의 의미가 함축돼 있다. 막내둥이·해방둥이(우리나라가 일제에서 해방된 1945년에 태어난 사람)·쉰둥이(나이가 쉰 줄에 들어선 부모에게서 태어난 아이)·칠삭둥이·선둥이(쌍둥이 가운데 먼저 난 아이)·후둥이·꼬마둥이(몸집이나 키가 작은 사람)·초립둥이(초립을 쓴 어린 남자)·귀염둥이·이쁘둥이 같은 말에 그런 뉘앙스를 지닌 '~둥이'가 보인다. 그러나 바람둥이나 검둥이 같은 말에서처럼 그런 뉘앙스가 굴절된 '-둥이'도 있다.

지우개와 봄놓이

　우리말에는 동사의 어간에 붙어서 그 동사와 관련된 사물을 나타내는 명사를 만들어내는 접미사들이 있다. 그 대표적인 것이 '-개'('-게)' '-애'('~에)' '-이'다. '덮다'에서 '덮개'가 나왔고, '가리다'에서 '가리개'가 나왔고, '지우다'에서 '지우개'가 나왔다. 덮개는 덮는 도구이고, 가리개는 가리는 도구이며, 지우개는 지우는 도구다. 마찬가지로 이쑤시개는 이쑤시는 도구이고, 밑씻개는 밑 씻는 도구이며, 싸개는 싸는 도구다. '꾸미다'와 '꾸미개'(옷이나 돗자리의 가장자리를 꾸미는 헝겊), '조르다'와 '조르개'(물건을 졸라매는 데 쓰는 가는 줄), '집다'와 '집게,' '지다'와 '지게'의 관계도 마찬가지다. 이런 파생 명사는 그 동사의 행위를 하는 도구를 의미하지만, 이런 형식으로 파생된 명사들이 다 그런 의미를 지니는 것은 아니다. 예컨대 '찌개'는 찐 결과 만들어진 음식이다. '달개'(원채의 처마 끝에 잇대어 늘여 지은 집, 또는 차양을 달아 지은 조그마한 집)는 '달다'의 목적어다. 또 '꽂개'(나무 막대기를 진흙 바닥에 꽂아 깊이 들여보내는 것으로 내기를 하는 어린이 놀이)에서는 도구가 추상적인 놀이의 이름으로 바뀌었다. 아무튼 이 -개(-게)라는 접미사를 지닌 명사는 그 동사와 관련된 대상을 지칭한다. 깔개·베개·쓰개·찍개·뜯개·빗치개(빗의 때를 빼고 가리마를 타는 데에 쓰는 제구)·귀후비개 같은 말에서 그 개가 보인다. -개와 -게는 모음조화 때문에 분열한 것이므로 기원적으로는 동일한 접미사다. 사실은 -애(-에)도 해석하기에 따라선 -개(-게)와 동일한 접미사라고 할 만하다. '놀다'에서 온 '노래'(놀-애), '썰다'에서 온 '써레'(썰-에), '돌다'에서 온 '도래'(돌-애) 같은 단어들에서 이 -애(-에)가 보인다. 이런 단어들은 중세어의 화석이라고 할 수 있다. 중세어에서는 ㄹ(이나 ㅣ) 다음에 ㄱ이 탈락되는 음운 현상(이른바 마에마의 법칙)이 있어서 -개 대신 -애가 접미된 것이다. 그러나 일률적으로 이렇게 설명할 수만은 없다. 뉘앙스는 다르지만 '날개'의 동의어라고 할 수 있는 '나래'(날-애)는 중세어에 보이지 않기 때문이다. 아무튼 이 -애(-에)는 이 밖에도 마개(막-애)·얼개(얽-애)·자새(잣-애: 실·새끼·바 등을 감거나 꼬는 데 쓰는 작은 얼레)·더께(덖-에: '덖다'는 때가 올라서 매우 찌들다)·코뚜레(코-뚫-에) 같은 말에서 보인다.

'-이'는 -개(~게)나 -애(~에)보다 생산성이 훨씬 더 높은 접미사다. '다듬다'에서 '다듬이'가 나왔고, '먹다'에서 '먹이'가 나왔고 '굽다'에서 '구이'가 나왔다. '놀다'에서 '놀이'가 나왔고, '풀다'에서 '풀이'가 나왔고, '떨다'에서 '떨이'가 나왔다. 이 -이는 이렇게 단일 동사의 어간에 직접 붙기도 하지만 더 자주는 명사-동사-이 형태의 말을 만들어낸다. 즉 동사의 어간에 접미사 -이가 붙어서 새로운 접미사를 만들어내고, 이 접미사가 명사에 붙어서 다양한 파생어를 만드는 것이다. 이런 유형의 파생어는 책꽂이·재떨이·바람막이·겉절이·옷걸이·손톱깎이·참새구이에서처럼 명사 어근을 목적어로 해서 동사의 내용을 수행하는(수행한) 기구(사물)라는 뜻을 지니기도 하고, 봄낳이(봄에 짠 무명)·여름낳이(여름에 짠 무명)·뒤꽂이(쪽진 머리 뒤에 덧꽂는 비녀 이외의 장신구)·꽃맺이(꽃이 진 뒤에 바로 맺히는 열매)·덧날막이(대패 덧날 위에 덧붙여서 끼운 가짜 날)에서처럼 그 명사를 위치어로 취해서 그 명사가 가리키는 대상에 동사의 내용을 수행하는(수행한) 도구(사물)라는 뜻을 지니기도 한다. 또 어떤 경우에는 그 명사가 자격이나 방편이나 주어의 구실을 하기도 한다.

　이런 유형의 파생어들은 우리말에 무수히 있다. 명사-박-이의 형태를 취하는 소박이·별박이(이마에 흰 점이 있는 말)·두눈박이(눈이 둘 달린 것)·판박이·단총박이(짚의 속대로 꼰 총을 박아 감아서 만든 짚신)·쌍열박이(총열이 두 대로 이루어진 총)·외쪽박이(뒷발의 왼쪽이 흰 짐승)·외알박이(알이 하나만 들어 있는 안경이나 콩)·이리박이(뱃속에 정액 덩어리가 들어 있는 물고기)·두대박이(두 개의 돛대를 세운 배)·외대박이(돛대가 하나뿐인 배), 명사-걸-이의 형태를 취하는 갓걸이·코걸이·귀걸이·가슴걸이(말의 가슴에 걸어 안장에 매는 가죽끈)·징걸이(신바닥의 창에 징이나 못 따위를 박을 때 신을 엎어 씌워 받쳐놓고 두드리는 쇠로 만든 받침대)·등잔걸이·옷걸이·못걸이, 명사-

씻-이의 형태를 취하는 손씻이(남의 수고에 대해 사례하는 뜻으로 적은 물품을 줌, 또는 그 물품)·입씻이, 명사-훑-이의 형태를 취하는 벼훑이·옆훑이(홈 따위의 옆을 훑어내는 데 쓰는 연장)·서캐훑이, 명사-막-이의 형태를 취하는 바람막이·골막이(도리 위의 서까래와 서까래 사이를 흙으로 막는 일, 또는 그 흙)·덧날막이·모막이(긴 네모꼴로 된 물건의 양쪽 마구리를 막는 널조각)·옆막이(옆쪽을 막기 위하여 대는 물건), 명사-굽-이의 형태를 취하는 참새구이·애저구이·게구이·가리구이·생치구이, 명사-꽂-이의 형태를 취하는 향꽂이·산적꽂이(마룻대 위에 얹힐 서까래 머리 쪽에 구멍을 뚫고 흘러내리지 않도록 잇대어 꿴 싸리나 대)·책꽂이·초꽂이·뒤꽂이, 명사-달-이의 형태를 취하는 굽달이(굽이 달린 접시)·실굽달이(실굽〔가는 받침〕이 달려 있는 그릇)·목달이(바닥이 다 해져서 발등만 덮이는 버선)·고달이(물건을 들거나 걸어놓기 좋도록 노끈 따위로 고리처럼 만들어 물건에 달아놓은 것), 명사-먹-이의 형태를 취하는 아침먹이(아침끼니로 먹을 음식이나 양식)·점심먹이·저녁먹이·말먹이(말에게 먹이는 꼴이나 곡식), 명사-떨-이의 형태를 취하는 먼지떨이·재떨이 등.

춤추기 · 잠자기 · 꿈꾸기

'-ㅁ'('-음')과 '-기'는 동사나 형용사의 어간 뒤에 붙어서 그 동사나 형용사를 명사처럼 만든다. 그러나 -ㅁ과 -기는 앞에서 본 -개나 -이 같은 명사화 접미사처럼 용언을 완전한 명사로 만드는 것이 아니라, 그 용언을 명사형으로 만든다. 그래서 학교 문법 용어로 -개나 -이를 명사화 접미사라고 부르는 데 비해 -ㅁ이나 -기는 명사형 어미라고 부른다. -ㅁ이나 -기가 붙은 동사나 형용사는 명사가 아니라 명사형이다. 품사는 변하지 않은 채 명사처럼 사용되는 것이다. -ㅁ이나 -기가 붙은 동사를 동명사라고 부르는 일도 있다. 그 구실이나 기능이 영어의 동명사와 비슷하기 때문이다.

"외국어로 말함은 쉽지 않은 일이다"의 '말함'이나 "외국어로 말하기는 쉽지 않은 일이다"의 '말하기'에서 명사형 어미 -ㅁ과 -기가 보인다. 여기서 '말함'이나 '말하기'의 품사는 동사이되 문장의 주어로서 명사와 비슷한 구실을 하고 있다. 이 가운데

-ㅁ형은 이제 의고투라는 인상을 주어서 세력을 조금씩 잃어가고 있다. 젊은 세대는 물론이고 나이든 세대도 글에서나 -ㅁ 명사형을 쓸 뿐, 말할 때는 -기형으로, 또 더 자주는 '~하는 것'('~한 것') 형태("외국어로 말하는 것은 쉽지 않은 일이다")를 사용한다.

 -ㅁ과 -기가 명사형 어미로서가 아니라 명사화 접미사로 쓰이는 일도 있다. 어미는 모든 용언의 어간에 붙을 수 있으므로 명사형 어미 -ㅁ과 -기는 모든 용언에 붙을 수 있다. 그러나 접미사는 특정한 단어에 선택적으로 붙는다. 그래서 명사화 접미사 -ㅁ과 -기는 몇몇 단어들에만 붙는다. 명사화 접미사로서의 생산성은 -ㅁ이 -기보다 더 높다. 춤·잠·꿈·울음·걸음·셈·믿음·얼음·노름(놀-음)·기쁨·슬픔·아픔·설움·미움·아름다움 같은 말들은 추다·자다·꾸다·울다·걷다·세다·믿다·얼다·놀다·기쁘다·슬프다·아프다·섧다·밉다·아름답다 같은 동사나 형용사의 어간에 -ㅁ을 붙여 파생시킨 명사들이다. 이 말들은 독립적인 명사이므로 이 경우의 -ㅁ은 명사형 어미가 아니라 명사화 접미사다. 물론 똑같은 형이 명사일 수도 있고, 동사의 명사형일 수도 있다. "춤을 잘 춤이 쉬운 일은 아니다"에서 앞의 '춤'은 명사이고 뒤의 '춤'은 동사 '추다'의 명사형이다. -기도 명사형 어미로서만이 아니라 명사화 접미사로 쓰인다. 달리기·보기(例)·더하기·빼기·곱하기·나누기 같은 말들의 -기가 그 예다. 이 말들은 동사 달리다·보다·더하다·빼다·곱하다·나누다 등에서 온 명사들이다. 물론 -기로 끝나는 말도, -ㅁ으로 끝나는 말처럼, 완전한 명사일 수도 있고

동사의 명사형일 수도 있다. "달리기는 내가 제일 좋아하는 운동이야"에서 '달리기'는 명사이지만, "1백 미터를 10초 안에 달리기가 쉬운 일이니?"에서 '달리기'는 동사의 명사형이다.

학교 문법에서는 -ㅁ을 제1명사형 어미라고 하고 -기를 제2명사형 어미라고 한다. -ㅁ과 -기는 둘 다 용언에 명사(체언)의 자격을 부여하지만, 이 두 어미가 붙은 말들의 의미가 똑같은 것은 아니다. 우선 -ㅁ형은 지각 동사를 주절의 동사로 삼을 수 있지만, -기형은 그렇지 못하다. 그래서, "나는 그의 성격이 살가움을 알았다"나 "나는 그 두 사람의 성격이 매우 다름을 깨달았다"나 "나는 해가 바다 위로 솟아오름을 보았다" 같은 문장은 성립하지만, "나는 그의 성격이 살갑기를 알았다"거나 "나는 그 두 사람의 성격이 매우 다르기를 깨달았다"거나 "나는 해가 바다 위로 솟아오르기를 보았다"는 비문이 된다. 이것은 -ㅁ형의 말이 -기형의 말보다 더 명사적 성격(실체적 성격·대상적 성격)이 크다는 것을 뜻한다. 그 말은 -기 쪽이 -ㅁ쪽 보다 더 동사적 성격(서술적 성격)이 크다고도 말할 수 있겠다. -ㅁ은 지각의 대상이 될 수 있지만, -기는 지각의 대상이 될 수 없는 것이다. 반면에 주절에 기대나 원망(願望) 등을 나타내는 동사가 오면, 내포절에선 -기형만이 사용될 뿐 -ㅁ형은 사용될 수 없다. 예컨대 "나는 네가 죽기를 바래"라거나 "우리는 그 놈이 죽기를 기다리고 있어"라는 문장은 자연스럽지만, "나는 네가 죽음을 바래"라거나 "우리는 그 놈이 죽음을 기다리고 있어"는 문장은 비문이거나 어색하다. -기형이 기대나 원망과 관련된 동사와 어울릴 수 있는 데 비해 -ㅁ형은 그런 동사들과 어울릴 수 없다는 것은,

-ㅁ형이 완료·확정 등의 의미 자질을 지닌 반면에 -기형은 미완료·미정 등의 의미 자질을 갖는다는 걸 뜻한다. 위의 두 문장에서 죽음은 아직 완료되지 않고 확정되지 않은 것이므로, -ㅁ은 사용하지 못하고 -기만 사용할 수 있는 것이다. 그러나 -ㅁ이 지닌 실체적·대상적 성격을 이용하면, -ㅁ형으로도 윗 문장의 의미를 표현할 수 있다. 즉 -ㅁ형을 사용해서 완전한 명사를 만드는 것이다. "나는 네 죽음을 바래"라거나 "우리는 그 놈의 죽음을 기다리고 있어"처럼 말이다. '네가 죽음' '그 놈이 죽음' 같은 주어-동사의 절 구조를 '네 죽음' '그 놈의 죽음' 같은 수식어-명사의 구 구조로 바꾸어 복문이었던 문장을 단문으로 만드는 것이다.

품사의 넘나듦
── 영변화에 대하여

 현대 영어에서는 많은 명사가 형태를 바꾸지 않은 채 동사로 사용된다. 옛 영어에는 마치 지금의 독일어처럼 어떤 단어가 동사라는 걸 나타내는 어미가 있어서 명사와 동사가 형태적으로 구분되었지만, 이젠 그 어미가 다 탈락해서 명사와 동사 사이에 형태적인 차이가 없게 되었다. 물론 예컨대 -dom이나 -ship이나 -ment나 -ation처럼 명백히 그 단어가 명사임을 나타내는 접미사나 -fy처럼 그 단어가 동사임을 나타내는 접미사가 붙은 단어들은 명사와 동사를 넘나드는 일이 드물지만, 그런 표시가 없는 경우에는 거의 예외 없이 명사가 동사로도 사용된다. 설령 어떤 명사가 동사로도 사용된다는 용법이 사전에 나와 있지 않은 경우에도 저널리즘에서는 흔히 그 명사를 동사로 전용해 사용한다. 이것이 영어 어휘를 풍부하게 만든 이유 가운데 하나이기도 하다. 이렇게 명사와 동사가 같은 형태를 취하고 있을 때, 학자들은 대체로 명사에 영 zero-형태의 접미사가 붙어서 동사를 파생시켰다고 해석한다. 그리고 이런 파생을 영변화라고 한다.

우리말에는 명사에 영형태의 접미사가 붙어서 동사를 파생시키는 경우가 없을까? 있다. 물론 드물기는 하지만. 예컨대 명사 '가물'의 형태가 그대로 동사 가물(다)로 사용되고 있고, 명사 '누비'가 형태의 변화 없이 동사 누비(다)로 사용되고 있다. 배〔腹〕와 배(다), 빗과 빗(다), 띠와 띠(다), 신과 신(다), 되〔升〕와 되(다), 뭉치와 뭉치(다), 꾀와 꾀(다) 등은 또 다른 예들이다. 이렇게 명사와 동사(어간)의 형태가 같을 때, 그것의 형성 순서를 분명하게 확정할 수는 없다. 특히 뭉치와 뭉치다의 경우는 그 선후 관계는 물론이고 이것이 과연 한 쪽에서 다른 쪽이 파생되었는지도 확실치 않다. 그러나 다른 예들의 경우 대체로 우리들의 언어 직관은 명사에서 동사가 파생되었다는 쪽으로 쏠린다. 이렇게 명사가 형태의 변화 없이, 말을 바꾸어 영형태의 접미사가 붙어 동사를 파생시켰을 때, 그 동사의 음은 대체로 장음화된다.

우리말에는 또 똑같은 형태를 지니면서 서로 관련된 의미를 나타내는 형용사와 동사의 쌍들이 있다. 예컨대 '크다'라는 말이 그렇다. 크다는 "부피나 길이나 넓이나 키나 정도 따위가 보통 이상이다"라는 의미의 형용사이기도 하고, 그 형용사 '크다'가 서술하는 바대로 되다, 즉 "커지다, 자라다"의 의미를 지닌 동사이기도 하다. 이 두 '크다'는 동일한 어원에서 출발한 것이 틀림없고, 일반 사람들의 언어 직관대로라면 형용사 '크다'에 영형태의 파생 접사를 붙여서 동사 '크다'가 만들어졌을 것이다. 이 두 '크다' 는 겉보기엔 똑같지만 그 속은 형용사와 동사의 속성을 지니고 있어서 서로 다르다. 예컨대 '-다' 로 끝나는 평서문에서 현재형을 표시하는데 형용사 '크다' 는 어간에 아무 표시도 붙일 필요가 없지만, 동사 '크다' 는 'ㄴ' 이라는 표시를 붙여야 한다. 그래서 형용사 '크다' 는 "건물이 참 크다"처럼 사용되지만 동사 '크다' 는 "중·고등학교 땐 아이들이 부쩍 큰다"처럼 사용된다. "내 기억으론 그 도시가 굉장히 컸어"에서 '컸' 은 형용사 '크다' 의 과거형이지만, "새 시장 덕분에 그 조그맣던 도시가 이렇게 컸구나"에서 '컸' 은 동사 '크다' 의 과거형이다. 이런 유형의 형용사-동사 쌍들이 그렇게 많지는 않지만, 그 말들은 흔히 사용되는 말들이다. 예컨대 '굳다' 는 '단단하다' 라는 뜻의 형용사와 '단단해지다' 라는 뜻의 동사를 겸하고 있고, '밝다' 는 '환하다' 라는 뜻의 형용사와 '환해지다' 라는 뜻의 동사를 겸하고 있다. '늦다' 는 "기준이 되는 때보다 뒤져 있다"는 뜻의 형용사와 "기준이 되는 때보다 뒤지다"라는 뜻의 동사를 겸하고 있고, '흐리다' 는 '혼탁하다' 라는 뜻의 형용사와 '혼탁하게 하다' 라는 뜻의 동사를 겸하고 있다. '맞다' 는 '틀림이 없다, 알맞다' 라는 뜻의 형용사와 '어울리다, 조화되다, 들어맞다' 라는 뜻의 동사를 겸하고 있고, '낫다' 는 '서로 견주어 좋은 점이 더하다' 라는 뜻의 형용사와 '병이나 상처가 없어지다' 라는 뜻의 동사를 겸하고 있다.

그러나 "젊은 세대와 늙은 세대"에서 보이는 '늙다' 는 그렇지 않다. '늙다' 는 "나이가 한창때를 지나 기력이 약해지다"라는 뜻의 동사만 있을 뿐, 형용사는 없다. "사람은 늙는다"라는 말을 할 수 있어도 "사람은 늙다"라는 말은 할 수 없다. 그래서 "늙은 사람과 젊은 사람"에서 '늙은'은 동사 '늙다'의 과거형이고, '젊은'은 형용사 '젊다'의 현재형이다. 그래서 한국어에서는 '늙다'와 '젊다'가 어휘의 같은 층에서 대칭을 이루고 있지 못하다.

한 음소 형태소들

　형태소는 의미를 나타내는 소리 연결체로서 가장 작은 것이다. 그리고 소리 연결체 가운데 가장 작은 것은 음소다. 실상 음소는 하나의 소리이니, 소리 '단독체'라고도 할 만하다. 그렇다면 하나의 음소로 이뤄진 형태소도 있을까? 있다. 우리말에도 꽤 있다.
　우선 ㅁ은 용언의 어간 뒤에 붙어서 그 용언에 명사의 자격을 주거나 아예 명사로 만든다. 자다·만나다·기쁘다·슬프다의 어간에 ㅁ이 붙으면 잠·만남·기쁨·슬픔 같은 말이 파생된다. ㄹ은 용언의 어간에 붙어서 그 용언을 관형사형으로 만든다. 잘 시간, 만날 사람, 갈 곳, 해질 무렵의 ㄹ이 그것이다. ㄴ도 용언의 어간에 붙어서 그 용언을 관형사형으로 만든다. ㄹ이 미완료상-비결정성을 드러낸다면 ㄴ은 완료상-결정성을 드러낸다. 떠난 사람, 지워진 기억, 돌아온 외팔이, 배고픈 설움 같은 데서 그 ㄴ이 보인다. ㄱ은 일부 단어의 어근에 붙어서 부사를 만들어낸다. 새록새록·어둑어둑의 ㄱ이 그것이다. ㅂ은 일부 동사의 어간에 붙어서 그것을 형용사로 만든다. 놀랍다·그립다 따위의 형용사는 놀라다·그리다의 어간에 ㅂ이 덧붙은 것이다.

  모음으로 넘어가자. ㅣ의 구실은 아주 여러 가지다. 우선 ㅣ는 한국어에서 주격 조사다. 그 ㅣ는 변이 형태 '가'를 지니고 있다. 개음절로 끝난 체언 뒤에서 주격 조사 ㅣ는 '가'가 된다. ㅣ는 사람을 비롯한 척추 동물의 입 속에 들어 있는 기관의 이름이기도 하고, 사람의 피를 빠는 곤충이기도 하다. 또 말하는 사람에게 가까이 있는 사람이나 물건을 가리킬 때 사용하는 관형사이기도 하고, '사람'을 뜻하는 말이기도 하다. "이 이가 그랬어요"에서 첫번째 이는 앞의 ㅣ이고 두번째 이는 뒤의 ㅣ이다. 그러나 한국어에서 ㅣ는 접미사로서도 다양하게 사용된다. ㅣ는 우선 동사의 어간 뒤에 붙어서 그 동사를 명사로 바꾼다. 놀이·풀이·먹이·구이 같은 말들이 그 예다. ㅣ는 또 형용사의 어간 뒤에 붙어서 그 형용사를 명사로 만들거나 부사로 만든다. 높이·깊이·길이 같은 말들은 명사로 쓰이기도 하고 부사로 쓰이기도 한다. ㅣ는 일부 명사 뒤에 붙어서 그 명사가 뜻하는 특징을 지닌 사람임을 나타내기도 한다. 곰배팔이·육손이·절름발이 같은 말들이 그 예다. ㅣ는 또 경숙이·영철이에서처럼 자음으로 끝나는 일부 고유 명사 뒤에 붙어서 어조를 고르고 친숙함이나 비하감을 드러내기도 하고, 나날이·집집이·낱낱이에서처럼 중첩 명사 뒤에 붙어서 부사를 만들기도 한다. 접미사로서의 ㅣ의 용법이 여기서 끝나는 것은 아니다. ㅣ는 수사의 뒤에 붙어 사람의 수효를 지시하는 뜻을 나타낸다. 여럿이서·둘이서·셋이서 할 때의 ㅣ 말이다. 또 일부 형용사나 동사의 어간 뒤에 붙어 타동사나 사동사를 만들어낸다. 높이다·녹이다·속이다·먹이다·죽이다·붙이다 같은 말들이 그 예다. 또 똑같은 이 ㅣ가 일부 동사의 어간 뒤에 붙어서 피동사를 만들어내기도 한다. 섞이다·쓰이다·짜이다·치이다의 ㅣ가 그 예다. ㅣ는 또 일부 의태 부사의 뒤에 붙어서 그 말을 동사로 만든다. 출렁이다·반짝이다 같은 말에서 그런 ㅣ가 보인다. ㅏ는 손아랫사람이나 짐승 또는 어떤 사물을 부를 때 쓰이는 호격 조사다. "경숙아" "달아 달아 밝은 달아"에서 그 ㅏ가 보인다. 이 ㅏ는 폐음절로 끝난 명사 뒤에만 온다. 개음절로 끝난 명사 뒤에는 그 이형태인 ㅑ가 사용된다. ㅏ는 또 인간이 뭔가를 느꼈을 때 내지르는 감탄사다. 그 뭔가는 아주 다양하다. 그것은 기쁨일 수도 있고, 슬픔일 수도 있고, 뉘우침일 수도 있고, 놀람일 수도 있고, 메스꺼움일 수도 있고, 애달픔일 수도 있다. ㅏ는 모든 감정을 주워 담을 수 있는 만능 주머니다. 그런 점에선 ㅓ도 마찬가지지만, ㅓ는 주로 의외성·놀라움을 표출할 때 사용된다. ㅗ도 감탄사로 사용되지만, 젊은 세대 사이에서는 점차 사라져가는 것 같다. 나이든 세대는 '옳지' 정도의 의미로 이 감탄사를 사용했다.
　한국어에서 ㅗ는 동사 '오다'의 어간이다. 이 동사의 명령형은 '와라' '오라'이거나 '오너라'이다. '오다'는 명령형에서 어미 '너라'를 취하는 유일한 동사다. ㅗ는 또 모음으로 끝난 어간이나 높임의 '-시-'에 붙어, 현재의 동작이나 상태에 대한 서술이나 의문 또는 시킴을 나타내는 하오체의 종결 어미다. "참 슬프오" "배가 많이 고프오?" "어서 오시오" 따위의 말에서 그 ㅗ

가 보인다. 이 ㅗ는 다소 속되게는 ㅜ라고도 한다. "배가 많이 고프우?" "이리 좀 오우"에서처럼. ㅜ는 또 여럿이 한꺼번에 한데로 몰리는 모양이나 소리다. 사람들이 우 몰려왔다 할 때의 그 ㅜ 말이다. 접미사 ㅜ는 ㅣ처럼 일부 형용사나 동사의 어간에 붙어서 사동사를 만들어낸다. 바루다·비우다는 형용사 바르다·비다에서 온 사동사이고, 깨우다·지우다는 동사 깨다·(짐을) 지다에서 온 사동사들이다.

피동과 능동

 피동이란 주체가 남의 움직임에 의해 동작을 하게 되는 동사의 성질이다. 이런 성질을 지닌 동사가 피동사이고, 피동사를 서술어로 삼는 문장이 피동문이다. 피동·피동사·피동문의 상대어는 능동·능동사·능동문이다. 능동은 다른 것에 동작을 미치게 하는 동사의 성질이고, 그런 성질을 지닌 동사가 능동사며, 능동사를 서술어로 삼는 문장이 능동문이다. "개가 사람을 물었다"가 능동문이라면, "사람이 개에게 물렸다"는 피동문이다. "수사관이 용의자를 쫓고 있다"가 능동문이라면, "용의자가 수사관에게 쫓기고 있다"는 피동문이다. 이 예들에서 보듯 능동문이 같은 의미의 피동문으로 바뀌면, 목적어가 주어의 자리에 놓이고, 능동사가 피동사로 바뀌며, 주어가 행동자가 된다. 행동자 뒤에는 '에게'나 '에 의하여' 같은 행동자 표시가 붙는다. 능동사를 피동사로 바꾸려면, 능동사의 어간에 이·히·리·기 같은 접미사를 첨가한다. '쓰다'의 피동사는 '쓰이다'이고, '먹다'의 피동사는 '먹히다'이며, '찢다'의 피동사는 '찢기다'이고, '몰다'의 피동사는 '몰리다'이다.

　모든 능동사를 이런 방식으로 피동사로 만들 수 있는 것은 아니다. 이렇게 접미사를 붙여서 피동형으로 만들 수 있는 우리말 능동사는 1백 50여 개에 불과하다. '쓰다'의 피동형이 '쓰이다'이므로 '끄다'의 피동형이 '끄이다'일 법도 하건만 그런 말은 없다. 주다·받다·때리다·부수다·얻다·켜다·그리다·붙다처럼 일상적으로 흔히 사용되는 동사도 접미사에 의한 피동형을 만들 수 없다. 거의 모든 능동사를 피동형으로 만들 수 있는 유럽어들과는 다르다. 우리말에는 피동 구문이 크게 발달하지 못한 것이다.

　피동문의 행동자 표시는 보통 '에게'('한테')나 '에 의하여'다. "늑대 같은 놈들이 그 땅을 먹었지"의 피동문은 "그 땅이 늑대 같은 놈들에게 먹혔지"이고, "한 프랑스 혁명가가 '인터내셔널'의 가사를 썼다"의 피동문은 "'인터내셔널'의 가사가 한 프랑스 혁명가에 의해 씌었다"이다. 일반적으로 '에게'와 '에 의하여'는 서로 대치되지 않는다. "그 땅이 늑대 같은 놈들에 의하여 먹혔지"라거나 "'인터내셔널'의 가사가 한 프랑스 혁명가에게 씌었다"라고는 하지 않는다.

　행동자가 무정 명사일 때는 수단·처소를 나타내는 조사가 행동자 표시로 쓰인다. "눈이 온 세상을 덮었다"의 피동문은 "온 세상이 눈으로 덮였다"이고, "국회가 예산을 깎았다"의 피동문은 "예산이 국회에서 깎였다"이다. 그러나 피동문에서 행동자는 표면에 잘 나타나지 않는다. "날씨가 풀렸다" "차가 밀린다" "말발이 안 먹힌다" "책이 불티나게 팔리는군" "김대중씨가 대통령으로 뽑혔다" 같은 문장에서는 행동자가 누구인지 알 수 없거나 (즉 이 경우에는 대응하는 능동문이 없다), 또는 상황적으로 누구나 다 알고 있어서 행동자가 명기되지 않는다. 게다가 '에 의하여'라는 말은 생경함이 아직 빠지지 않은 번역투여서 구어에서는 사용되지 않는다. 행동자 표시로서 훨씬 더 자연스러운 '에게'나 '한테'도 일차적으로는 여격을 나타낸다. 행동주 표시 '에게'를 기계적으로 적용하면 "이 출판업자는 그 시집을 많이 팔았다"의 피동문은 "그 시집은 이 출판업자에게 많이 팔렸다"가 될 것이다. 그 두 문장의 뜻이 전혀 다르다는 것이 한국어 화자에게는 명확하다.

능동사 어간에 접미사 이·히·리·기를 넣어서 피동형을 만드는 것이 우리말의 전형적인 피동법이지만, 그 밖에도 피동의 의미를 나타내는 구문은 다양하다. 우선 '-어지다' 형태가 있다. '주다'나 '만들다' 같은 말에다가 이·히·리·기 같은 접미사를 붙여서 피동형으로 만들 수는 없지만, '어지다'를 붙이면 '주어지다' '만들어지다'처럼 피동의 의미를 담을 수 있다. '-어지다'는 거의 모든 능동사에 붙일 수 있는 듯이 보이지만, 실제로는 어색한 표현이 되는 경우가 많다. "이 포도주는 잘 마셔져"라거나 "이 신문은 다른 신문보다 잘 읽어져" 같은 말을 딱이 비문이라고는 할 수 없어도 모범적인 한국어로 칠 수는 없다. 부정문이 될 경우엔 조금 더 자연스러워진다. "이 포도주는 잘 마셔지지 않아"라거나 "이 신문은 다른 신문보다 잘 읽어지지 않아"는 그 문장들에 해당하는 긍정문보다는 한결 자연스럽

피동과 능동 169

다. '-어지다'가 붙어서 비교적 자연스러운 피동 표현이 이루어진('이루어지다'도 그 예다) 예로는 이어지다 · 틀어지다 · 뚫어지다 · 세워지다 · 허물어지다 · 찢어지다 · 끊어지다 · 삶아지다 · 깨어지다 · 꺼지다 · 풀어지다 · 엎어지다 같은 말들이 있다. 이들은 대체로 어떤 능동사의 피동형이라기보다는 독립된 단어라는 느낌이 많이 드는 말들이다.

접미 피동형과 '-어지다' 피동형이 합쳐진 이른바 이중 피동형도 조금씩 세력을 키우고 있다. 읽혀지다 · 쓰여지다 · 불려지다 · 풀려지다 · 열려지다 · 닫혀지다 같은 말들이 그 예다. 국어정화론자들은 이런 표현을 추방하려고 노력하지만, 그 일이 쉬울 것 같지는 않다. 언어의 쓰임새를 결정하는 것은 언중의 관습이기 때문이다. 또 이런 말들에서 '-어지다'는 딱이 피동의 의미라기보다는 그저 어떤 '과정'을 표시하는 것이라고 해석할 수도 있다. 형용사의 어간에 붙는 '-어지다'(예컨대 '깊어지다' '밝아지다' '어두워지다' '멀어지다')처럼 말이다.

이 밖에 정식 피동문이라고는 할 수 없지만 일부 '하다'류 타동사에서 그 접미사 '하다'를 되다(주목하다와 주목되다) · 받다(협박하다와 협박받다) · 당하다(결박하다와 결박당하다)로 바꾸면 피동성 의미가 생기기도 한다.

사동과 주동

　사동사란 문장의 주어인 주체가 남으로 하여금 어떤 동작을 하게 만듦을 나타내는 동사다. 예컨대 "경숙은 아이에게 젖을 먹였다"에서 '먹였다' 같은 것이 사동사다. 이에 대해 "아이가 젖을 먹었다"에서 '먹었다'처럼 문장의 주어인 주체가 스스로 행동하는 동작을 나타내는 동사를 주동사라고 한다. 사동사는 늘 목적어를 수반하므로 타동사의 일종이다. 사동사는 일부 동사나 형용사의 어간에 이·히·리·기·우·구·추 등의 접사를 붙여서 만든다. 예컨대 녹다의 사동사는 녹이다이고, 익다의 사동사는 익히다이며, 살다의 사동사는 살리다이다. 웃다와 웃기다, 지다와 지우다, 달다와 달구다, 갖다와 갖추다의 관계도 마찬가지다. 예로 든 사동사는 모두 동사에서 나온 것이지만, 형용사에서 나온 사동사도 있다. 넓다에서 온 넓히다, 좁다에서 온 좁히다, 높다에서 온 높이다, 낮다에서 온 낮추다, 더럽다에서 온 더럽히다, 괴롭다에서 온 괴롭히다 같은 말들이 그 예다. 형용사에 붙은 이런 접사들은 이 형용사를 동사화하면서 동시에 사동화한다고 할 수 있다. 형용사에서 파생한 사동사들은 대응하는 주동사가 없으므로 전형적인 사동사라고는 할 수 없다. 어떤 사동사들은 피동사와 그 형태가 같다. "나는 친구에게 내 성적표를 보였다"와 "멀리 63빌딩이 보였다"에서 앞의 '보이다'는 사동사이고, 뒤의 '보이다'는 피동사다. "그는 아내에게 아이를 안겼다"와 "아이는 엄마의 품에 안겼다"에서도 앞의 '안기다'는 사동사이지만, 뒤의 '안기다'는 피동사다. '읽히다'도 또 다른 예다. "그는 아이에게 안데르센 동화집을 읽혔다"에서 '읽히다'는 사동사이지만, "안데르센 동화집은 수많은 독자들에게 읽혔다"에서 '읽히다'는 피동사다.

용언들 가운데 접사가 붙어 사동사로 변할 수 있는 것은 제한돼 있다. 그래서 우리말에서 더 흔히 사용되는 사동 표현은 동사 뒤에 '-게 하다' '-게 만들다'를 덧붙이는 것이다. "경숙은 아이에게 젖을 먹였다"는 "경숙은 아이에게 젖을 먹게 했다"로 바꿀 수 있고, "그는 아이에게 안데르센 동화집을 읽혔다"는 "그는 아이에게 안데르센 동화집을 읽게 했다"로 바꿀 수 있다. '-게 하다'는 대부분의 용언에 붙어서 사동 표현을 만들 수 있다. 즉 아주 생산적인 사동 표현법이다.

그러나 모든 사동사를 '게 하다' 형 사동법으로 바꿀 수 있는 것은 아니다. 예컨대 "그 여자는 자신의 과거를 숨겼다"를 "그 여자는 자신의 과거를 숨게 했다"로 바꿀 수는 없다. 또 "그는 거액의 돈을 유산으로 남겼다"를 "그는 거액의 돈을 유산으로 남게 했다"로 바꿀 수도 없다. "엿가락을 늘였다" 역시 "엿가락을 늘게 했다"로 바꾸는 것은 어색하다. 이것은 숨기다·남기다·늘이다 같은 사동사들이 숨다·남다·늘다 같은 주동사의 사동형이라기보다는 독립된 타동사로 이미 굳어져 있다는 것을 뜻한다.

이 밖에도 사동사와 '게 하다' 형 사동법은 통사적·의미적으로 차이를 보인다. 우선 피사동자 표시에서 사동사는 '을/를'과 '에게'만을 허용하는 데 비해, '게 하다' 형 사동법은 '이/가'도 허용한다. "경숙은 아이들을 잘 먹였다"는 "경숙은 아이들을 잘 먹게 했다"로도 바꿀 수 있고, "경숙은 아이들이 잘 먹게 했다"로 바꿀 수도 있다. 또 "경숙은 아이들에게 밥을 먹였다"도 "경숙은 아이들에게 밥을 먹게 했다"로 바꿀 수도 있고, "경숙은 아이들이 밥을 먹게 했다"로 바꿀 수도 있다. 그러니까 사동사가 피사동자를 사동 행위의 직접·간접 목적어로만 취하는 데 비해서, '게 하다' 형 사동법은 피사동자를 목적어로서만이 아니라 하위문의 주어로도 취하는 것이다.

다음, 사동사는 대체로 직접 사동을 나타내는 경향이 있고 '-게 하다' 형 사동법은 간접 사동을 나타내는 경향이 있다. 즉 "경숙은 아이에게 옷을 입혔다"는 경숙이 아이 옷 입는 것을 거들었다는 뉘앙스가 있는 데 비해, "경숙은 아이에게 옷을 입게 했다"는 경숙이 아이에게 옷을 입으라고 시켜서 아이가 옷을 입었다는 뉘앙스가 있다. 물론 이런 차이가 늘상 또렷한 것은 아니다. "먹이고 입히고 재워줬더니 날 배신해?"에서, 먹이다·입히다·재우다라는 사동사가 직접 사동을 나타내는 것은 아니다. 그러나 사동사가 직접 사동을 나타내고 '게 하다' 형 사동법이 간접 사동을 나타낸다는 것은 한국어 화자의 언어 직관과 대체로 부합한다. 이것과 관련해서 또 사동사는 사동과 피사동이 동시에 일어나는 데 견주어, '-게 하다' 형 사동법은 그렇지 않을 수도 있다는 차이가 있다. 예컨대 "그가 밤 열두시에 아내를 죽였어"에서 죽이는 행위와 죽는 행위는 반드시 동시적이지만, "그가 밤 열두시에 아내를 죽게 했어"는 죽게 한 행위가 죽은 시각보다 이전에 일어났다고 해석할 여지도 있다.

'-하다' 류 동사들은 많은 경우 그 '-하다'를 '-시키다'로 바꾸어 사동의 의미를 담을 수 있다. '확신하다'를 '확신시키다'로, '일하다'를 '일시키다'로, '발전하다'를 '발전시키다'로, '출세하다'는 '출세시키다'로, '공부하다'는 '공부시키다'로, '복종하다'를 '복종시키다'로 바꾸는 식이다. 이때 그 '-하다'와 앞의 어근이 분리될 수 없는 말들은 '-하다'를 '-시키다'로 바꿀 수 없다. '구하다'가 '구시키다'라는 사동 표현을 얻을 수 없고, '정하다'가 '정시키다'라는 사동 표현을 얻을 수 없다. 물론 어근과 '-하다'가 분리될 수 있는 경우라고 해서 그 '-하다'를 언제나 '-시키다'로 바꿀 수 있는 것은 아니다. '존경하다'는 있어도 '존경시키다'는 없고, '생각하다'는 있어도 '생각시키다'는 없으며, '건설하다'는 있어도 '건설시키다'는 없다. 그 '-하다'를 '-시키다'로 바꿀 수 있느냐의 여부는 오직 한국어 화자의 관습과 언어 직관에 달려 있다.

❸ 한국어의 소리

가카까 · 다타따 · 바파빠

한국어가 모국어인 사람은 누구나 '가' 소리와 '카' 소리와 '까' 소리를 구분할 수 있다. 분명히 ㄱ과 ㅋ과 ㄲ 소리는 다르다. 음성학 용어로 그 소리들을 구별하자면 ㄱ은 약유기(弱有氣) 무성음이고, ㅋ은 강유기(强有氣) 무성음이며, ㄲ은 무기(無氣) 무성음이다. 어떤 파열음이 기식(氣息) aspiration, 즉 h 소리를 동반하는가 그러지 않는가, 동반할 경우엔 얼마나 동반하는가에 한국어 사용자는 민감하다. '가'에서 첫소리와 둘째 소리는 다소 느슨하게 연결돼 있고, '카'에서는 아주 느슨하게 연결돼 있으며, '까'에서는 긴밀히 연결돼 있다. '다'와 '타'와 '따,' '바'와 '파'와 '빠'의 경우도 마찬가지다. 한국에서는 어린아이들도 이 소리들을 명확히 구분한다. 그러나 영어가 모국어인 사람은 따로 음성학 훈련을 받지 않는 한 이 소리들을 구분하기가 힘들다. 한국인이 '가'라고 말하든, '카'라고 말하든, '까'라고 말하든, 영국인의 귀에는 그것이 모두 /ka/로 들릴 것이다. 그것은 영어에서는 ㄱ 소리와 ㅋ 소리와 ㄲ 소리가 독립된 음운(음소)이 아니기 때문이다. 다시 말해 영어에서는 이 소리들의 차이가 의미를 분화하는 데 사용되지 않는다. ㄱ·ㅋ·ㄲ 소리들은 영어에서 음성(의미 분화와 무관한 소리)의 수준에서는 나타날 수 있어도, 하나의 음운(의미 분화와 관련된 소리)을 이루지는 못하고 있는 것이다. 반면에 한국어에서는 이 소리들이 각각 독립된 음운이다. 즉 이 소리들이 의미를 분화하는 데 사용된다. 한국어에서는 '갈-'('바꾸다' 또는 '문지르다'의 뜻인 '갈다'의 '갈-')과 '칼(刀)'과 '깔-'('펴다' '놓다'의 뜻인 '깔다'의 '깔')이 그 첫소리들인 ㄱ·ㅋ·ㄲ 소리의 차이만으로 의미가 서로 다른 별개의 낱말들을 구성한다. 이런 낱말들의 쌍을 언어학자들은 '최소 대립쌍'이라고 부른다. 영어에는 ㄱ·ㅋ·ㄲ 소리들의 대립으로 이뤄지는 최소 대립쌍이 존재하지 않는다. ㄷ·ㅌ·ㄸ이나 ㅂ·ㅍ·ㅃ의 경우도 마찬가지다. 한국어에서는 '달〔月〕'과 '탈〔假面〕'과 '딸〔女息〕'처럼 ㄷ·ㅌ·ㄸ 소리의 차이로 이뤄지는 최소 대립쌍이 존재한다. 또 '발〔足〕'과 '팔〔腕〕'과 '빨-'('흡입하다' 또는 '빨래하다'의 뜻인 '빨다'의 '빨-')처럼 ㅂ·ㅍ·ㅃ 소리의 차이만으로 이뤄지는 최소 대립쌍도 존재한다. 그러나 영어에는 이런 최소 대립쌍들이 존재하지 않는다. 물론 음성의 수준에서는 영어에도 이와 비슷한 소리의 차이들이 나타날 수 있다. 영어의 /k/(또는 /t/ 또는 /p/) 소리는 대부분의 경우에 ㅋ과 ㄱ(또는 ㅌ과 ㄷ 또는 ㅍ과 ㅂ)의 중간쯤 되는 소리로 실현된다. 반면에 skin, style, Spain 같은 단어에서처럼 /s/ 소리 다음에 오는 /k/ /t/ /p/ 소리는 ㄲ·ㄸ·ㅃ

소리에 비교적 가깝게 실현된다. 그러나 이런 차이들이 영어에서는 의미와 아무 상관이 없다. 즉 skin의 두번째 소리를 ㄱ 소리로 내든 ㅋ 소리로 내든 ㄲ 소리로 내든 의미는 변하지 않는다. 다시 말해 영어에는 skin의 두번째 소리를 ㄱ·ㅋ·ㄲ으로 바꿔가며 만들어낼 수 있는 최소 대립쌍이 존재하지 않는다. 영어에선 기식의 유무나 과다로 음운이 분화되지 않는 것이다. 그래서 영국인의 귀엔 ㄱ·ㅋ·ㄲ 소리가 명확히 구분되지 않는다.

반면에 한국어에선 성대 진동을 곁들이는가의 여부(유성/무성의 여부)로 음운이 분화되지 않는다. 그래서 한국인들은 영어의 /g/와 /k/, /d/와 /t/, /b/와 /p/를 쉽게 구별하지 못한다. 영어의 game을 한글로는 '게임'으로 표기할 수밖에 없지만, '게임'의 첫소리는 무성음 [k]이지 game의 첫소리처럼 유성음 [g]가 아니다. 한국어에서는 유성 파열음이 유성음 사이에서 변이음으로 나타날 뿐, 독립적인 음운이 아니기 때문이다. 예컨대 '가게'의 소리는 [ka: ge]로 난다. 영국인에겐 '가게'의 두 'ㄱ' 소리가 다른 소리로 명확히 구분된다. 그러나 한국인의 귀엔 그것이 쉽게 구분되지 않는다. 한국어에선 '가게'의 첫번째 ㄱ 소리와 두번째 ㄱ 소리가 동일한 음운에 속하기 때문이다. 즉 한국어에는 /k/와 /g/의 구별에 기초한 최소 대립쌍이 존재하지 않는다. 반면에 영어에는 kill(죽이다)과 gill(아가미), cold(차가운)와 gold(금), came(왔다)과 game(경기), call(부르다)과 gall(쓸개즙), cut(자르다)와 gut(내장), card(카드)와 guard(망보다) 등 /k/와 /g/ 소리의 차이에 기초한 최소 대립쌍들이 많이 존재한다. 한국어에서와는 달리 영어에서는 /k/와 /g/가 각각 독립된 음운인 것이다. 영어에서는 기식의 여부가 음운을 나누는 기준이 될 수 없는 데 비해, 한국어에서는 성대 진동의 여부가 음운을 나누는 기준이 되지 않는다. 이렇게 음운 체계를 조직하는 방식은 자연 언어마다 다르다. 그것은 각 언어의 개성일 뿐, 그걸 두고 어느 언어가 앞서고 어느 언어가 뒤쳐졌다고 말할 수는 없다.

한국 한자음의 특성

한국어의 한자음이 중국 어느 시대의 중국어 한자음에 기반을 두고 있는지에 대해서는 학자들에 따라 이견이 있다. 어느 한 시대의 한자음에 기반을 두고 있을 수도 있고, 개별 한자들이 수입된 시차에 따라서 여러 시대의 중국 한자음에 기반을 두고 있을 수도 있다. 그러나 확실한 것은 한국 한자음은 중국의 한자음과도 다르고 일본의 한자음과도 다르고 베트남의 옛 한자음과도 다르다는 것이다. 그것은 한국어에 고유한 한자음이다. 물론 그것이 그 기원이 된 중국 한자음과 아무런 대응 관계도 없는 것은 아니다. 그러나 그것은 한국어 음운 체계의 제약을 받아 독특한 모습을 하고 있다. 그래서 한국 한자음을 영어로는 Sino-Korean(프랑스어로는 sino-coréen)이라고 한다. 그렇다는 것은 우리말 어휘의 반 이상을 차지하고 있는 한자어가, 중국어도 아니고 일본어도 아닌 한국어라는 것을 뜻한다. 우리가 '학교'라고 발음할 때, 중국인도 일본인도 따로 한국어를 공부하지 않은 한 그것이 學校인 줄을 알아차리기는 힘들다.

한국 한자음은 우리말의 음운 체계 내에서도 고유어와는 다른 특징을 지니고 있다. 한국 한자음은 한국어 음운 체계의 변화에 한편으로는 순응하고 한편으로는 저항하면서 독자적인 체계를 이뤘다. 예컨대 중세 후기나 근대에 한국어 음운 체계에서 반치음 ㅿ과 아래아(·)가 사라지자 한자음도 여기에 순응해 반치음과 아래아를 구축해버렸다. 그러나 고유어에 흔하게 된 ㅋ 소리는 거의 받아들이지 않았다. 그래서 한국 한자음에 거센소리(ㅊ·ㅌ·ㅍ)가 체계적으로 존재함에도 ㅋ에 관한 한 오직 '쾌' 음절 하나밖에 없다. 그 수효도 快, 儈, 噲, 夬, 筷 등 소수에 그치고 있다. 또 한자음은 외과(外科)·질소(窒素)·철도(鐵道)·국적(國籍)의 둘째 음절에서처럼 둘 이상의 한자가 결합된 경우에 사잇소리가 들어가거나 해서 된소리가 될 수는 있지만, 낱개의 한자들에서는 고유어에서와 달리 된소리의 체계가 존재하지 않는다. 끽(喫), 쌍(雙), 씨(氏) 따위가 있을 뿐이다. 아주 요긴하다는 뜻의 끽긴(喫緊), 몹시 놀란다는 뜻의 끽경(喫驚), 밥을 먹는다는 뜻의 끽반(喫飯), 담배를 피운다는 뜻의 끽연(喫煙), 차를 마신다는 뜻의 끽다(喫茶), 만족할 만큼 즐긴다는 뜻의 만끽(滿喫), 고생을 겪는다는 뜻의 끽고(喫苦), 몹시 겁낸다는 뜻의 끽겁(喫怯) 같은 말에 그 끽(喫)이 보인다.

한자음에는 또 ㄷ·ㅅ·ㅈ·ㅊ·ㅋ·ㅌ·ㅍ·ㅎ 따위의 종성, 즉 받침이 없다. 고유어에서라면 내닫다·옷·젖다·꽃·부엌·밭·덮다·좋다에서처럼 이런 음운들이 받침으로도 가능하다. 또 고유어에서는 밟다·굵다에서처럼 겹받침이 존재하지만 한자어에는 존재하지 않는다. 그리고 고유어에 나타나는 ㅂ→오/우 따위의 역사적 음운 교체 현상이 한자어에는 존재하지 않는다. 또 한자음에는 고유어의 음운 체계와 달리 방언이 없다. 즉 한자음에는 지역적 변이체가 존재하지 않는다. 고유어는 여러 방언으로 분화되고 그 방언에 따라서 독특한 음운 체계를 지니고 있다. 그러나 한자음은 통일된 규범에 따라서 오직 하나의 체계로 존재할 뿐 방언적 차이가 없다. 물론 예컨대 ㅡ 모음과 ㅓ 모음이 구별되지 않는 일부 영남 방언에서는 금(今)과 검(檢)이 구별되지 않을 수는 있다. 그러나 그런 것들은 아주 예외적인 현상이다. 일반적으로 말할 때 한자음에는 방언적 차이가 없고, 단지 일정한 역사 시기 동안의 음운 변화 과정에 따라 역사적 변화를 경험한 적이 있을 뿐이다.

일본 한자음에 견주어보면 우선 현대 한국 한자음은 훈독을 하지 않는다는 특징이 있다. 우리도 과거의 향찰이나 이두 같은 문자 체계에서는 훈독을 했지만, 현대 한국어에 한자 훈독은 존재하지 않는다. 또 음독의 경우에도 일본어는 동일한 한자에 대해서 중국 여러 시대의 음에 기원한 여러 가지 읽기가 있을 수 있지만, 한국 한자음은 거의 예외 없이 한 가지로 고정되어 있다. '거의 예외 없이'라고 말한 것은 예컨대 北을 '북녘'이라는 의미로는 '북'이라고 읽고(예컨대 北風), '달아난다'는 의미로는 '배'라고 읽는다(예컨대 敗北)거나, 또 樂을 '풍류'라는 뜻으로는 '악'으로 읽고(예컨대 音樂), '즐긴다'는 뜻으로는 '락'으로 읽고(예컨대 娛樂), '좋아한다'는 뜻으로는 '요'라고 읽는(예컨대 樂山樂水) 경우처럼 소수의 예외가 있기 때문이다. 그러나 일반적으로 한국어에서는 한자의 일자-일음이 확립돼 있다고 할 수 있다. 그 일자-일음은 두 가지로 해석할 수 있다. 즉 한국어에서는 한자가 한 가지로만 읽힌다는 것을 뜻하기도 하고, 반드시 한 음절로 읽힌다는 것을 뜻하기도 한다. 일본어에선 훈독의 경우는 말할 것도 없고 음독의 경우에도 한자는 흔히 다음절로 읽힌다. 물론 그것은 일본어가 개음절(모음으로 끝나는 음절) 구조의 언어인 탓이다.

④ 언어의 사회학

으르렁말과 가르랑말

　미국의 언어학자 하야카와는 『생각과 행동 속의 언어』라는 책에서 언어의 함축적 의미에 대해 이야기하며, 으르렁말 snarl words과 가르랑말 purr words을 구별했다. 그가 든 예를 인용하자면 "이런 버러지 같은 놈! You filthy scum!"은 으르렁말이고, "넌 세상에서 제일가는 여자야 You're the sweetest girl in all the world"는 가르랑말이다. 앞의 말은 언어를 사용해서 남을 도발하거나 위협하는 으르렁거림이고, 뒤의 말은 고양이가 가르랑거리거나 개가 꼬리를 흔들 듯 남의 호감을 사기 위한 언어 행위라는 것이다. 으르렁말이나 가르랑말에서는 언어의 소통 기능 가운데 중립적인 정보적 기능이 거의 사라지고, 그 대신 표현적 기능이 두드러진다. 그래서 으르렁말이나 가르랑말의 의미는 개념적 의미라기보다는 감정적 의미다. 으르렁말의 극단적인 형태는 욕설을 포함한 각종 금기어이고, 가르랑말의 극단적인 형태는 연인의 환심을 사기 위한 과장된 찬사나 북한에서 김일성 주석

부자에게 붙이는 갖가지 존칭 수식사들일 것이다. 그러나 그 사이에는 여러 단계의 으르렁말과 가르랑말들이 있다. 어떤 말들은 그 함축하는 바가 긍정적·우호적이고, 어떤 말들은 그 함축하는 바가 부정적·적대적이다.

예컨대 '중매인'이 맡은 역할은 점잖지만, '뚜쟁이'가 하는 짓은 천하다. '정치가'는 '위정자'보다 더 존경받고, '밀정'이나 '간첩'이나 '첩자'는 '첩보원'이나 '정보원'보다 더 경멸받는다. 나는 '신앙인'과는 얘기가 통하지만, '예수쟁이'와는 도무지 얘기가 안 통한다. 비교 대상이 된 단어들의 개념적 의미는 같지만, 감정적 의미는 판이하다. 이렇게 우리가 일상적으로 사용하는 말들은 정보적 기능과 표현적 기능을 함께 수행하고, 그래서 그 말 속에는 개념적 의미와 감정적 의미가 중첩돼 있다. 그 표현적 기능이 커질수록, 그래서 감정적 의미를 포함한 함축적 의미가 더 커질수록 우리가 사용하는 말은 으르렁말이나 가르랑말에 가까워진다. 으르렁말이나 가르랑말을 일상적으로 사용하는 사람들은 정당 대변인을 포함한 정치적 리플릿 작성자들이나 상품 광고 제작자들이다. 그들이 주로 노리는 것은 객관적 정보의 전달이 아니라 사람들의 심리적 반응이기 때문이다. 그러나 위에서 보았듯 우리 모두는 일상적인 의사 소통 과정에서 무심코, 또는 의도적으로 으르렁말과 가르랑말을 사용한다. 착취·칼잡이·매국노·투기꾼·야합·술수 같은 말들이 으르렁말의 범주에 속한다면, 창의력·자유·녹색 운동·동지·애국·연대 같은 말들은 가르랑말의 범주에 속할 것이다. 그러나 또 다른 많은 말들은 그 말을 대하는 사람의 경험과 신념에 따라 으르렁말에 속하기도 하고, 가르랑말에 속하기도 한다. 자유주의 · 공산주의 · 민족주의 · 사회주의 · 공화주의 · 좌파 같은 정치 언어들이 그렇다. 이 말들을 으르렁말로 받아들이는 사람이든 가르랑말로 받아들이는 사람이든, 그들에게 이 말들의 사전적 의미, 즉 개념적 의미는 거의 잊혀진다. 심지어는 '미국적'이라는 말도 그렇다. 어떤 사람에게는 이 말은 제국주의 · 독재 정권 옹호 · 인종 차별 · 문화적 천박성 따위의 의미를 함축하는 으르렁말로 받아들여지겠지만, 다른 사람들에겐 이 말이 자유 · 기회 · 풍요 · 너그러움 등의 의미를 함축하는 가르랑말로 받아들여질 것이다.

함축적 의미는 또 어떤 단어에 고유하게 실려 있는 것이 아니라, 사회적 조건과 시간의 흐름에 따라 쉽게 생기고 사라지고 변한다. 으르렁말의 범주에 속하는 금기어들(주로 성기 · 성행위 · 배설 행위 · 죽음 · 질병 · 신체적 불리 · 사회적 불리와 관련된 노골적인 말들)의 부정적 연상을 제거하기 위해 고안된 완곡어들이 별다른 효과를 거두지 못하는 이유가 거기에 있다. '감옥'이라는 말의 부정적 연상을 제거하기 위해 '형무소'를 거쳐 '교도소'라는 멋진 말이 생겼지만, 사람들은 '감옥'이나 '형무소'라는 말에 붙어 있던 부정적인 함축 의미를 이내 '교도소'에도 그대로 이식해서 받아들였다. '식모'나 '차장'이나 '운전사'라는 말을 대치하기 위해 '가정부'나 '안내양'이나 '기사'라는 말이 만들어졌지만, 그 새 말들이 처음에 지녔던 산뜻한 함축적 의미는 이내 사라져버렸다. 국가정보원이 어지간히 잘해나가지 않는 한, '안기부'라는 말이 지녔던, 고문이나 공작 정치와 관련된 함축적 의미가 국정원으로 옮겨 붙는 데 긴 시간이 걸리지는 않을 것이다.

　정치적·사회적으로 민감한 금기어들을 완곡어로 바꾸려는 진보주의자들의 태도와 실천은 90년대 들어 미국에서 '정치적 올바름(PC)'이라는 비아냥 섞인 이름을 얻었다. PC의 지지자들은 '검둥이'나 '흑인'이라는 말 대신에 '아프리카계 미국인'이라는 말을 사용했고, '정신 박약'이라는 말을 대치하기 위해 '학습 곤란'이라는 말을 만들어냈다. 그러나 이 새로운 말들도 이내 옛말이 지녔던 부정적 의미를 갖게 되었다. 완곡어의 반대자들은 언어가 반영하는 사회적 불평등이나 불의가 존속하는 한, 말을 다듬고 바꾸는 것은 무의미한 짓이라고 말한다. 여기에 대해 완곡어의 지지자들은 편견을 드러내는 언어의 사용 자체가 불평등과 불의를 고착화한다고 반박한다. 둘 다 일리가 있는 견해다. 확실한 것 하나는, 언어의 통제와 조작이 PC 지지자들이 생각했던 것보다는 훨씬 더 어렵다는 사실이다.

'좌익'과 '좌파'
—— 연상공학의 한 양상

정치적 맥락에서 쓰이는 한국어 좌익·우익은 앞서 얘기했듯이 프랑스어의 관행이 영어와 일본어를 거쳐 수입된 것이다. 프랑스어에서 왼쪽 gauche이 급진적-혁신적 정파를 의미하고 오른쪽 droite이 점진적-보수적 정파를 의미하게 된 것은 1789년의 대혁명 이후다. 혁명기에 국민의회가 열렸을 때, 의장석에서 바라보아 오른쪽에 왕당파 의원들이 앉았고, 왼쪽에 혁명을 지지하는 의원들이 앉았던 데서 이런 용법이 생겼다. 프랑스 혁명기의 좌익·우익과 지금의 좌익·우익은 그 의미가 사뭇 다르다. 그 당시의 좌익 정파가 내세웠던 자유, 인권, 법적·정치적 평등 같은 가치들은 오늘날 우익 정파들도 대개 옹호하고 있다. 당시의 우익 정파가 지녔던 반동적 세계관을 오늘날에도 지니고 있는 사람들은 극우나 파쇼라고 부른다. 프랑스 혁명 이후에 이루어진 역사의 진보가 좌익과 우익 사이의 경계를 왼쪽으로 많이 이동시킨 것이다. 그 점에서 1789년 혁명은 승리했다고 할 수 있다.

　정치 용어로서의 좌익은 좌파라고도 하고, 우익은 우파라고도 한다. 그러나 그 말들의 쓰임새를 잘 들여다보면 한국어에서 좌익과 좌파, 우익과 우파는 그 가치가 다르다. 첫번째 차이는 좌익·우익이라는 말이 한 사회의 정치 지형 전체를 놓고 급진적-혁신적 정파나 점진적-보수적 정파를 가리키는 데 견주어, 좌파·우파는 어떤 정파나 단체 내부에서 급진적-혁신적이거나 점진적-보수적인 갈래를 가리킬 수 있다는 점이다. 우리나라에는 아직 좌익 정당이 없으므로 프랑스의 정당을 예로 들어보자. 물론 예로 든 정당들이 프랑스의 정당일 뿐 내가 여기서 말하고 있는 것은 한국어 좌익/우익과 좌파/우파에 대해서다. 조스팽 총리가 소속된 사회당이나 그 우당인 공산당·녹색당 등은 좌익 정당이고, 시라크 대통령이 소속된 공화국연합이나 그 우당인 프랑스민주동맹은 우익 정당이다. 물론 정확히 말하면 프랑스민주동맹은 여러 개의 우익 정당들이 느슨하게 결합한 우익 정당 연합체다. 한편, 사회당 내에서 예컨대 앙리 에마뉘엘리로 대표되는 급진적 갈래는 사회당 좌파이고, 미셸 로카르로 대표되는 점진적 갈래는 사회당 우파다. 이러한 구별이 늘상 또렷한 것은 아니다. 우리는 사회당이나 공산당, 녹색당을 좌파 정당이라고 말하기도 하고, 공화국연합이나 프랑스민주동맹을 우파 정당이라고 말하기도 하기 때문이다. 그러나 우리는 일반적으로 사회당의 급진적 갈래를 사회당 좌익이라고 한다거나, 사회당의 점진적 갈래를 사회당 우익이라고 하지는 않는다. 그러니까 우리말에서 좌파·우파라는 말은 좌익·우익이라는 말보다 의미의 폭이 넓은 셈이다. 좌파·우파라는 말의 가치는 좌익·우익이라는 말의 가치를 감싸안고 있지만, 그 역은 아니다.

좌익과 좌파, 우익과 우파의 두번째 차이는 — 이 차이가 훨씬 더 섬세하고 흥미로운데 — 좌익·우익이 좌파·우파와 개념적 동의어로 쓰였을 경우, 좌파·우파가 중립적 어휘이거나 가르랑말인데 견주어, 좌익·우익은 으르렁말이라는 점이다. 우리말의 좌익·우익과 좌파·우파가 환기하는 이미지, 즉 함축적 의미는 서로 다르다. 좌익이라는 말에는 대체로 해방기의 남로당이나 그 이후 북한의 조선로동당 노선이 보여주는 극히 교조적인 스탈린주의의 이미지가 배어 있다. 그리고 우익이라는 말에도 서북청년단이나 박정희나 조선일보로 대표되는 광신적 반공주의의 이미지가 배어 있다. 한편 좌파라는 말에는 뭔가 온건하고 합리적이고 지적인 이미지가 있다. 우파라는 말에도 어느 정도 그렇다. 좌파와 우파 사이에서는 말이 통할 것 같은데 좌익과 우익 사이에선 통화가 불가능할 것 같다. 그래서 우리 사회의 좌익 인사들은 대체로 자신을 좌익이라고 부르지 않고 좌파라고 부른다. 반면에 그 좌파는 자신과 이념적 대칭을 이루고 있는 사람들을 우파라고 부르지 않고 우익이라고 부른다. 그것은 우익 인사들도 마찬가지다. 그들은 자신을 우익이라고 부르기보다는 우파라고 부르기를 더 즐기며, 자신의 이념적 적대자들을 좌파라고 부르기보다는 좌익이라고 부르기를 더 즐긴다. 그렇다는 것은 좌익 진영에든 우익 진영에든 우리말의 좌익·우익과 좌파·우파의 함축적 의미가 익히 알려져 있다는 뜻이다.

좌익이나 우익이 으르렁말이 된 것은 해방기나 6·25를 전후하여 우리 사회에 이념 대결이 최고로 긴장돼 있었을 때 이 말들이 사용됐다는 사실과 관련이 있을 것이다. 좌익의 동의어로서의 좌파와 우익의 동의어로서의 우파는 그런 으르렁말의 연상을 완화하기 위해 그 이후에 채용된 말들일 것이다. 좌익과 좌파, 우익과 우파 사이에 개념적 의미의 차이는 없다. 그러나 그 말들이 연상시키는 것, 즉 그 말들의 함축적 의미는 다르다. 그 함축적 의미의 미세한 차이에 편승하고 반응하며, 우리들은 말들의 전쟁을 벌인다. 정치적 언설이나 광고 카피를 포함한 말들의 전쟁은 결국 이런 연상공학에 의해 수행된다.

욕설의 세계
― 설사의 심리학

어느 나라 말에도 욕설은 있다. 교양 있는 사람이 공개적인 자리에서 욕설을 하는 경우는 드물지만, 마음속으로라도 욕설을 해보지 않은 사람은 없을 것이다. 욕설은 때때로 마음을 정화시킨다. 그것은 한쪽으로 치우친 정서를 다시 제자리로 돌려놓는다. 욕설은 소화 불량이 된 심리를 치료한다. 말하자면 욕설은 심리적 설사다.

다른 언어에서도 대개 그렇듯, 한국어의 욕설도 그 주된 소재는 성(性)과 형벌과 질병이다. 성과 관련된 욕설 가운데는 "이런 개××(여성의 성기) 같은 ×(여성에 대한 비칭)"처럼 단순히 상대를 성기에 비유하거나, "××('성교를 할'이라는 뜻의 비어)놈"처럼 성교 자체를 비하하며 만들어진 욕도 있지만, 대부분은 금제된 성과 관련된 것이다. 금제된 성의 가장 대표적인 것은 근친 상간이고, 근친 상간 가운데도 최고의 금기는 어미와 자식의 상간이다. 우리말에도 그렇지만, 다른 언어에도 어미와 자식 사이의 성적 관계를 곧이곧대로 표현하는 욕들이 수두룩하게 있다. 이런 유형의 욕은 가장 흔한 욕이면서도, 가장 강도 높은 욕이다. 그러나 가장 아름다운 것과 가장 비천한 것은 통하는 것인지, 어미와 자식간의 상간은 또 오랫동안 신화와 문학의 한 소재가 돼오기도 했다. 하긴, 고대 그리스인들이 일찍이 깨달았듯, 시를 포함한 문학과 예술도 결국 심리적 설사다.

어미와 자식 사이의 성교를 표현하는 욕설 가운데 대표적인 것은 "제미붙을"이다. 여기서 '제미'는 '자기 어미'라는 뜻의 '제 어미'가 줄어든 것이고, 동사 '붙다'는, 속어로, 암수가 교미한다는 뜻이다. '붙다'는 주로 동물에 쓰이는 말이지만, 여기선 욕설이니 사람·동물을 가릴 계제가 아니다. '붙다'를 더 실감나게는 '붙어먹다'라고도 한다. 아무튼 "제미붙을"은 "제 어미에 붙을," 즉 '자기 어머니와 성교할'이라는 뜻이다. 물론 그 뒤에 '놈'이 생략된 것이다. "제미붙을"은 줄여서 그냥 '제미'라고도 하고, '네미'라고도 한다. 여기서 '네미'는 '너의 어미'라는 뜻의 '네 어미'가 줄어든 것이다. "제미붙을"을 또 '제미랄'이라고도 한다. 여기서 '제미랄'은 '제밀 할'을 소리나는 대로 표기한 것이다. '제밀 할'의 '제밀'은 '제미를'이 축약된 것이고, '할'은 속어로 '성교하다'는 뜻으로 쓰이는 동사 '하다'의 관형형이다. "네미랄"이라는 욕의 구조도 똑같다. "제미붙을" 유형의 욕설 가운데 가장 보편적인 것은 "니미 ××('성교를 할'의 속어)"일 것이다. 그저 줄여서 '니미'라고도 하는 이 욕설은 머리통 굵은 어린아이들까지도 종종 사용한다. 여기서 '니미' 역시 '네 어미'의 뜻이다. 성과 관련된 욕설 중 근친 상간에 관련된 욕설이 주로 남성을 대상으로 한다면, 여성을 대상으로 하는 욕설은 주로 여성의 정조와 관련돼 있다. "갈보×" "화냥×" 따위의 욕이 그렇다.

형벌과 관련된 욕설 가운데는 "육시랄" "우라질" "주리를 틀" "넨장맞을" 따위가 있다. "육시랄"은 "육시를 할"이라는 말이 줄어든 것이다. 여기서 '육시(戮屍)'는 이미 죽은 사람의 목을 베던 형벌을 말한다. '부관참시'와 비슷한 말이다. "우라질"은 '오라질'이 변한 것이고, "오라질"은 '오라를 질'이 줄어든 것이다. '오라'는 지난날, 도둑이나 죄인을 묶던 붉고 굵은 줄이다. '오랏줄'이라고도 하고 '포승(捕繩)'이라고도 한다. '오라를 받아라!'라는 호령이 삼류 사극에도 나오지 않는가. '오라를 지다' 또는 '오라지다'는 죄인이 두 손을 뒤로 해서 오랏줄에 묶인다는 뜻이다. 그러니 "오라질"이라는 욕은 '마땅히 벌받을' '죄값을 치를'이라는 의미다. "주리를 틀"에서 '주리'는 한자어 주뢰(周牢)가 변한 말로, 죄인을 심문할 때 두 다리를 한데 묶고 그 사이에 두 개의 붉은 막대기를 끼워 비틀던 형벌이다. 그 주리로 벌을 주는 것을 '주리(를) 튼다'고 말한다. "넨장맞을"은 '네 난장을 맞을'이라는 말이 줄어든 것이고, '난장'이란 신체의 부위를 가리지 않고 곤장으로 마구 치는 것이다. 아무데나 마구 때리는 짓을 '난장질'이라고 하고, 그렇게 마구 때리는 것을 '난장친다'고 하며, 마구 얻어맞는 것은 '난장맞는다'고 한다. 그러니까 "넨장맞을"이란 '마구 얻어맞을'이라는 뜻이다. "넨장맞을"은 '넨장칠'이라고도 하고, 줄여서 '넨장'이라고도 한다. 이 계열의 욕설 가운데 더 흔히 사용되는 것은 '젠장'이다. 이

'젠장'은 '젠장맞을' 또는 '젠장칠'이 줄어든 것이고, 뒤의 두 욕설은 '제 난장을 맞을' '제 난장을 칠'이라는 말이 줄어든 것이거나, '난장맞을' '난장칠' 앞에 '제기랄'이 붙은 것이다.

병과 관련된 욕설 가운데 가장 흔한 것은 "염병할"과 "지랄하네"일 것이다. '염병(染病)'은 전염병 일반을 뜻하기도 하고, 그 가운데 특히 장티푸스를 뜻하기도 한다. '지랄'은 '지랄병'의 준말이고, '지랄병'이란 간질을 뜻한다. 그러니까 욕설의 대상이 병에 걸려 필경은 죽으라고 저주하는 것이다.

유행어, 시대의 거울

이기문 교수가 감수한 『동아 새국어사전』에서 유행어를 찾아보니, "어느 한 시기에 많은 사람 사이에 많이 쓰이는 말. 시쳇말"이라고 풀이되어 있다. 민병수 교수가 감수한 『새 국어사전』(교학사)은 유행어를 "그 시대나 사회에서 새로 생겨 널리 퍼져 쓰이는 말"이라고 설명하고 있다. 풀이에 '새로 생겨'라는 구절이 있는 것으로 보아, 『새 국어사전』은 유행어를 신어(新語)에 포함시키는 듯하다. 유행어와 신어가 서로를 포개는 일이 잦기는 하다. 예컨대 올해(1998년) 유행어 목록의 맨 앞자리를 차지할 게 틀림없는 총풍(銃風)이나 세풍(稅風) 같은 말은 분명히 지난해까지만 해도 없었던 신어다. 그러나 일반적으로 유행어와 신어의 범주가 일치하는 것은 아니다. 우선 모든 신어가 유행어가 되는 것은 아니다. 첨단 과학을 포함한 여러 학술 분야에서는 쉴새없이 신어가 만들어지지만, 이 전문 술어들이 유행어가 되는 일은 그리 흔치 않다. 또 모든 유행어가 신어인 것도 아니다.

예컨대 정부 수립 직후와 80년대에 푸락치라는 말이 크게 유행했지만, 첩자·비밀 조직원 같은 의미로 사용된 이 러시아제 외래어가 신어는 아니었다.

신어이든 아니든, 유행어는 어떤 사회적 이유로 크게 유행을 탄 낱말(이나 구·절·문장)을 뜻한다. 유행어의 수명은 대체로 그리 길지 못하다. 그러나 유행어 가운데 일부는 세월의 풍화 작용을 견디고 살아남아 사전에 등재되기도 한다. 6·25 전쟁을 계기로 크게 유행한 괴뢰군이라는 낱말은 이제 어엿하게 국어 사전의 한 항목으로 올랐다. 그런 명예를 얻은 유행어든 하루살이 끝에 사라져버린 유행어든, 한 시대의 유행어 목록은 그 시대상을 반영한다. 강신항 교수는 『현대 국어 어휘 사용의 양상』(1991)이라는 책에서 해방 이후 80년대말까지의 신어와 유행어를 뽑아 보여주고 있다. 그 목록을 살피는 것은 해방 이후의 한국 사회·정치사를 훑어보는 것이기도 하다. 그 가운데 박정희가 집권했던 시절의 신어·유행어를 일부만 추려 살펴보자. 괄호 안의 군말은 강교수가 아니라 필자가 붙인 것이다.

61년

구악일소(舊惡一掃: '구악'이란 박정희와 그 동료들이 기성 정치인들과 그들의 행태를 비난하던 말이다. 결국 '신악'이 '구악'을 뺨치게 됐지만).

국시(國是 = 대한민국의 국시는 반공? 반공!).

정보 정치(안기부의 전신인 중앙정보부의 활동 개시).

본연의 임무(박정희와 그 동료들은 군인 본연의 임무인 국방

업무로 돌아가고 싶지 않았다).

반혁명 분자(=군정 반대 세력 내지는 민주 세력).

혁명 주체 세력(=정치 군인=반민주 세력).

62년

번의(翻意: 군정을 곧 끝낸댔다가 말 뒤집고, 출마 안 한댔다가 말 뒤집고).

정치 활동 정화법(줄여서 정정법. 나 하나만의 권력).

4대 의혹 사건(권력형 부패의 시발점).

63년

사전 조직, 점 조직(공화당의 조직 이론은 공산당의 그것과 아주 유사하다).

나처럼 불운한 군인(총칼로 민주 정부 뒤집어 엎어놓고 자신이 불행하댄다. 그에겐 자학 증세가 있었다).

65년

위수령('파쇼 본색'이 슬슬 나오기 시작한다).

66년

상납, 급행료(윗물이 맑아야 아랫물이 맑지).

67년

타락 선거 · 개판 선거 · 막걸리 선거.

68년

아더메치유(아니꼽고 더럽고 메스껍고 치사하고 유치하다).

향토예비군 · 국민교육헌장(전국민의 정신적 · 물리적 무장을 시작).

69년

3선 개헌, 영구 집권("이번이 마지막 출맙니다." 그는 뒷날 직선제를 폐지함으로써 이 약속만은 지켰다).

70년

국민 총화(선거가 다가오나보다).

71년

국가 비상 사태, 특별조치법, 면학 분위기 조성, 국가 안보, 가치관(뭔가 불안하다).

72년

유신 체제(그럼 그렇지).

구국의 영단, 한국적 민주주의(= 파시즘).

총화, 안보, 정치 활동 중지, 국력 극대화, 민족 중흥, 민족 웅비, 유신벼, 유신쌀, 하면 된다.

73년

올바른 국가관, 국론 통일, 총력 안보, 김대중 납치 사건.

74년

긴급 조치(= 헌법 위의 법).

75년

남침 위협, 초전박살, 학도호국단, 민방위(정신적·물리적 무장의 완성 = 전국민의 군인화 = 전사회의 병영화).

76년

대미(對美) 로비(정권에 정통성이 없으면 국민의 세금이 엉뚱한 데 쓰인다).

79년

나는 한다면 하는 사람입니다. 버러지 같은 놈들, 똑똑한 놈 세 놈(박정희를 암살한 중앙정보부장 김재규의 발언들. 그렇게 그는 갔다).

올해의 유행어·신어에는 총풍·세풍 말고 뭐가 있을까? 적과의 동침·구조 조정·정리 해고·빅딜·워크 아웃·제2의 건국·노사정위원회·노숙자·배 째라·자해 소동·준법 서약서·금강산 관광 같은 말들이 얼른 생각난다. 우리 시대 극우 운동의 선봉에 선 조선일보도 몇몇 유행어의 창출에 기여했다. "역사적 결단" "나는 조선일보가 싫어요" "네 무덤에 침을 뱉으마" "위헌이면 어떻습니까, 헌법만 지키면 되지"('전향제'에 대한 조선일보의 입장을 풍자하는 말), "우하하하(右下下下)." 이 유행어들을 조선일보가 직접 만든 것은 아니다. 그 저작권은 고려대 최장집 교수, 『시사저널』, 문화평론가 진중권씨 등이 지니고 있다.

뒷날의 기록자들은 이 겨울을 '불만의 겨울'이라고 부르리라.

궁중어, 구중(九重)의 방언

 한 자연 언어가 계급·직업·성(性) 따위의 차이에 따라 분화했을 때, 그 분화된 말들을 흔히 사회 방언이라고 부른다. 귀족 특유의 언어라든가, 기자나 의사나 경찰관이나 범죄 집단 특유의 언어라든가, 여성 특유의 언어라든가 하는 것이 있다면, 그런 것들이 사회 방언이다. 봉건적 계급 질서 안에서 사회 방언 가운데 맨 윗자리를 차지하는 것은 궁중어일 것이다.
 봉건 국가에서 최고의 권력자는 군주다. 그리고 이 군주를 중심으로 한 조정의 존엄과 권위를 높이기 위해 고안된 것이 궁중어다. 봉건 시대의 통치자들 생각으로는 임금이 먹는 음식, 임금이 입는 옷, 임금의 신체, 임금의 행동거지 등 임금과 관련된 말들이 일반 신민과 관련된 말들과 같아서는 안 되었다. 그래서 임금이 먹는 밥은 수라였고, 임금이 입는 정복(正服)은 곤룡포(袞龍袍)였고, 임금의 손은 어수(御手)였고, 임금이 활을 쏘는 것은 어사(御射)였다. 수라를 만드는 방은 수라간이었고, 수라를 올려놓은 상은 수라상이었다. 임금조차 그들 말로는 주상(主上)이었다. 왕정이 폐지된 뒤 이 궁중어는 그 사용자를 잃어버려 점차 사라지고, 이제 역사소설이나 텔레비전의 사극에서나 그 흔적을 드러내고 있을 뿐이다. 조선조의 궁중어가 민중어와는 다른 독자적 문법 체계를 갖춘 것은 아니다. 단지 어휘 부문만 달랐을 뿐이다. 궁중어의 어휘는 고유어로 된 것도 있고, 수라처럼 몽고어에서 차용한 말도 있지만, 대개는 한자어다. 그 생성 시기는 정확히 알 수 없지만, 그 가운데 꽤 많은 수는 이미 고려조 때부터 사용되었던 것으로 짐작된다.

궁중어의 어휘 가운데 임금과 관련된 말들은 흔히 '어(御)'라는 형태소를 포함하고 있다. 임금의 옷은 어복(御服)이고, 임금의 갓은 어립(御笠)이며, 임금의 신은 어혜(御鞋)이고, 임금의 갑옷과 투구는 어갑주(御甲冑)이며, 임금의 목소리는 어성(御聲)이고, 임금에게 올리는 술은 어온(御醞)이며, 임금의 병은 어환(御患)이다. 또 임금의 편지는 어찰(御札)이고, 임금이 앉는 자리는 어좌(御座)이며, 임금이 있는 곳은 어소(御所)이고, 임금이 타는 말은 어마(御馬)이며, 임금이 타는 마차는 어승차(御乘車)이고, 임금에게 올리는 우물물은 어수(御水)이며, 임금이 내리는 음식은 어식(御食)이고, 임금에게 물건을 바치는 것은 어공(御供)이다. 형태소 옥(玉)도 비슷한 구실을 한다. 그래서 어좌(御座)는 옥좌(玉座)라고도 하고, 어수(御手)는 옥수(玉手)라고도 한다. '용(龍)'이나 '천(天)'이나 '성(聖)'도 비슷한 구실을 해, 임금의 얼굴은 옥안(玉顔)이자, 용안(龍顔)이자, 천안(天顔)이자, 성안(聖顔)이다.

이 궁중이라는 곳은 어마어마한 지체를 가진 사람들이 하도 많이 살고 있었던 터라, 꼭 임금과 관련된 말들이 아닐지라도 기괴한 한자어들이 많이 사용되었다. 이들의 신체 부위도 일반인들의 몸과 같아서는 안 되었다. 그래서 귀는 이부(耳部)였고, 입은 구중(口中)이었고, 입술은 구순(口脣)이었고, 눈동자는 안정(眼睛)이었고, 이마는 액상(額像)이었고, 손가락은 수지(手指)였고, 발바닥은 족장(足掌)이었고, 눈물은 안수(眼水)였고, 콧물은 비수(鼻水)였다. 여성의 월경은 환경(環經)이 되고, 버선은 족건(足件)이 되고, 낮잠은 가매(假寐)가 되고, 숭늉은 다(茶)가 되고, 마늘은 대산(大蒜)이 되고, 달걀은 계단(鷄蛋)이 되고, 고추는 번초(蕃椒)가 되고, 쇠고기는 황육(黃肉)이 되고, 꿩은 적계(赤鷄)나 산계(山鷄)가 된다. 무수리는 나인에게 세숫물을 드렸고, 나인은 대전마마와 내전마마를 열심히 모셨다. 그 놈의 마마도 여럿이어서, 왕은 대전(大殿)마마이거나 상감(上監)마마이고, 왕대비, 즉 선왕(先王)의 살아 있는 아내는 대비(大妃)마마이거나 자전(慈殿)마마이거나 웃전마마이고, 왕비는 중전(中殿)마마이거나, 곤전(坤殿)마마이거나 내전(內殿)마마이고, 세자(世子)는 동궁(東宮)마마이거나 세자마마이거나 동(東)마마이고, 세자빈(世子嬪)은 빈궁(嬪宮)마마이거나 세자빈마마다. 같은 뜻을 담으면서 이 마마 계열의 말보다 일상적으로 더 자주 사용된 말은 마노라 계열의 말들이다. 대비마노라·대전마노라·선왕(先王)마노라·웃전마노라·내전마노라·곤전마노라 하는 식으로. 이 '마노라'는 현대어에서 형태도 '마누라'로 바뀌고, 뜻도 아내를 낮추어 부르는 말로 바뀌었다.

마노라말고도 고유어로 짐작되는 궁중어들이 있다. 혼인 전의 왕자녀(王子女)나 왕손(王孫)을 부르는 존댓말인 '아기씨,' 민가(民家)를 뜻하는 '밧집,' 똥을 의미하는 '매화'와 변기를 의미하는 '매화틀' 따위가 그렇다. 밧집은 어원적으로는 '(대궐) 바깥의 집'이라는 뜻이다. '밧'은 '밖'의 중세어 형태다. 매화가 고유어인지는 확실치 않다. 한자어 매화(梅花)나 매우(梅雨: 여름 장마)와 관련이 있을지도 모르겠다.

속담
— 민중의 위대함과 비천함

국어의 관용 표현 가운데는 숙어말고도 속담이 있다. 숙어와 속담 사이의 경계가 흐릿할 때도 있다. 속담(俗談)은 글자 그대로 속된 말이다. 그러니까 속담은 민중의 말, 여항(閭巷)의 말이다. 거기에는 민중의 지혜, 길거리의 철학이 담겨 있다. 그 지혜와 철학은 은유나 직유 같은 비유의 형식으로 표현된다. 그 비유는 속담이 생성된 시기에는 기발하고 참신한 것이었겠지만, 그 속담이 널리 알려진 후대 사람에게는 낡고 진부해 보이기 쉽다. 그래서 속담은 상투어의 일종이라고 할 수 있다. 시인은 물론이고 현대 소설가들이 자기들의 작품 속에서 속담을 구사하는 걸 꺼리는 이유가 거기에 있다. 그러나 예컨대 입담에 이끌리는 풍자소설이나 세태소설 같은 경우, 적절히 인용된 속담은 정곡을 찌르는 야유의 힘으로 작품을 풍부하고 기름지게 만들 수 있다. 일반적인 격언과는 달리 속담의 작자는 누구인지 알 수 없다. 생성된 시기도 대부분 확실치 않다. 그것은 민중의 격언, 민간의 격언이다. 그래서 속담은 다른 말로는 이언(俚言)·속언(俗諺)·이언(俚諺)·세언(世諺)·속어(俗語)라고 부르기도 한다.

　다른 민족의 속담들처럼 우리의 속담도 이미 상고(上古) 시기부터 생성되기 시작했겠지만, 그것들이 본격적으로 수집·채록된 것은 17세기 사람 홍만종의 『순오지(旬五志)』에 와서였고, 문학 작품 속에 풍부히 인용된 것도 그 즈음에 와서다. 『춘향전』 같은 작품은 당시 사람들이 자연스럽게 입에 담았던 속담들의 전시장이라고 할 만하다. "사위는 백년지객(百年之客)이라" "쏘아놓은 살이요, 엎지른 물이다" "마파람에 게눈 감추듯" "대한(大旱) 칠년(七年) 비 바라듯" "구년지수(九年之水) 해 바라듯" "심은 나무 꺾어지고 공든 탑이 무너졌네" "뇌성벽력은 귀머거리라도 듣는다" "죽으러 가는 양의 걸음" "짝 잃은 원앙" "사월 파일 등(燈)대 감듯" "뱃사공의 닻줄 감듯" "구룡소(九龍沼) 늙은 용(龍)이 여의주(如意珠)를 어루는 듯, 태백산 백액호(白額虎)가 송풍나월 어루는 듯" "담을 쌓고 벽을 친다" "개구멍 서방" "죽은 중 매질하기" 같은 생생한 관용 표현들이 『춘향전』에 나오는 속담의 일부다. 『흥부전』의 앞부분에 나오는 놀부의 행태도 심술궂고 몰인정한 짓을 표현하는 속담으로 널리 인용된다. "초상난 데 춤추기, 불난 데 부채질하기, 해산한 데 개 잡기, 우는 아기 똥 먹이기, 빚값으로 계집 뺏기, 늙은 영감 덜미 잡기, 아이 밴 계집 배 차기, 우물 밑에 똥누기, 올벼 논에 물 터놓기, 패는 곡식 이삭 빼기, 논두렁에 구멍 뚫기, 애호박에 말뚝 박기, 곱사등이 엎어놓고 밟기, 똥누는 놈 주저앉히기, 앉은뱅이 턱살 치기, 옹기 장수 작대기 치기, 면례(緬禮: 무덤을 옮겨 장사를 다시 지내는 것)하는 데 뼈 감추기, 수절 과부 겁탈하기, 통혼한 데 간혼(間婚)놀기, 만경창파에 배 뚫기, 얼굴에 종기난 놈 쥐어박기, 앓는 눈에 고춧가루 뿌리기, 이 앓는 놈 뺨 치기, 다 된 흥정 파의하기, 비 오는 날에 장독 열기."

속담에 민중의 지혜가 담겼다고 할 때, 그 지혜는 민중의 간교함이나 사악함이나 천박함 같은 것을 포함하는 것이다. 그래서 속담들은 흔히 편법적인 처세나 사회적 소수파에 대한 증오 같은 반도덕적 메시지를 담고 있기도 하다. 외국의 속담이라고 해서 안 그런 건 아니지만, 장애인이나 승려에 대한 편견과 멸시는 한국 속담에 아주 흔히 등장한다. 성(性)과 관련된 표현이 많은 것도 우리 속담의 특징이다. "과부집 가지밭에는 큰 가지가 없다"는 속담은 봉건 시대 미망인들의 성적 욕구 불만을 해학적으로 표현한다. 성이 주제가 아니면서도 성기를 등장시키는 속담도 많다. 예컨대 불운한 일을 연속으로 당한다는 뜻으로 쓰이는 "국 쏟고 ××(여성의 성기) 덴다"라는 속담이나, 도저히 되지 않을 일을 어설프게 한다는 뜻으로 쓰이는 "가랑잎으로 ××(여성의 성기) 가리기" 같은 속담이 그렇다.

우리 속담과 관련해서 짚고 넘어가야 할 것은 이 속담들이 많은 고유 한자어(한국 한자어)의 기원이 됐다는 점이다. 최초의 본격적인 속담집을 포함하고 있는 『순오지』에 채록된 속담들이 이미 한역(漢譯)의 형태를 띠고 있거니와, 그 뒤 이덕무의 『열상방언(洌上方言)』이나 정약용의 『이담속찬(耳談續纂)』, 저자 미상의 『동언해(東言解)』 같은 저술들에 우리 속담이 한역돼 있다. 이 한역 속담은 한국에서 만들어진 관용 표현이므로 고유 한자어에 포함시킬 수 있다. 예컨대 "까마귀 날자 배 떨어진다"를 한역한 오비이락(烏飛梨落), "제 논에 물 대기"를 한역한 아전인수(我田引水), "등잔 밑이 어둡다"를 한역한 등하불명(燈下不明), "쇠귀에 경 읽기"를 한역한 우이독경(牛耳讀經), "닫는 말에 채찍질"을 한역한 주마가편(走馬加鞭) 같은 한자 숙어들은 한국제 한자어들이다. 번역되기 전의 우리말 속담 형태가 명확히 남아 있지 않은 결자해지(結者解之) 같은 한자 성어도 마찬가지다.

금기담에 대하여

　금기어란 공포나 혐오나 존경의 대상을 직접적으로 부르지 못하고 에둘러 표현할 때 그 원래의 이름을 지칭하는 말이다. 예컨대 무속신의 이름을 일상적으로는 함부로 입에 담지 않는다거나, 성기의 명칭을 에둘러 표현한다거나 하는 경우가 여기에 해당한다. 사람들이 무서워하거나 싫어하는 동물들의 이름도 금기어가 되는 수가 있다. 호랑이를 직접 부르지 못하고 산신령·영감·사또·꽃 따위로 부른다거나, 쥐를 며느리·아기네 따위로 부른다거나, 노래기를 노랑각시·망나니 따위로 부르는 것이 그 예다. 이것은 이름과 실체를 동일시해서, 그 이름을 입에 담음으로써 그 실체의 영향을 받을지도 모른다는 옛사람들의 세계 인식에 기반을 두고 있다. 그 이름을 부르는 것을 삼감으로써, 그 이름이 지칭하는 실체로부터 해를 입는다거나 또는 반대로 그 실체에 해를 입힌다거나 하는 것을 피하자는 것이 금기어의 심리라고 할 수 있다.

말 자체를 피하는 이런 금기어와는 달리, 삼가야 할 행동에 대한 지침을 담은 말들이 있다. 예컨대 "하늘에 대고 주먹질을 하면 벼락맞는다"라거나 "무지개에 손가락질을 하면 생손 앓는다" 같은 말이 그렇다. 하늘에 대고 주먹질을 하거나 무지개에 손가락질하는 것이 금제된 행동이므로 이런 짓을 하지 말라는 것이다. 이렇게 삼가야 할 행동에 대한 지침을 담은 말은 어느 나라에나 많이 있고, 우리의 경우도 마찬가지다. 이런 말들을 피해야 할 말, 즉 '금기어'와 구별하기 위해서 '금기담'이라고 부르는 경우가 있다. 금기담이라는 말은 현재 국립국어연구원 원장으로 있는 심재기 교수가 만든 말이다.

금기담은 대체로 '이러하면, 저러하다'의 형식을 취한다. 그때 '저러하다'는 대체로 인간의 불운·불행에 대한 서술이고, '이러하다'는 전통적으로 금기시되어온 행동이다. 그러니까 금기담은 불행을 당하고 싶지 않으면 이러이러한 행동들을 삼가라는 전언을 담고 있다.

심재기 교수는 금기담을 그와 비슷한 형식을 취하는 길흉담과 혼동해서는 안 된다고 지적한다. 예컨대 "아침에 까치가 울면 반가운 손님이 온다"라거나 "단오날에 비가 오면 흉년이 든다" 같은 경우가 길흉담인데, 이런 길흉담은 단지 길흉을 예언할 뿐, 흉사를 피하기 위해 금기시해야 할 대상이나 방법이 제시돼 있지 않다는 점에서 금기담과는 다르다. 단오날에 비가 오거나 안 오는 것은 인간의 힘으로 어쩔 수 없는 일이므로, 이것은 금기와는 상관이 없다. "꿈에 돈을 얻으면 재수가 없다"거나 "꿈에 돼지를 집 안으로 들이면 재수가 트인다"처럼 해몽에 관한 문장도, 어떤 꿈을 꾸는 것이 인간의 의지 바깥에 있으므로 길흉담에 속할 뿐 금기담은 아니다. 또 '이러하면 저러하다'에서 '이러하다'와 '저러하다'가 긴밀한 인과 관계를 보여줄 때도 이것을 금기담이라고 말할 수 없다. 예컨대 "덧문을 닫고 자면 밤이 길어진다" 같은 문장이 그렇다. 금기담은 원시 신앙 곧 미신에 근거한 금기 행위를 적시하고 있으므로 '이러하면'과 '저러하다' 사이에 합리적인 인과 관계가 없어야 한다. 그러니까 금기담은 미신에 근거해서 삼가야 할 행동을 적시하고 있는 속담이라고 할 수 있다. 그리고 금기담 속에는 특정 언어와 문화권에 속한 사람들의 오래된 집단 무의식이 배어 있다고 할 수 있다. 금기담이 처음 생겼을 때는 그 행동이 금기시된 합리적 이유가 있었겠지만, 지금 그 이유를 밝혀내기는 쉽지 않다. 금기담은 언어학의 관심 대상일 뿐만 아니라 문화인류학의 관심 대상이기도 한 것이다.

우리나라에도 수많은 금기담이 예부터 전해내려왔고, 그 가운데 일부는 우리가 어려서 어른들로부터 들어오기도 했다. "혼례 때 신랑이 웃으면 첫 딸을 낳는다"거나 "문지방 위에 서면 복 달아난다"는 금기담은 익히 알려진 것이다. 비록 신세대의 귀에는 그런 금기담이 설지도 모르지만. 금기담 가운데는 "제삿날 바느질을 하면 조상의 혼이 오지 않는다"처럼 조상과 관련된 것도 있고, "상여가 나가는데 우물을 열어두면 물이 흐려진다"거나 "시체를 보고 나서 장독을 열면 장맛이 변한다"처럼 시체와 관련된 것도 있다. 건강과 관련된 금기담도 많다. "땡감 먹고 기름 먹으면 죽는다" "가재나 게 먹고 설탕 먹으면 죽는다" "임신중에 방을 뜯어 고치면 언청이 낳는다" "이 빼고 술 마시면 해롭다" "구부리고 앉으면 곱사등이 된다" "돌베개를 베고 자면 입이 비뚤어진다" "개장 먹고 찬물 마시면 해롭다" "마른 떼를 벗기면 애매한 소리를 듣는다" 같은 금기담들이 그렇다. 보건 위생과 관련된 이런 금기담들 가운데 일부는 아마 현대 의학적으로도 근거가 있을 것이다.

남존여비 이념을 노골적으로 드러내는 금기담도 있다. "여자가 휘파람 불면 팔자가 사납다" "남자가 여자에게 눌리면 집안 망한다" "여자가 해진 뒤에 세수하면 남자가 첩을 얻는다" 같은 금기담들이 그렇다. "암탉이 울면 집안이 망한다"는 속담은 "남자가 여자에게 눌리면 집안 망한다"는 금기담이 비유의 과정을 거쳐 도달한 형태일 것이다. "혼례 때 신랑이 웃으면 첫 딸을 낳는다"는 말도(남아 선호를 배경에 깔고 있으므로) 결국 남존여비와 관련된 금기담일 것이다.

은어
― 울타리의 심리학

은어란 어떤 패거리나 동아리가 내부의 비밀을 유지하기 위해서 자기들 이외의 사람들에게는 쉽게 이해되지 않도록 만든 말이다. 은어는 비밀을 유지하기 위해 만들어진 말이므로 어느 정도는 암호의 성격을 띤다. 그런 은폐성을 특징으로 한다는 점에서, 은어는 단순히 흉허물없는 사람들끼리 정겨움을 표시하거나 대화에 신선함을 주기 위해 이리저리 비틀어 만든 말인 속어와 구별된다. 은어를 사용하는 집단의 둘레에는 흔히 울타리가 세워져 있지만, 속어의 경우는 대체로 그렇지 않다. 은어를 사용하는 대표적인 언어 집단은 범죄 집단이다. 이들이야말로 커뮤니케이션의 은폐가 가장 필요한 집단이기 때문이다. 그러나 은어가 반드시 불법 집단에서만 사용되는 것은 아니다. 산삼 채취인이나 무당은 자신들의 일이 '때묻은 세속어' 때문에 부정탈까봐 은어를 사용하고, 상인들은 고객이 알아듣지 못하는 말로 돈 계산을 하기 위해 은어를 사용한다. 은어는 그 언어 집단의 의사

소통 내용을 바깥 사람들에게 은폐하고 위장하는 역할을 하는 한편, 언어 집단 내부의 사람들에게 강한 동류 의식을 부여한다. 범죄 단체나 군대나 감옥 같은 폐쇄 집단이 은어가 만들어지기 가장 좋은 환경이지만, 은어는 또 직업·세대·신분·계급·교육 정도에 따라 구분되는 여러 집단에서 발생할 수 있다.

한국어의 은어 가운데 대표적인 것은 채삼꾼(산삼 채취인 = 심마니)들이 사용하는 채삼(採蔘) 관련 용어(심마니 말)일 것이다. 심마니 말도 지역에 따라 조금씩 다르다. 산삼을 '심'이라고 부르는 것은 대체로 공통적이지만, 채삼꾼을 가리키는 '심마니'만 해도 지역에 따라 심메꾼·심메마니·신채머니 따위로 분화된다. 사회 방언인 심마니 말 속에서 다시 지역 방언의 분화가 이루어지고 있는 것이다. 심마니 말은 당연하게도 거의가 산삼과 관련된 말이다. 설악산 지역의 심마니들은 산삼 1엽생부터 7엽생까지를 외나피·두닢쌍대·세닢부치·네닢부치·다섯닢(또는 젓솔배기)·육구만달·칠구(또는 두루부치)라고 부른다고 한다. 심마니 말에는 물론 산삼과 무관한 용어들도 있다. 오대산 지역의 심마니 말로 호랑이는 '산신님마리'이고, 산돼지는 '도치'이며, 뱀은 '진대'(또는 '공치')이고, 까마귀는 '흑저구'다. 또 쌀은 '모새'고, 물은 '냉차'며, 술은 '흘림'이다.

심마니 말 못지않게 널리 알려진 은어가 상인들의 셈변(숫자와 관련된 은어)이다. 지금도 사용되고 있는지는 모르겠지만, 평화시장의 피복 상인들은 하나에서 열까지를 야리·후리·갓지·다마·대부·미스·오기·앗다·아부다이·야리라고 센다는 보고가 있다. 똑같은 셈을 남대문시장의 내의(內衣) 상인들은 건·차·여·정·인·교·백·태·욱·영이라고 하고, 경동 시장의 청과물 상인들은 먹주·대·삼패·을씨·을씨본·살· 살본·땅·땅본·주라고 한다. 이런 상인들의 셈변은 현대 한국어만의 특징은 아니다. 조선 시대 서울의 종로에 있었던 여섯 개의 커다란 가게인 육의전(육주비전)에서는 '육주비전변'이라는 은어가 사용됐고, 신발 가게·가구점·과자 가게·약방에서도 각각 신전변·장전변·모전변·약국변이라고 불리던 은어들이 등장했다. 연변의 리득춘이라는 국어학자는 『조선어 어휘사』라는 저서에서 조선조의 신전변을 소개하고 있다. 그에 따르면, 조선조의 신발 상인들은 하나에서 여덟까지를 시두·미두·반상옥·상미두·번·옥상·건너·양숭이라고 세었다. 리득춘은 또 같은 책에서 조선조 중기 이후의 포도청변도 소개하고 있다. 포도청변이란 포도청의 은어다. 요새로 하면 경찰 은어나 안기부 은어 정도가 될 것이다. 조선조의 경찰은 웃마디(형)·아래마디(아우)·욱이(아들)·수어살이(아비)·튀어살이(어미)·푸석(담배)·마미(자물쇠)·밀대(열쇠)·때찌구리(목수)·딱쇠(대장장이)·생인쇠(양반)·허리간(중인)·맨드라미(무당) 따위의 은어를 사용했다. 또 당시의 채삼꾼들 역시 도자(칼)·살피개(눈)·무투(나무) 같은 심마니 말을 이미 사용했고, 불교의 중들도 도끼버섯(고기)·향(담배)·빨래주인(아내) 따위의 은어를 사용하고 있었다.

　수인(囚人)이나 군인, 범죄 집단의 조직원들 외에 은어를 완강하게 고집하고 있는 사람들이 무당일 것이다. 강신항 교수에 따르면 무당들은 몸래(나)·몽리(너)·파이(남자)·주네(여자)·피조리(갓난아이)·시렝이(손)·디딤(발)·석거리(머리)·여러냥(눈)·깨집(코)·피새집(입)·지우리(귀)·비둘기통(젖)·간지다(크다, 많다)·졸지다(작다, 적다)·초리다(배고프다)·앵두따다(울다)·사지(고기)·푸시개(담배)·탈(술) 따위의 은어를 사용한다.

　은어를 형성하는 방법 가운데 가장 초보적인 것은 음절을 뒤바꾸는 것이다. 예컨대 맥주를 '주맥'이라고 한다거나, 자전거를 '거전자'로 바꾸는 것이다. 이런 유치한 방식으로 형성되는 은어는 외국어에도 흔하다. 이런 방식의 은어를 프랑스어로는 '베를랑 verlan'이라고 하는데, 이 '베를랑'이라는 말 자체가 거꾸로·반대라는 의미의 랑베르 l'envers를 거꾸로 해서 만든 은어다.

개화경과 양풍

지금은 낡았다는 느낌을 주지만 19세기말 이래 중국에서 넘어온 한자어들 가운데는 '개화(開化)'나 '양(洋)'으로 시작하는 말이 많이 있다. '안경'을 의미하는 '개화경(開化鏡)'이나 '구두'를 의미하는 '양화(洋靴)'가 그 예다.

"사람들의 지식이 깨어 문화가 진보한다"는 뜻의 '개화'라는 것은 당시 청나라의 계몽주의 지식인들의 모토였고, 그것에 영향받아 우리나라에도 개화파라는 것이 정치적·사회적·문화적 운동의 한 흐름으로 자리잡았다. 그 개화의 큰 부분은 서양 문화를 흡수하는 것이었고, 그래서 개화라는 말이 들어간 말은 '서양에서 수입된' '양풍의' '신식의'라는 의미를 지녔다. 그러니까 '개화'가 접두사처럼 또는 어근처럼 쓰일 때, 그 의미는 접두사로 쓰인 '양'과 거의 비슷했다고 할 수 있다. 개화와 거의 비슷한 뜻으로 '개명(開明)'이라는 말도 사용되었다. 개명은 개화나 양이라는 말만큼 커다란 조어력을 보여주지는 않았지만, 그래도 새로운 문명·문화와 관련된 말들을 적잖게 만들어냈고 그 가운데 일부는 한국어에 수입되었다.

개화가 들어가는 말 가운데 우리에게 익숙한 것은 대체로 개화기와 관련된 역사 용어다. 개화기는 일반적으로 1876년 강화도 조약 체결 이후 서양 문물의 영향으로 봉건적인 사회 질서가 해체되고 근대적인 사회로 개화하던 시기를 말한다. 그 개화에 호의적인 신념 체계가 개화 사상이고, 그 개화 사상이 추동한 운동이 개화 운동이며, 그 개화 운동을 이끈 당파가 개화당이고 개화파였다. 김옥균을 중심으로 한 개화당은 민씨 일족의 수구파에 맞서 요사이 말로 하면 개혁·개방을 주장했고, 이를 갑신정변이라는 쿠데타로 실천했지만 자체 역량의 부족과 일본의 배신으로 삼일천하로 끝나고 말았다. 개화당처럼 개화 운동에 주동이 된 사람들이 아닐지라도 개화에 호감을 갖고 이를 개인적으로 실천하는 사람은 개화인이라고 불렀다. 개화인은 당시의 정세에서 '머리가 깬 사람'이라는 긍정적 함의를 지녔다. 그러나 그 개화를 못마땅하게 생각하던 사람들은 개화인을 '개화쟁이'라거나 '개화꾼'으로 부르기도 했다. 다시 말해 개화인이 가르랑말에 속했다면, 개화쟁이나 개화꾼은 으르렁말에 속했다고 할 수 있다.

요즘 나오는 국어 사전에는 '개화지팡이'나 '개화주머니'라는 말을 '단장(短杖)'이나 '호주머니'의 비표준어로 처리하고 있다. 개화지팡이는 "개화인들이 짚고 다니는 지팡이"라는 뜻이고, 개화주머니는 "개화인들의 옷에 단 주머니"라는 뜻으로 개화기에 만들어져 사용되던 말들이다. 개화지팡이를 '개화장(開

化杖)'이라고도 했다. 위에서 말했듯이 이 개화는 근본적으로 '서양식의'라는 뜻이다. 개화경이 서양에서 건너온 안경이라면 개화모(開化帽)는 서양식 모자를 가리켰고, 개화포(開化砲)는 서양식 대포를 가리켰다.

개명은 개화와 의미가 거의 같다. 개화를 실천하는 사람은 점잖게는 개명지인(開明之人)이었고, 다소 속되게는 개명꾼이었다. 개명한 세상은 개명세대(開明世代)이고, 잉크는 개명먹이거나 개명묵(開明墨)이었다.

'서양에서 왔다'는 것을 직접적으로 의미하는 양(洋)은 낱말 만들기에서 가장 생산적이었다. 양복·양말(洋襪: 서양식 버선)·양산·양철·양옥·양식(서양 음식)·양주·양약·양장·양재기(양자기〔洋瓷器〕)·양탄자(양담자〔洋毯子〕: 서양에서 들어온 담요. 毯은 '담요 담.' 毯子는 담요)·양궁·양악 같은 말들은 지금도 널리 사용된다. '유한양행'에서처럼 회사 이름에 쓰이는 양행(洋行)은 중국에서 주로 서양의 수입품을 취급하던 신식 상점이나 외국 계열의 상사(商社)를 일컫던 말이다. 양은 한자와만이 아니라 고유어와도 어울려서 양파나 양코(또는 양코배기)·양초·양접시·양동이·양갈보(서양 사람을 상대로 하는 갈보 또는 서양인인 갈보)·양잿물·양배추·양상추 같은 말도 만들었다('배추'나 '상추'의 어원은 중국어에 있지만, '양배추'나 '양상추'라는 말이 만들어졌을 즈음엔 이미 고유어로 간주되었다.) 이렇게 지금까지 흔히 쓰이는 말말고도 개화기 때엔 널리 쓰였다가 지금은 세력이 약해지거나 거의 사라져버린 말들도 많이 있다. 시계를 의미하는 양표(洋表), 구두를 의미하는 양혜(洋

鞋), 인력거를 의미하는 양차(洋車), 시멘트를 뜻하는 양회(洋灰), 서양 담배를 뜻하는 양초(洋草), 서양 사람이 모여 사는 지역을 뜻하는 양촌(洋村), 서양의 노랑 물감을 의미하는 양황(洋黃), 당청(唐靑)보다 진한 푸른 빛 물감인 양청(洋靑), 서양식 총을 뜻하는 양총(洋銃), 서양식 대포를 뜻하는 양대포(洋大砲), 서양 여자를 뜻하는 양녀(洋女), 서양 개를 뜻하는 양견(洋犬), 서양식의 작은 칼을 뜻하는 양도(洋刀), 서양식 등잔을 의미하는 양등(洋燈), 서양의 상품을 의미하는 양화(洋貨), 서양식 제지법으로 만든 종이를 뜻하는 양지(洋紙), 카민(연지벌레에서 짜내어 만든 붉은 빛 물감)을 뜻하는 양홍(洋紅) 같은 말들이 그 예다. 양철은 서양철이라고도 하고 양사(洋絲)는 서양사(西洋紗)라고도 했는데, 이 서양철·서양사는 형태가 일그러져 생철·생사라는 고유어가 됐다는 사실도 기억해두자.

평양감사와 함흥차사

영어에서 "리노에 가다 go to Reno"라는 관용구는 '이혼하다'라는 뜻이다. 리노는 네바다 주 서부에 있는 도시인데 이곳의 법원은 이혼을 쉽게 허락하는 것으로 유명하다고 한다. 프랑스어에는 "비세트르의 탈주자 échappé de Bicêtre" 또는 "샤랑통의 탈주자 échappé de Charenton"라는 관용구가 있는데 둘 다 '정신병자'라는 뜻이다. 비세트르와 샤랑통은 파리 근교의 도시로 그곳 병원들의 신경정신과가 유명하다. 이처럼 어떤 지명과 관련한 역사적·사회적 (또는 자연적) 사실들이 실마리가 돼 (속담을 포함한) 관용 표현을 형성하는 일은 어느 언어에나 드물지 않다.

한국어도 마찬가지다. 얼른 떠오르는 말로 '함흥차사'가 있다. 함흥차사는 "심부름을 가서 아무 소식도 전하지 않거나 돌아오지 않는 사람"을 이르는 말이다. 여기서 함흥은 함경도의 함흥이고 차사는 왕조 시절에 임금이 중요한 임무를 맡겨 파견하던 임시 벼슬이다. 그러니까 함흥차사는 '함흥에 보낸 사신'

이라는 뜻이다. 그런 뜻의 함흥차사가 지금 우리가 알고 있는 의미를 지니게 된 내력도 잘 알려져 있다. 조선 초기 이른바 왕자의 난을 거쳐 이방원(태종)이 권력을 장악하자 그의 아버지 태조는 방원이 보기 싫어 고향인 함흥에 가 있었다. 이방원은 아버지를 한양으로 모셔오려고 함흥으로 여러 번 차사를 보냈지만, 이성계는 차사가 오는 족족 죽여버렸다. 그래서 이방원은 한동안 아버지를 모셔오지도 못하고 차사로부터 아무런 기별도 받지 못했다. 이런 역사적 일화로부터 함흥차사라는 말이 나왔다고 한다. 물론 후세 사람들이 억지로 지어낸 유래일 수도 있지만.

함흥차사와 비슷한 뜻을 지닌 말로 '지리산 포수'라는 말도 있다. 해방기와 6·25 전쟁을 전후로 좌익 빨치산이 장기 항쟁을 벌일 수 있었을 만큼 지리산은 험하고 깊은 산이다. 옛날 사람들에게는 지리산이 더 험하고 깊게 느껴졌을 것이다. 실제로 포수가 지리산으로 사냥을 나가면 한참 후에야 돌아오거나 아예 살아 돌아오지 못하던 일도 흔했을 것이고, 지리산의 험한 산세가 지리산 포수라는 말을 낳은 것이다.

지리산이 험준한 것으로 유명한 데 비해 금강산은 아름다움으로 유명한 산이다. "금강산도 식후경"이라는 속담은 금강산처럼 아름다운 풍광도 배가 고픈 상태에서는 보고 싶지 않다는 뜻이니, 결국 아무리 재미있는 일이라도 배가 불러야 흥이 난다는 뜻이다. 같은 함경도 땅이지만 함흥보다 더 교통이 불편하고 지세가 험한 곳이 삼수와 갑산이었던 모양이다. '삼수갑산'이라는 말에 삼수와 갑산에 대한 옛사람의 이미지가 담겨 있다. 삼수갑산은 함경도에 있는 땅 이름인 삼수(三水)와 갑산(甲山)이지만,

매우 외진 곳이나 어려운 지경이라는 의미로 사용되고 있다. '나중에 상황이 나쁘게 되더라도'의 의미로 쓰이는 "삼수갑산에 가는 한이 있어도"라거나 "삼수갑산을 갈망정"이라는 표현은 삼수나 갑산에 대해 옛사람들이 느끼던 심리적 그리고 지리적 거리를 보여준다.

지금의 도지사에 해당할 조선조의 감사(관찰사) 가운데 사람들이 특히 선망했던 것이 평양감사(정확히는 평안감사겠지만)였던 모양이다. "평양감사도 저 싫으면 그만이다"라는 속담에서 당시의 관료들에게 평양감사 자리가 인기가 있었다는 것이 드러난다. '아주 고집이 센 사람'을 의미하는 '평양 황고집'이라는 말도 있다. 이 말의 유래에 대해서는 이런 이야기가 전한다. 옛날에 황씨 성을 지닌 평양 사람이 무슨 볼일로 서울엘 왔다가 친구의 초상을 만나 조문을 가게 됐다고 한다. 그런데 이 황씨는 이번에 서울에 온 것이 그 친구를 조문하러 온 게 아니라는 이유로 급히 평양으로 되돌아갔다가 다시 서울로 올라와 조문을 했다고 한다. 사실 이런 유래는 믿거나 말거나 수준의 유래다.

속담을 만들어낸 지명 가운데는 서울에 앞설 것이 없다. "서울이 낭이라"라는 속담에서 '낭'은 낭떠러지라는 뜻으로 서울 인심이 매우 사납다는 뜻이다. "서울이 낭이라니까 삼십 리부터 긴다"는 속담은 말로만 듣고 어떤 일에 미리부터 너무 겁을 낸다는 뜻이다. 이 속담은 "서울이 낭이라니까 과천서부터 긴다" "서울이 무섭다니까 새재서부터 긴다" "서울이 무섭다니까 남태령부터 긴다" 따위로 변형되기도 한다. '서울깍쟁이'라는 말에서도 서울 사람들이 인색하고 까다롭다는 시골 사람들의 평가가 드러난다. "서울 갈 때는 눈썹도 빼고 간다"는 말은 먼길을 갈 때는 적은 짐이라도 되도록 줄이고 간다는 말이다. "서울 놈은 비만 오면 풍년이란다"라는 속담은 어떤 일에 문외한인 사람이 그 일을 잘 알은체하는 것을 풍자하는 말이고, "서울 가서 김서방 집 찾기"는 무턱대고 막연하게 찾아다니는 것을 이르는 말이다. 지금의 서울보다는 훨씬 작았던 옛날의 서울도 지방 사람들에게는 아주 커다랗게 생각됐을 것이다.

한국 사람의 이름

"호랑이는 죽어서 가죽을 남기고 사람은 죽어서 이름을 남긴다"는 속담은 명예심이 인간의 커다란 욕망 가운데 하나라는 것을 상기시킨다. 사람은 대체로 생전에 이름을 날리고 싶어하고, 사후에 이름을 남기고 싶어하며, 이름이 더럽혀지는 것을 두려워하고, 아름답지 못한 일에 이름을 파는 것을 부끄러워한다. "이름 좋은 하눌타리"라거나 "이름난 잔치 배고프다"는 속담은 이름과 실상이 꼭 일치하는 게 아니라는 걸 깨우쳐주지만, 그런 사실이 사람들로 하여금 이름에 초연하도록 만들지는 못한다.

'이름 석 자'라는 말이 가리키듯, 한국 사람의 성명(姓名)은 대체로 세 음절로 이뤄져 있다. 성(姓)만이 아니라 이름도 대체로 한자를 써서 짓는다. 성이야 아버지로부터 물려받은 것이고, 또 전통적으로 항렬자라는 것이 있으니, 외자 이름이 아니더라도 한국인의 이름에서 그 이름을 지닌 사람에게 고유한 것은 대체로 한 음절뿐이다. 예컨대 현대 그룹 정주영 명예회장의 여러 자제들은 이름에 모두 '몽'이라는 돌림자가 있어서, 마지막 글자로만 성명이 구별된다. '정'이라는 성과 '몽'이라는 돌림자는 정회장의 2세들이 태어나기 전부터 이미 정해져 있었던 것이다. 김대중 대통령의 자제들도 모두 이름에 '홍'이라는 돌림자를 지니고 있다. 한국 사람들 가운데 동명이인이 그렇게도 많은 것은 성의 가짓수가 그리 많지 않은 데다가 돌림자라는 제약이 겹쳤기 때문일 것이다. 전화번호부의 아무 페이지를 펼쳐도 동명이인이 수두룩하게 발견된다. 물론 봉건적인 문중(門中) 의식이 흐려지면서 자식 이름을 지을 때 항렬자를 따르지 않는 사람들이 늘어나고 있고, 또 지금은 그 바람이 한풀 죽었지만 음절 수의 제약 없이 고유어로 이름을 짓는 풍조도 우리 사회 일각에 있다. 북한에서도 어린이들의 이름을 될 수 있으면 고유어로 짓는 것이 좋겠다는 김일성 주석의 교시(『조선어의 민족적 특성을 옳게 살려나갈 데 대하여』, 1966) 이후에 고유어 이름들이 생겨나고 있다. 그러나 아직까지는 성과 항렬자를 포함한 한자 석 자 이름이 한국인의 전형적인 이름이다.

 이것은 일천수백 년 전에 중국에서 건너온 관행이다. 그리고 '이름 석 자'라는 표현도 봉건 시대에는 신분적으로 중간층 이상의 사람들에게만 해당되는 말이었다. 갑오경장 이후 신분제가 철폐되고 1909년의 민적법(民籍法) 시행으로 그 이듬해에 민적부(民籍簿)가 완성되기 전엔, 하층민의 대다수에게 성이 없었다. 민적부가 만들어지기 전까지 한국인 가운데는 성이 없는 사람들이 성이 있는 사람들보다 더 많았다. 그러니까 지금의 한국인 가운데 반수 이상은 아주 가까운 조상이 성 없는 사람이었던 셈이다. 그러나 20세기 들어 통혼의 신분적 제약이 거의 없어졌다는 점을 고려하면, 실상 지금의 한국인 대부분이 부계 쪽으로든 모계 쪽으로든 20세기초까지 성이 없었던 조상의 후손이라고 말할 수 있다. 그런데도 자신이 상놈의 후손, 천민의 후손이라고 생각하는 한국인은 거의 없다. 대부분의 한국인이 족보라는 것에 이름을 올리고 있고, 그 족보들이 그리고 있는 것은 죄다 명문거족이다. 성이 없던 조선조의 민중은 다 어디로 가버렸는지 알 수 없다. 그들이 집단적으로 단종(斷種)을 하지 않은 이상 그들의 후손이 우리들 가운데도 분명히 있을 텐데, 그 성 없는 민중의 후손을 발견하는 건 불가능하다. 종친회라는 것이 공직자 선거에 커다란 영향을 끼칠 만큼 활발히 움직이는 사회, 보학이라는 것이 노년층에선 아직도 학문의 대접을 받는 사회가 한국 사회다. 성에 대한 집착도 대단하다. 웬만한 어린이도 제 본향을 알고 있다. 서양 사람이나 일본인과는 달리 한국인의 성은 특별히 예외적인 경우를 빼놓고는 일생 동안 변하는 일이 없다. 굳은 맹세를 하면서 그 맹세를 지키지 못하면 "성을 갈겠다"고 말하는 관습이 아직도 남아 있는 데서도 드러나듯이, 성을 바꾸는 것은 옛날이나 지금이나 한국인에겐 최대의 치욕으로 여겨진다. 이름의 경우는 일정한 조건을 갖추어 다소 번거로운 재판 절차를 거치면 바꿀 수가 있다.

지금은 이름을 하나씩 갖는 것이 관례지만, 한국인은 전통적으로 여러 개의 이름을 지녔었다. 막 태어나면 막되게 부르는 아명(兒名)을 붙이고, 성인이 되면 문서 같은 데에 정중히 사용할 관명(冠名)을 지었다. 죽은 이에 대해서 말할 땐 관명을 휘(諱)

라고 한다. 또 윗사람이 부르는 자(字)와 친구들끼리 쉽게 부르는 호(號)가 있었다. 호를 아호(雅號)라고도 한다. 죽은 뒤에 생전의 공적을 기려 임금이 추증하던 시호(諡號)라는 것도 있었다. 16세기의 유학자 이이(李珥)의 자는 숙헌(叔獻)이고, 호는 율곡(栗谷)·석담(石潭)·우재(愚齋)이며, 시호는 문성공(文成公)이다.

서울의 동 이름

 서울이라는 이름을 빼놓으면, 서울에 속한 땅들의 이름은 죄다 한자어다. 최근에 강남구를 시발로 기존의 주소 체계를 대치할 길 이름을 새로 만들면서 고유어를 채택하는 경우가 많기는 하지만, 아직도 우리들은 주소를 동 중심으로 표기하는 데에 익숙하다. 그리고 그 동 이름들이 다 한자어다. 고유어로 부르던 꽤 많던 전래의 마을 이름들이 특히 일제 시기를 거치면서 한자어 이름에 죄다 밀려난 것이다. 실상 지금 서울의 동 이름 가운데 많은 수는 일제 시기에 지어진 것이다. 해방 뒤 일제 시대의 정(町)을 동으로 바꾸고, 정목(丁目)을 가(街)로 바꾸고, 통(通)을 로(路)로 바꾸었을 뿐 이름은 대체로 이어받았다. 그것은 몹시 아쉬운 일이다. 조선조 때 지어진 이름이든 일제 시기에 지어진 이름이든 해방 뒤에 새로 지어진 이름이든, 그 한자어 이름들을 고유어로 되돌리는 것이 쉽지는 않을 것이다. 예컨대 우리가 수유동을 무너미라고 부른다거나, 세곡동을 가는골로 부른다거나, 대현동을 큰고개라고 부른다거나, 갈현동을 칡고개라고 부른다거나, 논현동을 논고개라고 부른다거나, 송현동을 솔재라고 부른다거나 신사동(은평구)을 새절이라고 부른다거나 신천동을 새내로 부른다거나 응암동을 매바위골로 부른다거나 마포동을 삼개라고 부르는 날이 가까운 장래에 오지는 않을 것이다.

   그러나 한자어 이름에도 서울의 역사가 담겨 있다. 그 역사를 가장 또렷하게 드러내는 동 이름은 조선조 5백 년 동안 서울의 중심이었던 지금 종로구의 동 이름들일 것이다. 사직동은 이 동네에 사직단(社稷壇)이 있었던 데서 비롯된 이름이다. 사직단은 조선조 때 임금이 땅의 신〔社〕과 곡식의 신〔稷〕을 제사지내던 제단이다. 이 사직단은 역대 임금과 왕비의 위패를 모시던 왕실 사당인 종묘와 함께 가장 중요시되던 시설이다. 농본 국가인 조선에서 사직은 곧 나라를 의미했다. 그래서 '종묘사직'은 곧 '왕실과 국가'를 뜻했다. 사간동에는 임금에게 간(諫)하는 일을 맡아보던 사간원이 있었고, 내수동에는 궁중에서 쓰는 곡식·피륙·잡물·노비에 관한 사무를 맡아보던 내수사(內需司)가 있었다. 내자동에는 내자시(內資寺)라는 관청이 있었다. 내자시도 궁중의 의식(衣食)에 관한 일을 맡아보던 관아인데, 내수사가 이조에 속한 반면, 내자시는 호조에 속했다. 또 도렴동에는 궁중에서 쓰는 직조물의 염색을 맡던 도렴서라는 관청이 있었다. 삼청동에는 도교의 옥청(玉淸)·태청(太淸)·상청(上淸) 3위를 모신 삼청전이 있었다고 한다. 그 삼청전의 제사를 주관하던 관청인 소격서가 지금의 소격동에 있었다. 평창동에는 대동미를 보관하던 평창이 있었고, 팔판동에는 여덟 명의 판서가 살았다고 한다. 공평동은 이곳에 있던 의금부에서 죄인을 다룰 때 일을 공평하게 처리하라는 의미에서 붙여진 이름이라고 한다. 그러나 이것은 뒷사람들이 부회한 것일 수도 있다.

유럽의 도시에는 사람의 이름을 따서 지은 거리 이름들이 흔하지만, 서울에는 그런 지명이 많은 것 같지는 않다. 그러나 그런 이름들이 아주 없는 것은 아니다. 해방 뒤 민족 정기를 진작시키기 위해서 커다란 길 이름에 세종대왕(세종로)·을지문덕(을지로)·이황(퇴계로)·이순신(충무로)·민영환(충정로)·원효(원효로)·이이(율곡로) 등의 이름을 붙인 것은 잘 알려진 일이지만, 그 밖에도 사람 이름에서 따온 지명들이 있다. 마포구 토정동은 조선조 명종·선조 때의 기인으로 알려진 토정 이지함이 이 동네에 흙으로 정자를 짓고 살았다는 데서 붙여진 이름이고, 강남구 압구정동은 세조 때의 권신 한명회가 자신의 호를 따 이곳에 압구정이라는 정자를 짓고 놀았다는 데서 나온 이름이다. 용산구 보광동은 신라 진흥왕 때의 승려 보광국사가 세웠다는 사찰이 있었던 데서 붙여진 이름이다. 강동구 둔촌동에는 고려말의 은사 둔촌 이집이 살았다고 한다. 중구 만리동은 조선조 세종 때 부제학을 지낸 최만리가 이곳에서 살았기 때문에 붙여진 이름이라는 설이 있다. 그러나 그것이 확실한 것은 아니다. 해방 뒤에 붙여진 이 동 이름은 이 동네의 고개 이름이 만리재 즉 만리현(萬里峴)이었던 데서 나온 이름일 것이고, 그 고개에 조선 시대에 만리창(萬里倉)이라는 창고가 있었다고 한다.

역사적 사건·사실 들도 지명에 반영돼 있다. 당인리 발전소로 유명한 마포구 당인동은 임진왜란 때 명나라의 이여송군이

이 일대에 진을 치고 있었던 데서 유래한 이름이라고 한다. 우리 나라 사람에게는 중국인이란 곧 당인(唐人)이었던 것이다. 용산구 동빙고동과 서빙고동 사이에는 얼음 창고가 있었고, 강서구 염창동에는 소금 창고가 있었다. 마포구 염리동에는 소금 장수들이 많이 살았다고 한다. 중구 태평동에는 명나라 사신을 접대하던 태평관이 있었고, 성동구 마장동에는 조선 시대 때 양마장(養馬場)이 있었다. 종로구 세검정동은 인조반정 때 이귀·김유 등 반정 인사들이 이곳에 모여 광해군의 폐위를 논의하며 칼을 갈고 씻은 데서 붙여진 이름이라고 한다. 신라 시대 화랑들이 이곳 우물에서 칼을 갈고 닦은 데서 유래한 이름이라는 설도 있다. 세검정에서 볼 수 있듯 동명의 유래라는 것은 전설의 수준일 때가 많다.

접촉과 간섭에 대하여

두 언어가 접촉을 하게 되면 불가피하게 서로 간섭을 하게 된다. 간섭을 한다는 것은 영향을 주고받아 닮아간다는 것이다. 간섭은 상호적으로 일어나지만, 주고받는 영향의 정도가 균형을 이루는 것은 아니다. 위세가 큰 언어가 위세가 작은 언어에 간섭하는 정도가 그 반대의 경우보다 훨씬 더 크다. 예컨대 영어는 세계 모든 언어에 크게 간섭했지만, 영어에 대해 그 이상으로 간섭을 한 언어로는, 고대 그리스어나 라틴어 같은 고전어들을 제외하면, 역사적으로 프랑스어가 있을 뿐이다. 두 언어가 접촉하는 것이 꼭 두 언어권이 지리적으로 인접해 있다는 것을 뜻하지는 않는다. 지리상의 대발견 이후 서양의 식민 세력이 세계의 구석구석으로 뻗어나가고 교통·통신의 수단이 발달하면서, 사회적·심리적 인접성은 지리적 인접성 못지않게 중요하게 되었다. 한국과 영어권 사회의 지리적 거리는 아주 멀지만, 20세기 이후 영어는 한국어에 지속적으로 간섭해왔다. 한국어가 간섭한 언어는 거의 없다고 할 수 있다. 일본어와 중국어의 어휘에 간섭한 흔적이 어렴풋이 남아 있을 뿐이다. 반면에 한국어에 간섭한 언어는 많다. 한국어에서 고유어를 제외한 어휘, 즉 한자어와 외래어의 기원이 되는 언어들은 모두 다 한국어에 간섭을 했다고 할 수 있다. 그 가운데 한국어에 대한 간섭의 정도가 가장 컸던 언어는 중국어·일본어·영어 등이다. 한국어의 한자어들은 소수의 고유 한자어를 빼고는 죄다 중국이나 일본에서 건너온 것이고, 서양 외래어의 압도적 다수는 영어에서 차용된 것이다.

간섭의 가장 대표적인 유형은 어휘 간섭이다. 방금 얘기한 차용어가 어휘 간섭의 결과다. 한국어 어휘 전체에서 고유어가 차지하는 비율은 반에도 훨씬 못 미치는 만큼, 한국어는 어휘 간섭을 크게 받은 언어라고 할 수 있다. 그러나 그것이 예외적인 것은 아니다. 예컨대 일본어만 해도 우리와 사정이 비슷하다. 한자어와 외래어가 어휘의 반이 넘는 것이다. 중국어도 예외는 아니다. 19세기말 이래 중국어는 서양에서 건너온 새로운 개념들을 담은 일본제 한자어들을 대량으로 차용했다. 유럽의 커다란 언어들도 마찬가지다. 1066년의 이른바 노르만 정복 이후 시동을 건 프랑스어의 영어 침략과 몇백 년 뒤 유럽에서 영국으로 건너간 르네상스는 영어 어휘의 반 이상을 프랑스어나 라틴어-그리스어 계통으로 만들었고, 르네상스가 한창이던 16세기에 프랑스어는 이탈리아어에서 수많은 단어를 차용했다.

간섭이 어휘의 수준에서만 일어나는 것은 아니다. 우선 음성·음운의 간섭이 있다. 한국어에서 단어 첫머리에 ㄹ은 올 수 없고, 특히 설측음[l]은 절대 올 수 없지만, r이나 l 소리로 시작하는 외국어 단어에서 차용된 외래어들은 한국어에서도 대체로 ㄹ소리로 시작한다. 외국어 실력을 뽐내고 싶어하는 사람들은 l 소리로 시작하는 외국어 단어에서 차용된 말, 예컨대 영어의 lighter에서 차용한 라이터 같은 말의 첫소리를 설측음으로 내기도 한다. 프랑스어에도 본디 영어의 ng에 해당하는 연구개음이 없었지만, parking, home-banking 같은 영어가 프랑스어 어휘에 쏟아져 들어오면서, 이 음이 독립된 음소로 확립되어가고 있는 중이다.

통사적 간섭도 있을 수 있다. 개화기의 한국어 문장과 지금의 한국어 문장은 문외한이 관찰해도 그 문체가 아주 다르다. 그 일백 년 동안 한국어는 일본어와 서양말의 간섭을 받으며, 문체를 포함한 통사 구조를 크게 개신했다. 지금 우리가 외국어 번역투라고 비판하는 우리말 문장들은 모두 통사적 간섭의 결과다. "칭찬은 아무리 해도 지나치지 않아" 같은 문장은 흔히 전형적인 유럽어 번역 문투로 지적되는 예이지만, 그렇게 도드라지지 않을지라도 우리말의 통사 구조에는 외국어의 간섭 흔적이 무수히 있다. 현대 한국어와 현대 일본어의 문장 구조가 아주 닮게 된 것은 두 언어가 본디 지니고 있던 유형론적인 상사 이외에, 20세기 들어서 일본어가 한국어에 행한 통사적 간섭과도 깊은 관련이 있을 것이다.

의미적 간섭도 있다. 이것은 어휘의 형태를 차용하는 것이 아니라 그 의미를 차용하는 것이다. 우리가 전통적으로 써온 한자어들 가운데 일본어의 영향을 받아 그 의미가 바뀐 단어들은 의미적 차용의 대표적인 예들이라고 할 수 있다. 예컨대 방송(放

送)이라는 말은 전통적으로 죄인을 놓아준다는 뜻이었지만, 20세기 들어서는 일본어의 영향으로 뉴스나 오락물을 전파에 실어서 내보낸다는 뜻으로 변했다. 발명(發明)이라는 말도 본래는 죄나 잘못이 없음을 말하여 밝힘, 즉 변명의 뜻이었지만, 일본어의 영향으로 새로운 것을 만들거나 고안해낸다는 뜻이 되었다. 발행(發行)이라는 말도 본디 출발한다는 뜻이었지만, 지금은 출판물이나 지폐·채권 따위를 박아낸다는 뜻으로 쓰인다. 신인(新人)이라는 말 역시 새댁이라는 뜻에서 어떤 분야에 데뷔한 지 얼마 안 되는 사람이라는 뜻으로 변했다. 물론 지금도 나이든 사람들은 위에서 예로 든 낱말들을 간혹 앞의 의미로 사용하는 일도 있지만, 뒤의 뜻으로 사용하는 것이 일반적이 되었다. 이런 의미적 간섭이 한국어만 겪은 특별한 일은 아니다. 언어의 접촉이 있는 곳에는 간섭이 일어나게 마련이고 그 간섭은 의미적 간섭을 포함하게 마련이다. 예컨대 프랑스어의 réaliser는 당초 실현하다·구현하다의 의미만을 지니고 있었지만, 영어 realize의 의미적 간섭을 받아 지금은 깨닫다라는 뜻도 겸하게 되었다.

방언에 대하여

우리가 사용하는 한국어는 일본어와도 다르고 프랑스어와도 다르다. 그 한국어는 어휘 목록과 수많은 문법 규칙들에 의해서 일본어나 프랑스어와 명백히 구별된다. 그러나 한국어(또는 일본어나 프랑스어)는 그 내부가 동질적인 기호 체계가 아니다. 한국어는 그 말을 사용하는 사람의 출신 지역에 따라, 세대에 따라, 학식의 정도에 따라 크고 작은 차이를 보인다. 미세하게 관찰을 해보면, 출신 지역이나 세대나 학식이 비슷한 사람들도 한국어를 서로 다르게 말하는 것이 발견될 수도 있다. 그래서 이렇게 미세하게 말씨의 차이를 구분하면 우리는 결국 개인어에 도달할 수 있다. 그렇다면 우리가 한국어라고 부르는 것은 수천만의 개인어들의 집합이라고 할 수 있다. 그 수천만의 개인어들을 한국어라고 뭉뚱그릴 수 있는 기준은 의사 소통 가능성이다. 한 화자와 또 다른 화자가 서로 의사를 소통할 수 있을 때, 그들은 동일한 언어를 사용하고 있다고 해석할 수 있다. 그 동일한 언어는 균질적이지 않고 크고 작은 내적 다양성을 간직하고 있다. 한국어도 예외는 아니다. 딴 언어들이 그렇듯 한국어들도 수많은 변이체들의 집합인 것이다. 한쪽 끝에 언어가 있고 다른 쪽 끝에 개인어가 있다면 그 사이에 있는 것은 방언들이다. 넓은 의미의 방언은 나이나 직업이나 교육 정도나 성별 같은 사회적 조건들에 기초한 사회 방언까지를 포함하지만, 좁은 의미의 방언은 지역에 따라 분화한 방언들을 가리킨다. 좁은 의미의 방언, 즉 지역에 따른 언어의 변이체들을 연구하는 분야를 지리언어학 또는 언어지리학이라고 부른다. 또는 그저 방언학이라거나 방언지리학이라고 부르기도 한다.

  방언들 사이에 명확한 지리적 경계선이 있는 것은 아니다. 방언 사이의 차이가 연속적이고 점진적이기 때문이다. 방언적인 특질들의 지리적 경계선을 등어선이라고 한다. 예컨대 우리는 덥다의 제1부사형을 '더워'라고 하는 지역과 '더버'라고 하는 지역의 경계를 그을 수 있다. 그러다 보면 서로 비슷한 방향으로 그어지는 등어선들이 발견되게 마련이다. 이런 등어선들을 묶어 '등어선속'이라고 해, 대체로 커다란 방언의 경계로 삼는다. 그러나 일이 그렇게 간단한 것은 아니다. 등어선 자체가 어떤 어휘, 어떤 음운 현상, 어떤 문법 규칙을 기준으로 했느냐에 따라서 매우 다양하게 그어지는 데다가, 비슷한 방향의 등어선이 몇 개나 모여야 방언학적으로 의미 있는 등어선속이 되는지 확정하기 힘들기 때문이다. 그래서 예컨대 한국어에 몇 개의 방언이 있느냐는 문제는 연구자의 관점이나 연구 대상의 수준에 따라 제각각이다.

흥미로운 것은 많은 학자들이 한국어 방언의 가장 커다란 경계를 남북이 아니라 동서로 나누는 것이다. 이 관점에 따르면 한국어 방언의 가장 커다란 단위는 함경도 방언(동북 방언)과 경상도 방언(동남 방언)을 묶은 동부 방언과, 그 나머지를 아우르는 서부 방언이다. 그러나 언어 현상들 가운데 어떤 변이에 더 의미를 주는가에 따라서는 북부·중부·남부 방언으로 나눌 수도 있고, 또 다른 방식으로 나눌 수도 있겠다. 그러니까 여러 수준의 방언 지역 구획은 자연 언어의 명확한 경계라기보다는 언어학자의 머릿속에서 추상화되어 그어져 있는 선이다. 그러나 우리들은 직관적으로 여러 방언들의 특징을 알고 있다. 예컨대 경상도 지방의 일부 방언에서는 ㅡ 모음과 ㅓ 모음이 구별되지 않는다. 또 역시 경상도 지역의 일부 방언에서는 표준어에서는 사라져버린 고저 액센트가 남아 있어서 '손'이란 말이 그 소리의 높이에 따라 팔의 아래쪽 끝부분을 뜻하기도 하고, '손님'을 뜻하기도 하고, '손자'를 뜻하기도 한다. 표준어로 '계집애' 또는 '계집아이'에 해당하는 말이 전라도 방언으로는 '가시내'고 함경도 방언으로는 '에미나'다.

  방언들의 경계가 명확지 않듯이 언어들의 경계도 명확지 않다. 위에서 어떤 변이체들을 한 언어로 묶을 수 있는 것은 의사소통 가능성이라고 말했다. 그러나 언제나 이런 원칙이 통용되는 것은 아니다. 이 책의 앞부분에서 얘기했듯, 예컨대 덴마크어 사용자와 노르웨이어 사용자와 스웨덴어 사용자는 별다른 어려움 없이 서로 의사를 주고받을 수 있다. 문법 체계도 거의 같고 또 거의 모든 어휘를 공유한다. 음운상으로만 사소한 차이를 보일 뿐이다. 실상 우리가 노르웨이어라고 하는 것은 덴마크어와 더 닮은 riksmål과 스웨덴어와 더 닮은 landsmål(nynorsk)을 아울러서 이르는 말이다. 두 방언의 사용 비율은 2 대 1 정도라고 한다. 다시 말해 노르웨이어란 순수히 언어학적으로만 보면 덴마크어의 어떤 방언과 스웨덴어의 어떤 방언을 아울러 이르는 말이라고 할 수 있다. 그런데도 우리는 덴마크어 · 노르웨이어 · 스웨덴어를 별개의 언어로 취급한다. 그것은 이 언어 사용자들이 독립적인 정치 공동체를 꾸려나가고 있는 사실과 관련이 있다. 반면에 제주도 토박이와 서울 토박이가 자신들의 고향말로 의사를 소통하기는 아주 힘들다. 그러나 우리는 제주도말과 서울말을 별개의 언어로 취급하지 않고, 한국어라는 한 언어의 지리적 변이체로 취급한다. 그것은 말할 나위 없이 제주도 사람과 서울 사람이 동일한 정치 공동체에 소속돼 있다는 사실과 관련이 있다. 만약에 역사의 우연이 제주도의 분리주의를 부추겨 그 섬에 별개의 정치 공통체가 태어났다면, 우리는 지금의 제주도말을 한국어와는 다른 별개의 언어로 분류했을지도 모른다. 물론 그 언어는 한국어와 가장 가까운 언어로 꼽히겠지만.

5 북한말의 풍경

문화어
— 평양 중심주의의 대두

　서울을 중심으로 한 남한에서 사용되는 언어도 한국어고, 평양을 중심으로 한 북한에서 사용되는 언어도 한국어다. 금강산을 오르는 남한 관광객들은 북한 안내원들과 의사를 소통하는 데 거의 어려움이 없다. 그러나 북의 한국어와 남의 한국어가 완전히 균질적인 언어는 아니다. 오래 전부터 있던 방언적 차이 외에, 한반도에 실질적으로 두 체제가 존재해온 지난 반세기 남짓 동안 남과 북의 언어는 작지 않은 이질화를 겪었다. 한 언어가 여러 국가에서 사용될 때, 나라마다 그 언어가 조금씩 달라지는 것은 자연스러운 현상이다. 예컨대 벨기에 남부나 스위스 서부에서 사용되는 프랑스어는 프랑스에서 사용되는 프랑스어와 조금씩 다르다. 또 스위스 동부나 오스트리아에서 사용되는 독일어도 독일의 독일어와는 조금씩 다르다. 이때 프랑스어나 독일어가 조금씩 달라진 것은 지리적 방언의 분화 탓이기도 하고, 서로 다른 정치 공동체 내부의 구심력 탓이기도 하다. 남과 북의 한국어의 경우엔, 그 이질화 과정에 전통적인 지리적 방언의 분화보다 서로 다른 정치 공동체 내부의 구심력이 훨씬 더 크게 작용했다는 것이, 프랑스어나 독일어의 경우와 다른 점이다. 더구나 남북의 두 정치 공동체는 지난 분단 시기 동안 줄곧 적대적 관계를 유지했고, 주민 집단 사이의 교류도 거의 없었다. 이질화의 조건이 최적이었던 것이다. 그 이질화를 더욱더 심화한 것은 북한의 한국어가 겪은 인위적 변화다. 전체주의자들답게 북한의 정권 담당자들은 언어를 인위적으로 변화시키는 것이 가능할 뿐만 아니라 바람직하다고 생각했고, 그래서 정권 수립 직후부터 체계적인 언어 정책을 수립해 이를 강제로 시행해나갔다. 이런 언어 정책의 시행을 통해서 새롭게 태어난 북한산 한국어는 '문화어'라는 이름을 얻었다.

문화어라는 말이 처음 등장한 것은 1966년 5월 14일자로 나온 김일성 주석의 교시다. '조선어의 민족적 특성을 옳게 살려나갈 데 대하여'라는 제목의 이 교시에서 김일성은 이렇게 말했다. "우리말을 발전시키기 위하여서는 터를 잘 닦아야 합니다. 우리는 우리 혁명의 참모부가 있고 정치·경제·문화·군사의 모든 방면에 걸치는 우리 혁명의 전반적 전략과 전술이 세워지는 혁명의 수도이며 요람지인 평양을 중심지로 하고 평양말을 기준으로 하여 언어의 민족적 특성을 보존하고 발전시켜나가도록 하여야 하겠습니다. 그런데 표준어란 말은 다른 말로 바꾸어야겠습니다. '표준어'라고 하면 마치 서울말을 표준하는 것으로 그릇되게 이해할 수 있으므로 그대로 쓸 필요가 없습니다. 사회주의를 건설하고 있는 우리가 혁명의 수도인 평양말을 기준으로 하여 발전시킨 우리말을 '표준어'라고 하는 것보다 다른 이름으로 부르는 것이 옳습니다. '문화어'란 말도 그리 좋은 것은 못 되지만 그래도 그렇게 고쳐 쓰는 것이 낫습니다." 김일성은 또 이 교시에서 민족어 정책의 기준을 서울 중심의 표준어에서 평양 중심의 문화어로 바꾸어야 하는 이유에 대해, "서울말은 남존여비 사상, 썩어빠진 부르주아 생활이 지배하는 말"이고, "고유한 우리말은 얼마 없고 영어·일본말·한자어가 반절이나 섞인 잡탕 말"이며, "오늘 남조선 방송에서는 여자들이 남자에게 아양을 떠는 코맹맹이 소리를 그대로 쓰고 있다"고 지적했다. 말하자면 김일성의 문화어 선언은 서울말로부터의 평양말의 독립 선언이라고 할 수 있다. 그 선언은 그때까지 한반도 변두리 서북 지방의 한 방언에 불과했던 평양말에 서울말의 위세에 맞먹는, 또는 그것을 넘어서는 명예를 헌정하는 선언이었다. 70년대 들어, 거기에는 다른 모든 분야에서와 마찬가지로 항일 무장 투쟁기의 김일성 신화가 덧붙여졌다. 항일 무장 투쟁 시기에 김일성이 창시했다는 주체 사상에 이미 언어학·언어 정책 분야의 이론까지가 포함돼 있었다는 것이다. 이 문화어 선언은 또 1972년의 개정 헌법에서 그 이전까지 서울로 명시돼 있던 조선 민주주의 인민 공화국의 수도를 평양으로 바꾼 것과 함께 북한 정권의 평양 중심주의를 공식화한 사건이었다. 이 두 선언을 통해서 북한 사람들에게는 평양말이 한국인 전체의 전형적 민족어가 되었고, 평양이 한국인 전체의 수도가 되었다.

문화어 선언 이전에도 김두봉·이극로·홍기문 등 언어학자들을 중심으로 한글 전용, 문맹 퇴치 운동, 철자법 개정, 사전 편찬, 문법서 편찬 등 적극적인 언어 정책을 폈던 북한 정권은 문화어 선언 직후 철자법을 다시 개정해『조선말 규범집』을 펴내고, 문화어를 보급하기 위해서 1968년에 계간『문화어 학습』을 창간하는 한편, 여러 언론·출판 매체들을 통해서 대대적인 말 다듬기 운동을 벌였다. 휴전선 너머의 책도 신문도 방송도 볼 수 없었고, 민간인들이 만나서 얘기할 수는 더더욱 없었던 남과 북 사이의 언어는 이제 표준어와 문화어라는 이름으로 본격적 분화의 길을 걷기 시작했다.

문화어의 얼굴

평양의 과학·백과사전출판사에서 펴낸 『현대 조선말 사전』(제2판, 1981)에서 '문화어'란 항목을 찾아보니, "사회주의 건설 시기 주권을 잡은 로동 계급의 당의 령도 밑에 혁명의 수도를 중심으로 하여 이루어지는, 로동 계급의 계급적 지향과 생활 감정에 맞게 혁명적으로 세련되고 문화적으로 가꾸어진 언어. 전체 인민이 규범으로 삼는다. 우리 문화어는 우리 당과 우리 인민의 위대한 수령 김일성 동지의 주체적인 언어 사상과 그것을 구현한 우리 당의 올바른 언어 정책에 의하여 해방 후 공화국 북반부에서 혁명의 수도 평양을 중심지로 하고 평양말을 기준으로 하여 이루어진 주체적으로 발전한 아름다운 언어로서 조선 민족어의 전형이다"라고 풀이돼 있다.

요컨대 문화어란 해방 후 북한에서 평양말을 중심으로 다듬어진, 북한의 공용어다. 문화어는 남한의 표준어와 여러 점에서 조금씩 다르다. 그 차이는 본디부터 있던 북한 지역의 방언적 특성들이 표준적 규범으로 승격한 데서 나온 것도 있고, 철자법 개정과 말 다듬기 운동 등 북한의 언어 정책이 남한과 달라서 생긴 것도 있다. 그리고 그 차이는 음성·음운, 형태·통사, 어휘·의미, 화용 등 여러 층위에 걸쳐 있다. 그 차이를 몇 가지만 살펴보자.

남쪽 사람들도 대개 알고 있는 사실이지만, 우선 문화어에선 두음 법칙을 인정하지 않는다. 즉 표준어에선 외래어가 아닌 이상 단어의 처음에 ㄹ 소리가 나타나지 않지만, 문화어에서는 그런 제약이 없다. 그래서 위에 인용한 『현대 조선말 사전』의 문화어에 대한 설명에서도, 로동·령도라는 말이 나온다. 표준어에서는 이 경우에 ㄹ 소리가 ㄴ 소리로 변하거나 아예 탈락해(ㅣ모음이나 ㅣ선행 모음 앞에서), 노동·영도로 변한다. 또 표준어에선 어두의 ㄴ 소리 다음에 ㅣ모음이나 ㅣ선행 모음이 올 경우에도 이 ㄴ 소리가 탈락해, 예컨대 '녀자'는 '여자'가 되고 '뇨도염'은 '요도염'이 되지만, 문화어에서는 그대로 녀자·뇨도염이다. 이것은 문화어 규범이 한자어까지도 외래어로 보아서 원음을 존중한다는 것을 뜻한다. 여기에는 또 동일한 형태소를 동일한 형태로 고정시킨다는 의미도 있다. 예컨대 '노동'의 첫번째 형태소와 '과로'의 두번째 형태소, '영도'의 첫번째 형태소와 '대통령'의 세번째 형태소, '여자'의 첫번째 형태소와 '남녀'의 두번째 형태소는 동일한 형태소들이다. 그런데 표준어에서는 두음 법칙 때문에 이들 형태소들이 고정돼 있지 못하고 단어 앞에서 '로'는 '노'라는 이형태(異形態)로, '령'은 '영'이라는 이형태로, '녀'는 '여'라는 이형태로 변한다. 반면에 문화어에선 위치와 상관 없이 이 형태소들이 동일한 형태로 고정된다. 그러나 문화어에서도 '나팔'이나 '유리' 같은 몇몇 단어의 경우에는 소리가 완전히 변했다고 보아서 '라'나 '류' 같은 원음을 버리고 '나'와 '유'를 취한다.

다음, 표기에선 드러나지 않지만 문화어의 ㅓ 모음은 표준어에 견주어 원순화돼 있다. 즉 평순 모음인 표준어의 ㅓ 모음과 음색이 많이 다르다. 그래서 '전체 인민'은 '존체 인민'에 가깝게 실현되고, '언어'는 '온오'에 가깝게 실현된다. 다시 말해서 문화어에선 ㅓ 소리와 ㅗ 소리의 거리가 표준어에 견주어 가깝다. 이것은 서북 방언의 특징이 반영된 것이다. 문장의 수준에서도 문화어는 리듬의 단위가 짧고 높내림조의 억양을 지녀서 표준어에 견주어 웅변조의 느낌을 준다.

표준어 사용자들에게 생소한 구문도 많다. 문화어라는 말을 처음 공식화시킨 김일성의 교시 제목은 '조선어의 민족적 특성을 옳게 살려나갈 데 대하여'인데, 여기서 '-(으)ㄹ 데 대하여'라는 구문은 우리에게 낯설다. '-하지 않고' '-하는 대신에'의 의미로 쓰이는 '-(으)ㄹ 대신에'라는 구문도 마찬가지다. 『현대조선말 사전』에서 '대신'을 찾아보면 "그는 수업이 끝난 다음 집에 돌아갈 대신에 계속 학교에 남아서 동무들의 학습을 도와주고 있다"라는 예문이 나와 있다. 김일성이나 김정일에 대한 극존칭의 언어 예절이 따로 규정돼 있는 반면, 남한이나 미국을 포함한 '계급의 적'에 대해서는 원색적인 비난의 표현을 사용하고 있는 것도 문화어의 특색이다. 대체로 북한의 출판물에서는 중립적인 표현보다는 글의 대상에 대한 글쓴이의 가치 평가가 노골적으로 드러나는 표현이 흔하다. 즉 전형적인 으르렁말과 가르랑말이 흔하다. 맞춤법·띄어쓰기·문장 부호 사용법 등을 포함한 정서법에서부터, 한글 자모의 이름과 차례 등 기초적인 언어 규범에서도 차이가 난다. 그러나 가장 커다란 차이는 어휘에서 발견할 수 있다. 북한에서의 대대적인 말 다듬기 운동과 급격한 사회 변동 때문에 문화어에는 표준어에 없는 많은 낱말이 생겨났고, 원래 있던 낱말들도 새로운 뜻을 담게 되었다. 더 이상의 언어 이질화를 막거나 그 속도를 줄이기 위해 시급히 표준어와 문화어를 아우르는 사전을 편찬해야 한다는 견해가 학계 일각에서 나오고 있을 정도다.

북한의 국어 사전 찾아보기

 서울의 큰 서점에 가보면 북한에서 나온 국어 사전(조선어 사전)들이 여러 종 있다. 그런데 그 사전들은 올림말을 배열한 자모의 차례가 남한의 사전들과는 달라서 남한 독자들이 이 사전들에 익숙해지려면 조금 시간이 걸린다. 사실 한글 자모의 차례만이 아니라, 그 가짓수와 이름도 남한과 북한이 조금씩 다르다. 우리가 알다시피 남한에서는 한글 자모의 수가 스물넷이고 그 차례와 이름은 다음과 같다.

 ㄱ(기역) ㄴ(니은) ㄷ(디귿) ㄹ(리을) ㅁ(미음) ㅂ(비읍) ㅅ(시옷) ㅇ(이응) ㅈ(지읒) ㅊ(치읓) ㅋ(키읔) ㅌ(티읕) ㅍ(피읖) ㅎ(히읗)
 ㅏ(아) ㅑ(야) ㅓ(어) ㅕ(여) ㅗ(오) ㅛ(요) ㅜ(우) ㅠ(유) ㅡ(으) ㅣ(이)

물론 이 스물네 글자로 적을 수 없는 소리도 국어에는 많다. 그럴 경우엔 두 개 이상의 자모를 어울러서 적는다. 그런 겹글자들의 차례와 이름은 이렇다.

ㄲ(쌍기역) ㄸ(쌍디귿) ㅃ(쌍비읍) ㅆ(쌍시옷) ㅉ(쌍지읒)
ㅐ(애) ㅒ(얘) ㅔ(에) ㅖ(예) ㅘ(와) ㅙ(왜) ㅚ(외) ㅝ(워) ㅞ(웨) ㅟ(위) ㅢ(의)

사전에 올릴 때의 자모 순서는 닿소리 글자의 경우 ㄱ ㄲ ㄴ ㄷ ㄸ ㄹ ㅁ ㅂ ㅃ ㅅ ㅆ ㅇ ㅈ ㅉ ㅊ ㅋ ㅌ ㅍ ㅎ 이고, 홀소리 글자의 경우 ㅏ ㅐ ㅑ ㅒ ㅓ ㅔ ㅕ ㅖ ㅗ ㅘ ㅙ ㅚ ㅛ ㅜ ㅝ ㅞ ㅟ ㅠ ㅡ ㅢ ㅣ 이다.

말하자면 남한에서는 겹글자를 독립적인 글자로 취급하지 않는다. 그래서 '한글 스물넉 자'라는 말도 나왔다. 그러나 북한에서는 겹글자도 독립적인 글자로 취급한다. 그래서 한글 자모의 수가 남한과는 달리 마흔이다. 그 자모의 차례와 이름은 이렇다.

ㄱ(기윽) ㄴ(니은) ㄷ(디읃) ㄹ(리을) ㅁ(미음) ㅂ(비읍) ㅅ(시읏) ㅇ(이응) ㅈ(지읒) ㅊ(치읓) ㅋ(키읔) ㅌ(티읕) ㅍ(피읖) ㅎ(히읗) ㄲ(된기윽) ㄸ(된디읃) ㅃ(된비읍) ㅆ(된시읏) ㅉ(된지읒)
ㅏ(아) ㅑ(야) ㅓ(어) ㅕ(여) ㅗ(오) ㅛ(요) ㅜ(우) ㅠ(유) ㅡ(으) ㅣ(이) ㅐ(애) ㅒ(얘) ㅔ(에) ㅖ(예) ㅚ(외) ㅟ(위) ㅢ(의) ㅘ(와) ㅝ(워) ㅙ(왜) ㅞ(웨)

자음 글자들의 이름은 각각 다음과 같이 부를 수도 있다.

(그) (느) (드) (르) (므) (브) (스) (응) (즈) (츠) (크) (트) (프) (흐) (끄) (뜨) (쁘) (쓰) (쯔)

그러니까 한글 자모의 이름은 자음 글자에서만 다르다. 북한에서는 그 이름들을 규칙적인 형태로 통일했고, 또 겹글자들을 부르는 데 접두사 '쌍'을 쓰는 남한과는 달리 접두사 '된'을 쓰고 있다. 그러나 자모의 배열 순서는 남과 북이 사뭇 다르다. 따지고 보면 그것도 겹글자를 독립된 글자로 보느냐 그러지 않느냐에 따라서 생겨난 차이다. 겹글자를 독립적인 글자로 보지 않는 남한에서는 이 겹글자들을 해당 홑글자 바로 뒤에 배열한다. 그러나 자음 글자의 경우에는 여기에도 모호한 점이 있다. 그 복자음 글자 뒤에 오는 모음까지를 고려하느냐 그렇지 않느냐가 문제인데, 한글 자모의 순서와 이름을 규정한 한글 맞춤법 제2장 제4항은 그 부분을 명확히 기술하고 있지 않아 남한의 사전들은 편찬자의 해석에 따라 표제어 배열이 제각각이다. 예컨대 '고사리'와 '까닭'이라는 낱말의 경우에, 대부분의 사전에는 ㄱ 항목이 다 끝난 뒤에 ㄲ을 배열하는 원칙을 취해서 '고사리'가 앞에 나오지만, 일부 사전에는 모음까지를 고려해 '가' 항목이 끝난 다음에 '까' 항목을 시작하는 바람에 '까닭'이 먼저 나온다.

반면에 겹글자들을 독립된 글자로 취급하는 북한에서는 홑글자들을 모두 배열한 이후에 겹글자들을 배열한다. 겹글자들끼리의 순서는 자음의 경우는 남한과 같지만, 모음의 경우는 다섯번째부터 완전히 다르다. 즉 남한에서는 ㅘ ㅙ ㅚ ㅝ ㅞ ㅟ ㅢ의 순서인데 견주어 북한에서는 ㅚ ㅟ ㅢ ㅘ ㅝ ㅙ ㅞ다. 이 순서에 익숙해지는 데는 조금 시간이 걸린다. 이것 못지않게 주의해야 할 것은 ㅇ 항목이다. 사전에서 올림말을 배열할 때 ㅅ 다음에 ㅇ이 나오는 것은 이 ㅇ이 받침인 경우다. 즉 자음으로서의 소리값이 있는 경우다. 그런데 한국어 철자법에서는, 남한이든 북한이든, 모음으로 시작하는 낱말의 첫번째 자리에 순전히 한 음절을 네모난 글자로 표기하기 위한 구색으로 ㅇ을 붙인다. 아빠·엄마·오빠·언니·아저씨·아주머니의 ㅇ 말이다. 이 경우의 ㅇ은 소리값이 없는, 멋으로 붙여놓은 ㅇ이다. 북한의 사전에서는 이런 단어들을 ㅅ 항목 다음에 배열하는 것이 아니라, 자음으로 시작되는 낱말이 다 끝나고 난 뒤에, 즉 사전의 맨 뒤에 배열한다. 그러니까 북한의 사전에서 이런 단어들은 ㅎ 항목이 '횡하다'로 끝나고, 그 뒤에 '까근하다'(성질이나 태도가 깐깐하고 자세하다)로 시작되는 복자음 항목마저 '쫠쫠'(많은 물이 세게 흘러내리는 소리 또는 그 모양)로 끝난 다음에야 나타나기 시작한다. 그래서 남한의 어휘 사전이 보통 '힝힝'을 마지막 표제어로 삼고 있는 데 견주어 북한의 어휘 사전은 보통 '웽웽'에 대한 설명으로 끝난다.

북한에서의 단어 만들기

표준어와 문화어의 차이는 그 어휘에서 가장 크게 드러난다. 그것은 북한에서 대대적으로 이루어진 어휘 정리 사업 때문이다. "동무들은 그 전의 말을 잘 다듬는 데 그치지 말고 좋은 말을 많이 만들어내야 합니다"(『김일성 저작 선집』 4권)라는 김일성 주석의 교시에서도 짐작되듯이, 북한에서의 어휘 정리는 기존의 어휘를 다듬는 데 그치지 않고 새말을 만드는 데 중점을 두었다. 북한의 어휘 정리는 1964년에 김일성의 「조선어를 발전시키기 위한 몇 가지 문제」가 발표된 이후 본격화되었는데, 그 교시 발표 열 돌을 기념해 평양의 사회과학출판사에서 펴낸 『단어 만들기 연구』라는 책은 조어법을 중심으로 한 어휘 정리의 이론적 · 실천적 지침들을 담고 있다. 이 책의 여러 군데서 인용되고 있는 김일성의 교시들은 문화어 어휘 정리의 원칙을 제시한 것으로, 눈길을 줄 만하다. "과학과 기술이 발전하고 사회가 전진하는 데 따라 우리말의 어휘도 더 늘어가야 할 것입니다. 우리는 새 단어도 많이 만들어야 합니다" "우리는 이미 있는 고유어를 찾아 쓸 뿐 아니라 고유어로 새말을 만들어 쓰기도 하여야 합니다" "지금 남조선에서 일본식 한자말들을 모두 그대로 쓰고 있는 형편에서 우리까지 가만히 있으면 우리말은 정말 없어지고 말 것입니다. 우리는 일본식 한자말들을 대담하게 고쳐야 합니다" "새로 나오는 말들은 우리말 어근에 따라 만드는 것을 원칙으로 하여야 합니다. 단어 체계를 고유어와 한자어의 두 체계로 하여 복잡하게 만들 필요가 없습니다. 단어는 우리 고유어에 의거하여 하나의 체계로 만들어야 합니다" "우리가 방언들을 잘 조사해보면 지금도 쓸 수 있는 좋은 우리말이 있을 것입니다" "힘든 한자어를 쓰지 말고 군중이 알 수 있는 쉬운 말을 써야 한다는 것을 당적으로 널리 선전해야 하겠습니다. 우리 사회주의 사회에서는 자본주의 사회와는 달리 당이 옳은 방향만 내세우면 대중은 인차 그것을 따라옵니다" "말을 얼마씩 계획적으로 고치고는 모든 사람들이 반드시 그것을 쓰도록 하여야 합니다." 요컨대 북한의 어휘 정리 사업을 이끈 원칙은 민족주의·민중주의·전체주의라고 할 만하다.

『단어 만들기 연구』는 단어 만들기의 세 요소를 실머리·감·수법이라고 설명한다. 이 세 요소를 잘 마련하고 종합해야 단어가 제대로 만들어진다는 것이다. 실머리란 이름을 짓기 위해 의거하는 계기다. 예컨대 '나이프'나 '나프킨' 같은 외래어를 다듬기 위해 '상칼' '상수건'이라는 말을 만들었다면, 이때 이름 짓는 실머리가 된 것은 그것들이 사용되는 상황이다. '압정'을 대치할 말로 '누름못'이라는 말을 만들었다면 그때의 실머리는 그 못을 다루는 방식이고, '납작못'이라는 말을 만들었다면 그 때의 실머리는 그 모양새다. 우선 이 실머리를 잡아야 그 이후에 단어를 만들 수 있다. 감(단어 만들기 감)이란 단어를 새로 만드는 데 사용되는 형태소다. 그러니까 말뿌리(어근)와 앞붙이(접두사), 뒤붙이(접미사)가 모두 감이다. 수법(단어 만들기 수법)이란 말 그대로 단어를 새로 만드는 방법이다. 『단어 만들기 연구』는 단어 만들기 수법으로서 합침법·붙이법·비유법 등을 설명하고 있다. 합침법이란 두 개 또는 그 이상의 말뿌리를 합쳐서 새로운 단어를 만드는 수법(예컨대 땅속뿌리·물주머니)이고, 붙이법이란 말뿌리에 덧붙이(접사)를 붙여서 새로운 단어를 만드는 수법(예컨대 덧치마·덧신)이다. 그러니까 남한의 문법 용어로 바꾸면 합침법으로 만들어진 말들은 대체로 합성어고, 붙이법으로 만들어진 말들은 대체로 파생어다. 합침법이나 붙이법이 단어 만들기 감들이 짜이는 구조와 관련해 나눈 수법이라면, 비유법은 단어 만들기 감이 단어의 뜻을 나타내는 방식과 관련해 명명된 수법이다. 다시 말해 의미론적 수법에 속한다. 예컨대 날개옷·반달칼·구름다리 같은 단어들이 비유법으로 만들어진 단어다.

  이런 실머리와 감과 수법을 어울러서 북한에서는 일상어·학술어를 막론하고 수많은 고유어 지향의 새말들이 만들어졌다. 예컨대 한자 형태소 '건(乾)'은 '마른'이나 '말린'으로 대치되었다. 그래서 마른논(건답)·마른옻(건칠)·마른틈(건열)·마른국수(건면)·마른고치(건견)·마른밤(건율)·마른열매(건과)·마른생강(건강)·말린풀(건초)·말린제품(건제품) 같은 말들이 만들어졌다. 또 '기계'를 의미하는 한자 형태소 '기(機)'를 포함하는 한자어들은, 그 '기'를 기계·개·틀 따위로 고치고 나머지 부분도 되도록 고유어로 바꾸어 새로 태어났다. 돌바숨기계(쇄석기)·각재개(측각기)·거르개(여과기)·구름재개(측운기)·깊이재개(측심기)·누르개(압착기)·눈치개(제설기)·내쏘개(분사기)·물뿌리개(분수기)·소리되살리개(음향 재생기)·소리잡개(소음기)·찾개(탐지기)·뿌무개(분무기)·여닫개(개폐기)·솜틀(타면기)·키잡이틀(조타기)·길가르개돌림틀(전철전환기)·가마니틀(가마니 직조기)·기름틀(착유기) 같은 단어들이 새로 태어난 말들이다. 그 가운데는 남한에서도 국어 순화 운동의 결과 똑같은 형태로 태어나 사용되는 말도 있다.

우상의 언어

북한의 문헌을 살피면, 심지어 학술 문헌에서도, "경애하는 수령 김일성 동지께서는 다음과 같이 교시하시였다" 또는 "혁명의 위대한 수령 김일성 동지께서는 다음과 같이 교시하시였다"라는 문장이 흔히 발견된다. 그 문장들 뒤에 나오는 김일성 주석의 '교시'는 예외 없이 굵은 활자체다. 80년대 이후 문헌에서는 '김일성'이라는 세 글자의 활자도 마찬가지다. 어떤 정치적 논설이 아니라 학자들의 순수한 이론 전개에도 그 근거가 되는 것은 김일성 주석의 교시다. 지도자의 교시가 아무데서나 인용되고 그것을 논리 전개의 근거로 삼는 것이 전체주의 국가에서 드문 일은 아니지만, 북한의 경우는 특히 그 정도가 심하다. 왕조 시대의 군주는 물론이고 스탈린이나 히틀러를 포함한 역사상 어떤 독재자도 자기가 다스리는 사회에서 김일성만큼 우상화된 예는 없다. 그의 생전에 그는 살아 있는 신이었다. 심지어 김일성과 관련된 언어 예절이 따로 규정돼 있을 정도다. 물론 왕조 시대에도 군주에 대한 언어 예절이 존재했다. 그러나 그것은 군주 주위에 있는 권력자들이나 지식인들에게 해당되는 예절이었지, 배우지 못한 민초들까지도 습득해야 하는 규범은 아니었다. 반면에 북한은 현대의 전체주의 사회이고, 그 집단성과 정치적 통합의 정도가 역사상 그 맞수를 찾아내기 힘들 만큼 커다란 국가다. 문맹률이 제로이고 개인성이 제로인 그 사회에서 김일성에 대한 언어 예절은 주석궁에서 수령을 모시는 측근들만이 아니라 함경도나 강원도의 오지에서 자라나는 어린아이들에게도 주입된다. 1983년에 평양에서 출판된 『조선어 례절법』이라는 책은 "로동 계급과 인민 대중이 자기 수령을 높이 우러러 모시고 끝없이 존경하고 흠모하는 것은 그들의 높은 자각성과 의식성에 기초한다. 그것은 결코 그 어떤 강요나 맹목성에 기초하거나 그 어떤 '지시'나 행정적 방법에 의하여 이루어지는 것이 아니다"라고 말하고 있지만, 북한 바깥에서 이 말을 곧이곧대로 믿을 사람은 그리 많지 않을 것이다.

북한에서 김일성에 대해 얘기하거나 글을 쓸 때, 그 주격 조사는 늘 '께서'이고, 여격 조사는 늘 '께'다. '이' '가'나 '에게' '한테'는 김일성에 관한 한 어떤 글에서도 결코 사용할 수 없다. 그리고 서술어에는 반드시 존칭 선어말 어미 '-시-'가 들어가야 한다. 재귀 대명사 '자신'은 김일성에게만 사용한다. 그 이외의 사람들에게는 재귀 대명사가 '자기'이거나 '저'다. 교시하시다 · 보살피시다 · 배려하시다 · 현지 지도하시다 따위의 말은 김주석 부자가 주어가 될 때 이외에는 절대 사용할 수 없다. 그리고 김일성의 이름 앞에는 늘상 존경과 흠모를 나타내는 최고의

존칭 수식사가 놓여 있다. 80년대말 남한 사회의 일각에 주체 사상이라는 것이 퍼졌을 때, '위수동'(위대한 수령 김일성 동지), '친지동'(친애하는 지도자 김정일 동지)이라는 말이 주사파를 비아냥거리는 말로서 유행한 적도 있지만, 북한의 출판물이 김일성이라는 이름 앞에 붙여놓은 존칭 수식사는 남한 사람들에게 자주 이물감을 준다. 또 그것들은 너무 길어서 외우기도 힘들다. 1979년 평양의 공업출판사에서 나온 『우리말 어휘 및 표현』은 본문의 도입부에 '위대한 수령 김일성 동지에 대한 존칭 수식사와 수령님을 높이 우러러 칭송하는 표현'을 나열하고 있는데, 그 가운데 몇 개만 보자.

"절세의 애국자이시며 민족적 영웅이시며 백전백승의 강철의 령장이시며 국제 공산주의 운동과 로동 운동의 탁월한 령도자이신 우리 당과 인민의 위대한 수령 김일성 동지" "항일 대전을 선포하시고 혈전 수만 리를 걷고 걸으시며 강도 일제를 쳐부시고 광복의 새봄을 안아오신 절세의 애국자이시며 해방의 은인이신 김일성 장군님" "밀림과 눈보라의 수십만 리 피 어린 길을 헤치시며 강도 일제를 때려부시고 잃었던 나라를 찾아주신 해방의 은인" "빛나는 지략과 비범한 통찰력으로 전쟁의 매단계마다 탁월한 군사 전략적 방침과 독창적인 전법들을 내놓으시고 강인한 의지와 비상한 혁명적 전개력으로 전체 인민과 인민군 장병들을 전쟁 승리에로 령도하신 위대한 수령님" "태양처럼 밝고 뜨거운 빛발로 공산주의 미래를 휘황히 밝히시며 우리 인민과 혁명 전사들을 한 품에 안아 키우시는 위대한 수령님" "인민의 모든 념원과 소원을 어느 하나도 빠짐없이 다 풀어주시면서도 오직 하나의 념원, 장구하시고 간고한 혁명의 길에서 쌓이고 쌓인 피로를 다문 하루, 한시라도 편히 풀어주실 것을 간절히 바라는 인민들의 절절한 그 소원만은 뒤로 미루시며 오늘도 궂은 날씨와 진창길, 이슬 차거운 새벽길과 바람 사나운 바닷길도 마다하지 않으시고 몸소 현지 지도의 길을 걷고 걸으시는 어버이 수령님."

이것은 모국어에 대한 모독이다. 이 장황한 존칭 수식사들은 20세기 한국어가 입은 커다란 상처로 기록될 것이다. 김주석은 생전에 "사실 남조선에서 쓰고 있는 말에서 한자말과 일본말, 영어를 빼버리면 우리말은 '을' '를'과 같은 토만 남는 형편"(「조선어의 민족적 특성을 옳게 살려나갈 데 대하여」)이라며, 남한의 말을 '잡탕말'이라고 비판한 적이 있다. 그 말이 크게 과장됐다고 하더라도, 남한의 언어 현실에 비판받을 점은 많을 것이다. 그러나 으르렁말과 가르랑말로 상처투성이가 된 북한의 문헌을 대할 때마다 나는 한숨이 나온다.

언어와 이데올로기

　남한 사람들에게 생소한 문화어 어휘 가운데는 북한 사회의 체제적 특성에 기인해 새롭게 만들어지거나 새로운 의미를 담게 된 말들이 있다. 그러니까 이런 말들은 북한에서의 어휘 정리 사업과는 직접적 상관이 없이 정치적 이유로 만들어진 낱말들이다. 이런 낱말들은 대체로 강한 이데올로기성을 띤다. 물론 이런 정치적-이데올로기적 낱말들은 남한에서도 많이 만들어졌다. 근대화 · 민족 중흥 · 유신 · 새마을 운동 · 한국적 민주주의 · 구국의 영단 같은 말들이 그것이다. 그 말들의 사전적 의미를 이해하는 북한 사람일지라도 거기에 담긴 뉘앙스를 잡아내기는 아주 힘들 것이다. 마치 '수령'의 사전적 의미를 아는 남한 사람들이 그 말에 담긴 북쪽의 뉘앙스를 잡아내기 힘든 것과 마찬가지 이치다. 이런 정치적-이데올로기적 낱말들은 남한보다는 북한에서 훨씬 더 많이 만들어졌다고 보는 것이 옳을 것이다. 정치적 · 이데올로기적 동원에서 북한이 남한을 훨씬 앞질렀기 때문이다.

또 꼭 정치나 이데올로기에 심하게 오염된 말이 아닐지라도, 서로 단절된 두 사회는 상대방에게 쉽게 이해될 수 없는 말들을 여럿 만들어냈다.

남한에서 잘 쓰이지 않는 '가족주의'라는 말은 "몇몇 사람들끼리 당적 원칙을 떠나서 옳지 못한 관계를 맺고 서로 싸고 돌면서 당과 혁명, 조직과 집단의 리익보다 자기들의 리익을 앞에 세우는 비조직적이며 비원칙적인 사상 경향이나 행동. 보통 친척·친우 관계·동향·동창·사제 관계 같은 것에 기초하여 생기는 부르죠아적 및 소부르죠아적 사상의 표현이다"(『현대 조선말 사전』). 우리 같으면 이런 사고 방식이나 태도를 '연고주의'나 '정실주의' 정도의 말로 표현할 것이다. 비록 그 말들이 사전에 올라 있지는 않지만 말이다. 『현대 조선말 사전』은 이 가족주의가 "부르죠아적 및 소부르죠아적 사상의 표현"이라고 말하고 있지만, 만약에 근대 사회라는 것이 제대로 된 부르주아 사회, 제대로 된 시민 사회라면, 그리고 '가족주의'라는 것이 '연고주의'나 '정실주의'와 비슷한 뜻이라면, 가족주의는 부르주아의 적이기도 하다. 가족주의는 차라리 전근대 사회 귀족 계급의 사상이라고 할 만하다.

'속도전'이라는 말은 "모든 사업을 전격적으로 밀고 나가는 사회주의 건설의 기본 전투 형식이며 자력갱생의 혁명적 기치 밑에 인민 대중의 높은 정치적 자각과 창조적 적극성에 의거하여 사회주의 건설에서 끊임없는 비약과 기적을 이룩해나가는 혁명적인 사업 전개 원칙"이다. 속도전의 기본 요구는 모든 역량을 총동원하여 사업을 최대한으로 빨리 밀고 나가면서 그 질을 가장 높은 수준에서 보장하는 것이다. 다시 말해 속도전은 최단 기간 내에 양적으로나 질적으로 최상의 성과를 이룩하는 것이다. 이상의 설명 역시 『현대 조선말 사전』의 풀이를 발췌한 것이다. 어떤 단어가 정치적-이데올로기적 어휘에 속하는가 그렇지 않은가를 알아보는 방법 가운데 하나는 사전에서 그 항목을 찾아 풀이의 길이를 가늠해보는 것이다. 정치적-이데올로기적 낱말들은 대체로 그 뜻풀이가 장황하다. 『현대 조선말 사전』은 전문 용어 사전이 아니라 일반 어휘 사전인데도 속도전에 대한 풀이가 열두 줄이나 된다.

속도전과 관련된 말 가운데 '천리마'라는 것이 있다. 본래 '하루에 천리씩 달릴 수 있는 빠른 말'이라는 의미의 천리마는 "매우 빠른 속도로 사회주의 건설을 다그쳐 나아가는 인민의 혁명적 기상을 나타내는 상징적 술어"가 되어 천리마 운동·천리마 정신·천리마 기수·천리마 대진군·천리마 휘장·천리마 작업반·천리마 직장·천리마 학급·천리마 조선 등 많은 복합어를 만들어냈다.

'동무'라는 말은 남쪽에서 사용하는 의미 외에 "로동 계급의 혁명 위업을 이룩하기 위하여 혁명 대오에서 함께 싸우는 사람을 친근하게 이르는 말"로서의 용법을 새로 얻었고, '동지'라는 말도 남쪽에서의 일반적 용법 외에 "로동 계급의 수령의 혁명 사상으로 다같이 무장하고 로동 계급의 혁명 위업을 이룩하기 위한 하나의 목적을 가지고 혁명 대오에서 함께 투쟁하는 혁명가"라는 의미를 새로 얻었다. '어버이'라는 말도 아버지와 어머니를 아울러 이르는 용법 외에 "인민 대중에게 가장 고귀한 정치적 생명을 안겨주시고 친부모도 미치지 못할 뜨거운 사랑과 두터운 배려를 베풀어주시는 분을 끝없이 흠모하는 마음으로 친근하게 높이여 이르는 말"이라는 의미를 얻었다.

또 '영웅'이라는 말도 '용감하고 비범한 인물'이라는 본래의 뜻은 주변적으로 밀려나고, 일차적으로 '영웅 칭호를 받은 사람'을 뜻하게 됐다. 본디 이름이 '조선민주주의인민공화국 영웅 칭호'인 '영웅 칭호'는 "주체 사상으로 튼튼히 무장하였으며 위대한 수령님과 당에 대한 끝없는 충성심을 깊이 간직하고 조국의 통일 독립과 자유를 위한 투쟁에서와 조국 보위의 영예로운 초소에서 애국적 헌신성과 희생성을 발휘하여 특출한 공훈을 세운 사람에게 경애하는 수령 김일성 동지의 배려에 의하여 조선민주주의인민공화국 중앙인민위원회 정령으로 수여되는 최고의 영예 칭호"다. 북한에서 '칭호'의 사전적 의미는 "국가적으로나 사회적으로 인정하여 부르는 공식적인 이름"인데, 집단주의 사회답게 북한에는 칭호가 많다. 영웅 칭호와 함께 남쪽 사람들의 귀에도 그리 설지 않은 칭호가 '공훈 칭호'인데, 공훈 칭호에는 공훈 예술가 · 공훈 배우 · 공훈 교원 · 공훈 광부 · 공훈 체육인 · 공훈 방송원 · 공훈 기자 · 공훈 기관사 · 공훈 과학자 등 여러 가지가 있다.

더 읽을 거리

이 '더 읽을 거리'는 이 책을 읽고서 국어에 대해 좀더 깊고 넓게 생각해보고 싶은 욕심이 든 독자들을 위해 작성되었다. 그러나 이 목록이 매우 편파적이고 비체계적으로 작성되었다는 사실을 미리 고백해야겠다.

우선, 이 목록은 언어 일반에 대한 관심보다는 한국어에 대한 관심을 중심에 두고 작성하였다. 그래서, 예컨대 소쉬르나 촘스키 같은 대가들의 고전을 비롯한 외국인들의 저술이 배제되었다. 한국의 저자가 한국어로 쓴 책일지라도, 국어학이 아니라 일반 언어학의 문제를 다루고 있는 책들이라면 그 역시 배제되었다. 그리고 같은 이유로 서울의 학자들만이 아니라 평양과 연변의 학자들도 저자 명단에 오르게 되었다. 서울의 출판사들이 영인한 북한 책들이 독자들에게 그리 산뜻하게 다가가지는 않을 것이라는 점을 미리 얘기해두는 게 좋겠다. 표기법의 사소한 차이나 생경한 용어 때문에 그렇다는 것이 아니다. 형편없는 인쇄 상태와 지질(紙質) 때문이다. 잘못은 북쪽 사람들에게 있는 것이 아니라, 양식을 내팽개친 서울의 출판업자들에게 있다. 북쪽의 저자들에게 인세 한푼 안 주고 비싼 값을 매겨 남쪽에서 내는 책이라면, 적어도 그것을 독자들에게 읽힐 만한 꼴로는 만들어서 내놓는 것이 최소한의 도리일 것이다. 그것은 남쪽의 독자들에 대한 배려일 뿐만 아니라, 자신들의 노고를 도둑질당한 북쪽 학자들에 대한 작은 예의이기도 하다. 그런데 북쪽의 책(특히 국어학 분야의 책)을 다시 찍어 팔고 있는 남한의 출판업자들 다수에게는 그런 최소한의 상도의나 인간에 대한 예의가 엿보이지 않는다. 그들이 자기들 출판사에서 마구 찍어내고 있는 북한 책들의 영인본을 한번 살펴보기 바란다. 온전한 책이 드물다. 그 다수가 파본의 범주에 든다는 것을 그들도 인정하지 않을 수 없을 것이다. 그냥 파본도 아니고 전시(戰時)에나 어울릴 막종이로 만들어진 책의 파본이다.

둘째, 이 목록은 한국어에 대한 저술들 가운데서도 이 책이 다룬 주제들과 어느 정도 관련이 있는 책들 가운데 그 일부만을 추려 작성되었다. 국어학 분야의 중요한 책들이 이 목록에서 빠진 것은 그래서 이상한 일이 아니다.

셋째, 이 목록에는 전공자가 아니면 흥미를 느끼지 못할 전문적인 책과 일반인들도 가볍게 읽을 수 있는 교양서들이 섞여 있다. 말하자면 책에 따라서 논의의 수준이 들쭉날쭉이다. 그것은 내가 일반인들과 잠재적 국어학도를 함께 이 책의 독자들로 상정하고 있기 때문이다.

나는 독자들의 수고를 덜기 위해서 책마다 짤막한 해제를 달아놓았다. *로 표시된 책들은 내가 이 책을 쓰며 내용을 인용하거나 도움을 받은 책들이다.

고영근,『국어 문법의 연구』(서울: 탑출판사), 1983.
이 책은 근대 언어학이 도입된 이후 지난 한 세기 남짓 동안 이뤄진 국어 문법 연구사에 대한 보고서다. 내용 자체가 그렇고 문장도 그리 친절하지는 않아서, 국어학을 공부하는 학생들에게가 아니면 그리 매력 있는 책은 아닐 것이다. 그러나 제3장 서양인의 한국어 연구나 제4장 문법가 평전 같은 부분은 일반 독자들의 호기심을 끌 만하다.

*김광해,『고유어와 한자어의 대응 현상』(서울: 탑출판사), 1989.
우리말 어휘부의 두 축인 고유어와 한자어가 대응하는 양상을 살폈다. 그 일 대 다 대응의 유형에는 단순 대치나 일반화도 있지만 압도적 다수의 경우가 통사적·의미적·화용적 특수화라는 것을 밝히고 있다. 책 뒤에 부록으로 일종의 유의어 사전이라고 할 수 있을 '고유어 대 한자어의 일 대 다 대응 어휘 자료 목록'을 붙였다.

*김광해,『국어 어휘론 개설』(서울: 집문당), 1993.
어휘·어휘론·어휘 연구·어휘소·기초 어휘·기본 어휘·이해 어휘·사용 어휘 등 어휘론의 기초적인 개념에서부터 어휘의 계량과 체계, 어휘소의 변이와 어휘의 팽창, 어휘소의 공시적·통시적 관계를 거쳐 어휘 교육과 사전 편찬에 이르기까지

어휘론의 여러 관심 분야를 개관했다. 음소/변이음, 형태소/변이 형태 같은 기존의 언어학적 개념 쌍에 평행되는 '어휘소/변이어'라는 구별을 설정해서 이를 지리적·사회적 방언이나 대우법의 기술에 적용한 것은 돋보이는 시도라고 할 만하다.

*김민수·고영근·이익섭·심재기 공편, 『국어와 민족 문화』(서울: 집문당), 1984.
국어의 과거·현재·미래에 대한 국어학자들의 글 43편을 언어와 민족 문화, 국어의 역사와 현대 국어, 국어의 발전, 국어의 표현 양상, 문자와 표기의 다섯 부로 나누어 묶었다. 국어학 개론의 영역을 다 포괄하면서도 평이한 문장으로 씌어 읽기에 부담이 덜 가는 글들이다.

김민수 편저, 『김정일 시대의 북한 언어』(서울: 태학사), 1997.
북한의 언어를 언어 정책, 발음, 정서법, 말 다듬기, 문체, 국어 교육, 사전 등의 측면에서 살폈다. 책 뒤에 언어 문제에 대한 김일성·김정일의 교시와 담화를 실었다.

김정수, 『한글의 역사와 미래』(서울: 열화당), 1990.
한글 창제의 의의, 한글의 특성, 한글 표음 능력의 강화 방안, 한글의 전산화와 풀어쓰기의 문제, 국제 음성 기호로서의 한글의 가능성 따위를 살폈다. 한글에 대한 저자의 애정이 듬뿍 실려 있다.

＊김방한, 『한국어의 계통』(서울: 민음사), 1983.

 저자는 이 책에서 고대 한반도의 전역 혹은 적어도 중부와 남부에서는 동일한 언어가 사용되고 있었으리라고 추정한다. 그러나 이 책의 기여는 그런 삼국의 단일 언어설에 있는 것이 아니라, 그 언어가 두 개의 층을 지니고 있었으리라는 점을 추정한 데에 있다. 저자에 따르면 한국어는 알타이어계, 그 가운데서도 특히 퉁구스어계와 가까운 관계에 있는 언어이지만, 그 밑에는 저자가 원시 한반도어라고 부르는 정체 불명의 기층 언어가 눌려 있을 개연성이 높다. 다시 말해 비알타이어인 이 기층 언어(어떤 고아시아어와 관련이 있을 개연성이 높은 원시 한반도어)에 알타이어계의 언어가 얹혀서 한국어가 형성되었으리라고 저자는 추정한다.

김병제, 『조선어학사』(평양: 과학·백과사전출판사), 1984.

 서울 탑출판사에서 1989년 복제 간행. '어학사'라는 말을 표제에 달고 있는 이 책의 제1편은 고대부터 14세기까지를, 제2편은 15세기부터 19세기 중엽까지를, 제3편은 19세기 중엽부터 20세기초까지를 서술하고 있다. 제1편은 어학사 책에는 어울리지 않게 국어학사가 아니라 일종의 국어사를 서술하고 있다. 15세기에 훈민정음이 창제되기 전엔 국어학이라고 할 만한 것이 거의 없었으니 그것은 당연한 일인지도 모른다. 훈민정음 창제 이후를 다루고 있는 제2편과 제3편은 최세진·박성원·신경준·황윤석·정동유·정약용·유희·지석영·주시경·최광옥 등의 저서에 대한 해제 형식으로 국어학사를 살핀다.

＊김병제, 『조선 언어지리학 시고』(평양: 과학·백과사전종합출판사), 1988.

서울 탑출판사에서 1990년 복제 간행. 위 책의 저자가 쓴 방언학 입문서. 말소리·문법·어휘 등의 층위에서 우리말의 여러 방언들을 비교하고 있다. 책 뒤에는 '가위'에서 '지렁이'에 이르는 46개 단어의 방언 분포도로 이루어진 '조선어 방언 지도'를 붙였다.

김수경, 『세 나라 시기 언어 력사에 관한 남조선 학계의 견해에 대한 비판적 고찰』(평양: 평양출판사), 1989.

서울 한국문화사에서 1995년 『고구려·백제·신라 언어 연구』라는 제목으로 복제 간행. 고대 삼국의 말이 서로 달랐으리라고 보는 남한 학계 일각의 견해에 대한 북한 학계의 반박. 비판의 화살은 주로 이기문 교수에게 겨누어져 있으나, 이 문제에 대한 그간의 여러 견해들을 검토·비판하며 고대 한국어의 단일성을 주장한다. 전문적인 주제를 다루면서도 문장이 평이해 일반인들도 읽을 만하다. 학문적으로만이 아니라 정치적·이데올로기적으로 대단히 민감한 주제를 다루면서도 비슷한 주제의 북한 문헌들에 비해 문체가 온건하다는 점도 지적해야겠다.

＊김영황, 『조선 민족어 발전 력사 연구』(평양: 과학·백과사전출판사), 1978.

서울 탑출판사에서 1989년 복제 간행. 고대 부족 국가 시대부터 20세기초까지의 국어사를 개관했다. 민족주의적·민중주의적 입장이 더러 서술의 엄밀함을 해친다.

김완진 · 안병희 · 이병근, 『국어 연구의 발자취 I』(서울: 서울대학교출판부), 1985.
주시경 · 최현배 · 양주동 · 박승빈 · 구스타프 욘 람스테트 등 국어학자 다섯 사람에 대한 평전. 대상 인물의 생애를 기술하며 학문적 평가를 곁들이고 있다.

김종훈, 『국어 어휘론 연구』(서울: 한글터), 1994.
고유 한자 어휘 · 이두 어휘 · 취음 어휘 · 호칭 어휘 · 존대 어휘 · 궁중어 · 소아어 등의 특수 어휘 등 국어사와 국어사회학이 어휘론과 만들어내는 교집합을 탐구 대상으로 삼았다.

*김진우, 『언어』(서울: 탑출판사), 1985.
한국어로 씌어진 가장 깔끔한 언어학 개론서라고 할 만하다. 음성학 · 음운론 · 형태론 · 통사론 · 의미론 등 공시언어학의 여러 분야와 언어사 · 문자사 그리고 사회언어학 · 심리언어학 · 운율학 등 응용언어학에 이르기까지 언어 연구와 관련된 여러 주제들을 간결하고 명료하게 서술하고 있다. 변형 생성 문법의 언어관을 기저에 깔면서도 전통 언어학 · 구조주의 언어학의 관점을 소홀히 하지 않았다. 예를 주로 국어와 영어에서 들었다.

*남기심, 『국어 문법의 탐구 I』(서울: 태학사), 1996.
국어의 문장 구조와 시제에 관한 글 22 편을 모았다. 일반 독

자들이 읽기에는 좀 까다로운 글이다. 그러나 시제에 관한 글들과 조사 '와/과'의 쓰임에 대한 글 그리고 의존 명사 '것'에 관한 글은 매우 흥미롭다.

* 남기심 엮음,『국어 문법의 탐구 Ⅳ』(서울: 태학사), 1998.
 국어의 서술어·접속문·부정 등에 관한 논문 13편을 모았다. 국어 부정문에 대한 최근까지의 논의를 총괄하고 있는 김인숙의 '한국어 부정에 관한 연구'가 특히 읽을 만하다. 이른바 제Ⅰ형 부정문('안'+동사)에 제약이 있(거나 없)다고 논자가 판단한 동사들에 대해서는 독자들의 언어 직관에 따라 이견이 있음직도 하다.

 남영신,『국어 천년의 실패와 성공』(서울: 한마당), 1998.
 사전 편찬자로서 이미 작지 않은 업적을 남긴 저자의 국어 정책론이다. 어문 규정 폐지론, 한글 뜻 표기 능력의 향상을 위한 부분적 풀어쓰기 등 대단히 급진적인 제안들을 담고 있다. 원칙 국어·고급 국어·생활 국어를 세 기둥으로 삼는 '문화 국어'의 개념을 제시한다. 민족주의적 언어관의 한 흐름을 대표한다고 할 만하다.

 렴종율,『조선어 문법사』(평양: 김일성종합대학출판사), 1980.
 서울 탑출판사에서 1989년 복제 간행. 한국어 문법의 역사를 말소리의 역사·품사의 역사·문법적 형태의 역사로 나누어 기술했다. 고대 한국어에는 거센소리와 된소리가 없었다, 고대 한국어는 자음의 연속을 허용하지 않아 닫힌소리마디(폐음절)가 없었다. 동사와 형용사는 본디 하나의 단어 부류였다가 역사 발전의 일정한 시기에 서로 다른 단어 부류로 갈라졌다는 등의 견해가 주목할 만하다. 얄팍한 부피에 옛 국어의 핵심적 내용을 간추려놓고 있다.

* 리득춘, 『조선어 어휘사』(연길: 연변대학출판사), 1988.
서울 박이정에서 1996년 복제 간행. 고대에서 현대에 이르기까지 한국어 어휘의 변천사를 서술했다. 책 뒤에다가는 1백 20개 가량의 단어에 대한 어원을 설명해 사전 형식으로 꾸몄다. 대체로 받아들일 만하지만, 근거가 다소 부실한 것들도 있다. 이 책은 풍부한 예를 들며 고유어와 한자어 사이의 싸움, 입말과 글말의 관계, 어휘의 지역적·사회적 분화, 개별 단어들의 '생로병사'를 역동적으로 설명하고 있다. 그러나 예로 든 단어들의 출처를 밝히지 않은 경우가 많아서 미더움이 덜 간다. 중국식의 간화자도 우리 독자들에게는 읽기 불편하다. 저자는 어휘를 변화시키는 요인으로서 언어 내적 요인 못지 않게 사회적·정치적 요인을 중시한다.

리득춘, 『한조 언어 문자 관계사』(연길: 동북조선민족교육출판사) 1992.
서울 서광학술자료사에서 1993년 복제 간행. 표제는 한조(중국과 조선) 언어 문자 관계사이지만, 그 관계가 쌍방향적인 것은 아니다. 접촉하는 두 언어는 서로 간섭하게 마련이지만, 한국어가 중국어에 간섭한 예는 거의 없다 싶을 만큼 미미하다. 그러니까 이 책은 중국어가 한국어에 간섭해온 역사, 곧 한자와 한자어가 한국어에 수용돼온 역사에 대한 기술이다. 한국 한자음의 원류와 체계, 한국 한자와 한국 한자어, 이두의 발달, 한자어 차용의 역사, 조선조의 한자학 · 한어 학습 · 한어 번역 따위를 개관하고 있다. 위의 책과 마찬가지로 출처가 밝혀지지 않은 예들과 중국식 간화자가 이 책의 약점이라고 할 만하다.

* 리익선, 『단어 만들기 연구』(평양: 사회과학출판사), 1974.

서울 탑출판사에서 1990년 복제 간행. 1964년의 김일성 교시 「조선어를 발전시키기 위한 몇 가지 문제」 발표 열 돌을 기념해 발간된 단어 만들기의 이론적 · 실천적 지침서. 단어 만들기의 세 요소라고 할 수 있는 이름 짓는 실머리 · 감 · 수법을 설명했다. 책 뒤에는 이미 새로 만들어진 단어들에 쓰인 어근 · 접사 들을 모으고 예를 들었다.

박상훈 · 리근영 · 고신숙, 『우리나라에서의 어휘 정리』(평양: 사회과학출판사), 1986.

서울 탑출판사에서 1989년 복제 간행. 북한의 어휘 정리 사업을 이론적 측면에서 고찰하고 있다. 어떤 단어를 다듬거나 대치할 때 왜 그래야 하는가를 민족주의적 입장에서만이 아니라 의미와 소리의 측면까지를 고려하며 살피고 있다. 특히 제3편 제1장에서는 학술 용어를 정리하며 용어의 정확성 · 명확성 · 체계성 · 간결성을 어떻게 보장할 것인지를 논한다.

복거일, 『국제어 시대의 민족어』(서울: 문학과지성사), 1998.

이 책은 언어학에 관한 글은 아니다. 또 이 책의 저자도 언어학자는 아니다. 그러나 이 책은 국어와 언어 일반에 대해서 관심이 있는 사람이라면 누구나 한번 읽어보아야 할 책이다. 저자는 민족주의와 민족어에 대한 우리의 편집증적 태도를 비판하고, 국제어로서의 영어에 좀더 너그러워지자고 제안한다.

서정수, 『동사 '하-'의 문법』(대구: 형설출판사), 1975.

동사 '하-'의 선행 요소를 실체성 여부·상태성 여부·동작성 여부 등으로 분류해 '하-'의 의미 기능을 탐색한 저자의 학위 논문이다. 출간 이후에 부분적으로는 비판을 받았지만 주시경 이래 국어학자들의 지속적 관심을 끌어온 '하-'의 여러 측면을 가장 포괄적으로 조명하고 있다. 이 책을 읽는 독자는 우리가 늘 사용해오는 그 '하-'의 의미 기능이 얼마나 여러 겹인지를 놀랍고 즐겁게 실감할 것이다.

* 서정수, 『현대 국어 문법론』(서울: 한양대학교 출판원), 1996.

같은 저자의 『국어 문법』(1994/1996)의 축약판. 『국어 문법』에서 전문적인 논의를 솎아내고 자세한 논의를 간추려서 읽기 쉽게 만들었다. 전문적인 국어 연구자가 아닌 대학생이나 일반 독자에게는 이 책이 『국어 문법』보다 더 바람직하다. 축약판이라고는 하지만 두께가 800면에 이르는 책이니, 꼭 할말은 다 해놓았다고 보아도 좋다.

＊심재기,『국어 어휘론』(서울: 집문당), 1982.

우리말 어휘론을 주제로 삼은 글들을 어휘 자료론·어휘 의미론·어휘 형성론이라는 제목으로 갈라 모았다. 한자어를 비롯한 차용어 문제, 어의 변화, 속담과 금기담에서부터 명사화·관형화·동사화·부사화 등 어휘 형성의 여러 양상까지 국어 어휘의 얼개를 뜯어보고 있다.

심재기,『교양인의 국어 실력』(서울: 태학사), 1998.

제1부에는 국어의 이모저모를 살핀 가벼운 글들을 모았고, 제2부에는 중요한 국어학 저서들에 대한 서평을 묶었다. 제1부의 마지막 글 '우리말 바로쓰기 12제'는 한 가톨릭 잡지에 한 해 동안 연재된 것인데, 그때 그 글을 못 읽은 신자라면 한번 찾아 읽어볼 만하다. 교회에서 흔히 잘못 사용하는 국어를 그 글에서 저자가 바로잡고 있으니.

＊심재기·이기용·이정민,『의미론 서설』(서울: 집문당), 1984.

언어학 전공의 대학생들에게 읽히기 위해 집필된 의미론 개설서다. 어휘 의미론(심재기)·형식 의미론(이기용)·화용론(이정민)을 제목으로 삼은 세 부로 이루어졌다. 이 책을 읽는 것은 심재기의『국어 어휘론』, 이익환의『현대 의미론』, 장석진의『화용론 연구』를 읽기 위한 준비 운동이라고도 할 만하다.

＊이기문,『속담 사전』(서울: 일조각), 1962 / 1980.

7천 2백 개 가량의 우리 속담을 그 첫머리 단어들의 발음에 따라 가나다순으로 배열했다. 책 뒤에는 부록으로 우리나라에서 흔히 사용되는 한문 속담과 성어(成語) 2천여 개를 수록했다. 비록 사전이기는 하나, 단지 참고서로서만이 아니라 잠자리의 읽을 거리로서도 쓸 만하다.

＊이기문,『국어 어휘사 연구』(서울: 동아출판사), 1991.
국어 어휘사를 주제로 한 논문 24편을 어휘사·어원·차용어·한자의 새김과 고대어 네 부로 나누어 모았다. 전문적인 논의이기는 하지만 저자의 문장이 간결하고 명료해서 호기심 많은 일반 독자들도 읽을 만하다. 제4부에 실린 고대 삼국어에 대한 글들(특히 '고구려의 언어와 그 특징')은 앞에 적은 김수경의 책과 함께 읽으면 논점이 더 분명해질 것이다.

이기문,『국어의 현실과 이상』(서울: 문학과지성사), 1997.
제목 그대로 국어의 현실과 이상에 대한 저자의 에세이들을 모았다. 한자 문제, 외래어 문제, 방언 문제, 한글과 문화 창조 같은 것들이 그 글들의 주제다. 책의 뒷부분에는『속담 사전』의 편찬자답게 속담에 관한 글 세 편을 실었다.

이기문·김진우·이상억,『국어 음운론』(서울: 학연사), 1984.
앞부분에서 음성학·음운론의 역사를 개관하고 음소의 개념을 설명한 뒤에, 구조주의 음운론·생성 음운론·사적 음운론을 살폈다. 국어학 전공의 대학생에게 읽히기 위한 교과서로 집필된 책이어서 각 장의 뒤에 연습 문제를 붙이고 책 뒤에 그 해답을 실었다.

이기문 · 심재기 · 이정민 · 소흥렬, 『한국어의 발전 방향』(서울: 민음사), 1990.

한국어가 학술 · 언론 언어로서 어떤 방향으로 발전해야 하는가, 곧 논리적인 한국어는 어떠해야 하는가에 대한 고민을 담은 여덟 편의 에세이를 모았다. 논문 작성자들이나 저널리스트들만이 아니라 우리말로 글을 쓸 기회가 있는 고등학생 · 대학생이나 일반인들도 한번쯤 읽어볼 만한 책이다.

이돈주, 『한자 음운학의 이해』(서울: 탑출판사), 1995.

중국의 전통적인 음운학인 성운학에 관심이 없는 독자들은 이 책의 내용이 한없이 지루할 것이다. 그런 독자들은 페이지를 대충대충 넘기다가 제8장 한국 한자음만 읽는 것도 한 방법이다. 내키면 일본 한자음을 다룬 그 다음 장까지 읽어도 좋다. 물론 성모 · 운모 · 성조 · 반절 등의 개념과 중국의 역대 운서들을 살핀 앞부분을 읽지 않고 제8장을 온전히 이해할 수는 없겠지만, 한국 한자음에 대한 개념적 틀은 잡을 수 있을 것이다.

이익환, 『현대 의미론』(서울: 민음사), 1984.

언어학을 전공하는 대학원생들에게 읽히기 위해 집필된 교과서다. 이 책은 의미론의 모든 분야를 다루는 것이 아니라, 주로 형식 의미론에 치중하고 있다. 진리 조건적 의미론 · 모형 이론적 의미론 · 가능 세계 의미론을 간략히 짚은 뒤 이를 기초로 해서 몬터규의 내포 논리를 설명한다. 이해할 만한 일이기는 하지만, 대상 언어를 영어로 한정한 것이 흠이라면 흠이다. 철학을 전공하는 학생들이나 논리학에 관심이 있는 독자들도 읽어볼 만하다. 수학에 치를 떠는 독자들이라면 읽기가 쉽지는 않을 것이다.

* 이재곤,『서울의 전래 동명』(서울: 백산출판사), 1994.
서울의 전래 동 이름과 그 유래, 현행 동 이름의 연혁을 구별로 나누어 설명했다. 전거 문헌이 모호하게 뭉뚱그려져 있어서, 개별 동 이름들의 유래가 사실과 꼭 부합한다고 보기는 어려울 듯하다.

이정민 · 이병근 · 이명현 엮음,『언어과학이란 무엇인가』(서울: 문학과지성사), 1977.
이 책은 좁은 의미의 언어학 책이 아니라 언어와 관련된 이론들의 양상을 보여주기 위해 국내외 여러 분야 학자들의 글을 모아 편집한 책이다. 야콥슨이나 촘스키 같은 언어학자들만이 아니라, 고틀로프 프레게, 존 서얼, 길버트 라일, 츠베탕 토도로프 같은 철학자와 문학 이론가들도 이 책의 필진을 구성하고 있다. 책 뒤에는 훈민정음 창제 이후의 국어사를 약술한 남기심의 '국어학이 걸어온 길'을 부록으로 실었다.

* 장석진,『화용론 연구』(서울: 탑출판사), 1985.
화용론은 맥락 속에서의 언어 사용을 다루는 이론이다. 화용론에서는 말하는 이·듣는 이·시간·장소 따위로 이루어지는 상황이 특히 중요시된다. 그러니까 화용론은 좁은 의미의 의미론, 즉 진리 조건적 의미론과 구별된다. 이 책은 화용론을 주제로 한 글 13편을 화맥과 조응, 문답과 화용, 언어의 접촉과 대조 세 부로 나누어 모았다. 제2부에 실린 '부가 의문'과 '동문서답'은 특히 흥미로운 관찰들을 포함하고 있다.

* 조세용, 『한자어계 귀화어 연구』(서울: 고려대학교 민족문화연구소출판부), 1991.

한자어에 기원을 두고 있으면서도 세월의 풍화 작용으로 형태가 일그러져 고유어처럼 취급되고 있는 낱말들에 대한 종합적 연구서다. 예컨대 고방(庫房)에서 온 광, 간난(艱難)에서 온 가난 등.

* 최현배, 『우리말본』(서울: 정음문화사), 1937 / 1999.

더 설명할 필요가 없는 국어 문법의 고전이다. 다소 생경한 고유어들을 문법 용어로 채택하고 있고 문체도 의고적이어서 지금의 젊은 독자들에게는 그리 매력적인 책이 아닐 수 있지만, 국어에 관심이 있는 사람이라면 피할 수 없는 책이다.

허웅, 『우리 옛말본』(서울: 샘문화사), 1975 / 1995.

15세기 국어 형태론을 조어론(낱말 만들기)·준굴곡론(임자씨와 토씨)·굴곡론(풀이씨와 그 활용)으로 나누어 살폈다. 15세기는 한글이 창제돼 국어가 섬세하게 표기되기 시작한 시기다. 그

러니까 이 책은 국어가 한글에 의해 표기된 첫 시기의 한국어 곧
『용비어천가』 시기의 한국어의 모습을 밝히고 있다.

허웅, 『국어학』(서울: 샘문화사), 1983.
  책의 전반부에서는 국어의 음성학·음운학·형태 음소론·의미론·통어론을 공시적으로 살폈고, 후반부에서는 통시적 축을 따라 문자 생활의 역사와 국어의 역사를 살폈다.

허웅, 『국어 음운학』(서울: 샘문화사), 1985.
  책 앞에서 말소리의 일반적인 성격을 설명한 뒤, 현대 국어의 음운학, 15세기 국어의 음운학 그리고 15세기부터 현재까지의 국어 음운사를 다뤘다. 저자는 이 책에서 변동과 변화와 변천을 구분한다. 변동은 공시적 개념이고 변화와 변천은 통시적 개념이다. 통시적 사실 중에 어휘론적 사실이 변화이고 체계적 사실은 변천이다. 좀더 자세히 설명하면, 변동은 형태소를 연결할 때에 일어나는 음운의 공시적 바뀜을 가리킨다. 즉 기본 형태에서 변이 형태로의 바뀜이 변동이다. 예컨대 {값}의 기본 형태 /가ㅂㅅ/이 '값도'에서는 /ㅅ/이 제로로 변하는데(즉 탈락하는데) 이 경우가 변동이다. 변화는 한 낱말이나 형태소의 시니피앙이 겪은 통시적 변이다. 예컨대 중세어의 '슴겁다'가 지금은 '싱겁다'로 변했는데 이것이 변화다. 반면에 변천은 한 언어에서 어떤 음운이 없어지고 새로 생겨난다거나, 음절을 만들고 연결하는 방식이 바뀐다거나 하는, 곧 음소 체계 자체의 바뀜이다. 아래아(ㆍ)가 소실됐다거나, 이중 모음이었던 ㅐ나 ㅔ가 단모음

화했다거나 하는 것이 변천이다.

허웅,『16세기 우리 옛말본』(서울: 샘문화사), 1989.

1975년에 저자가 내놓은『우리 옛말본』의 후속편이다.『우리 옛말본』이 15세기 한국어의 모습을 그렸다면, 이 책은 표제에서 드러나듯 16세기 한국어의 모습을 밝히고 있다. 15세기 한국어의 문법 체계와 대조해가며 16세기 한국어를 공시적으로 기술하는 한편, 16세기 백년 동안에 한국어 문법 체계가 입은 변화의 모습을 추적한다. 논의를 시작하기에 앞서, 책 앞에 16세기의 중요한 한글 문헌에 대한 언어학적 해설을 붙이고 있다.

홍기문,『향가 해석』(평양: 조선민주주의인민공화국 과학원), 1956.

서울 여강출판사에서 1990년 복제 간행. 신라 향가 열네 수와 균여 향가 열한 수에 대한 해설서. 오구라의『향가 급 이두 연구』와 양주동의『조선 고가 연구』에서 시도된 해석을 병기하고 있어서 향가 해석의 구체적 쟁점들을 살필 수 있다. 향가의 명칭을 남한과 사뭇 다르게 부르고 있는 것도 흥미롭다. 예컨대「헌화가」는「꽃홀가」로,「제망매가」는「누이제가」로.

홍기문,『조선어 력사 문법』(평양: 사회과학원출판사), 1966.

서울 한국문화사에서 1999년 복제 간행. 고대 이래의 국어 문법사를 어음론과 형태론으로 나누어 기술했다. 고대적 어음 현상을 자음 체계 · 모음 체계 · 전형적 음절 수 등의 측면에서 추정해보는 제1장 제1절과, 고대어의 문법 형태를 명사류의 문법 형태·동사류의 문법 형태·형용사의 동사화 따위의 측면에서 추정해보는 제2장 제1절이 특히 흥미롭다.

* 홍사만, 『한·일어 대조어학 논고』(서울: 탑출판사), 1995.
언어 유형론적으로 커다란 유사성을 보이는 한국어와 일본어를 문법의 여러 층위에서 비교한 논문들을 모았다. 일본어를 알고 있는 독자들이라면, 두 언어의 같음과 다름을 살피기 위해 읽어볼 만한 책이다.

찾아보기

ㄱ

가갸날 44
가르랑말 187~90, 193, 253
가리킴말 98~103
가족 유사성 61
간사이 방언 18
간접 사동 173
간토 방언 18
감 (단어 만들기의) 259~60
감정적 의미 187~88
강신항 200, 218
강유기(强有氣) 177
개념적 의미 187~89
개신 125
개음절 119~21, 123, 125
개음절 구조 184
개인어 240

개화 220~22
'것'의 용법 114~18
게르만어군 21, 34
게으름의 대명사 104
게으름의 동사 104
격언 208
겹글자 254~56
경어법 100
계백 25
계통 (한국어의) 22~24
고구려어와 고대 일본어 32~35
고대 그리스어 20, 64, 236
고대 삼국 단일 언어설 27~28
고대 삼국의 언어 25~31
고대 일본어 28
고대 한국어 19, 43
고아 언어 22, 24

고유 명사의 어원적 해석　26, 32
고유어　45, 51~66, 259~61
『고유어와 한자어의 대응 현상』
　　59
고유 한자어　209~10, 237
고쿠가쿠　15
고쿠가쿠샤　16
공시적　19, 120
공지시적 관계　102~04
과거 시제 표지　127~31
관명　230
관용구　224
관용 표현　207, 224
관형어절　118, 137
관형화소　138
광해군　235
교호사(交互詞)　113
구결　45
국어 순화론자　57
국어 순화 운동　261
국학　15
국학자　16
궁중어　204~07
그림 (야콥)　21

근친 상간　195~96
금기　195
금기담　212~15
금기어　187, 189~90, 213~13
기독교와 개신교　88~89
기식(氣息)　177, 179, 180
기초 어휘　23, 33, 51
긴 체언형　115~17
길흉담　213~14
김광해　59
김대중　25, 88, 169, 229
김두봉　248
김방한　27~28
김영황　27
김옥균　221
김유　235
김유신　25
김일성　187, 229, 247~48,
　　250, 258, 262~64
김재규　203
김정일　25, 30
김진우　34
김춘추　25, 30
김치의 어원　90~93

꽃홀가 41

ㄴ

날짜 이름 82~84
남기심 115
낱말 119
노르만 정복 237
능동 167~70

ㄷ

다언어 사회 17
다의어 61
단어 만들기 258~61
『단어 만들기 연구』 258~59
단일 언어 사회 17
대용어 101, 102~05
대칭성 동사 146
도쿠가와 이에야스 15
돌림자 229
동계어 23~24, 33
동남 방언 125~26
동명사 155
동부 방언 242
동북 방언 125~26

『동아 새국어사전』 199
동원어 33~34
동의어 57~58
동의중복(同義重複) 64
동의첩어(同義疊語) 64, 66
동작 동사 138
『두시언해』 92
두음 법칙 251
뒤붙이 260
드라비다어족 22
'-들'의 복사(複寫) 108
등어선 241
등어선속 241

ㄹ

ㄹ 첨가 124
라스크 (라스무스) 21
라틴어 20, 64, 236
람스테트 (구스타프 욘) 23
로마 문자 45~46
로만어군 21, 34
로스 (존) 87
리득춘 218
리바롤 (앙투안) 70

ㅁ

마소의 나이 84
마에마의 법칙 152
말 다듬기 운동 249, 251, 253
말뿌리 260
매킨타이어 (존) 87
메이지 유신 15
명사문 117~18
명사형 어미 155~57
명사화 접미사 151~56
모음 조화 24
모전변 218
몽고어 52, 205
무성음 170
무성 마찰음 23
무성 파열음 23
무정 명사(無情名詞) 76, 168
문맥 의존적 61
문법 규칙 240
문화어 246~53
『문화어 학습』 249
문화 어휘 53
미래 시제 표시 130~31

미완료상 131, 163
민병수 199
민영환 234
민적법 229
밀 (존 스튜어트) 44

ㅂ

바른말 65
바스크어 22
박정희 85, 193, 200~03
『박통사 언해』 92
방언 240~43
방언과 언어의 경계 17, 29, 242~43
방언지리학 241
방언학 241
방향어 29, 71
'백인의 집' 22
뱀장어 문장 68
법 130~31, 138
베를랑 219
변이음 179
변이 형태 119~22, 126, 251
변형 규칙 69

보광국사 234
보어 145~46
복수 표시 형태 106~07
봅 (프란츠) 21
부여계 언어 28
부정문 132~35
불확정수 81
불투명성 (자연 언어의) 69
붙이법 260
비과거 시제 128~29
비교 구문 145
비교언어학 33~34
비교 표시 부사어 145~46
비교 형용사 145
비상태성 용언 129
비유법 260

ㅅ

사동 171~74
사람 가리킴말 99~100
사회 방언 204, 217, 241
사회적 가리킴말 100
산스크리트어 20~21
『삼국사기』 26~27, 32

『삼국지』 25, 27
상(相) 130~31
상관적 자립성 61
상대 표시 부사어 146
상위문 134~35
상태 동사 138
상태성 동사 129
상태성 용언 129
상투어 208
『새 국어사전』 199
『생각과 행동 속의 언어』 187
서기체 37
서부 방언 124, 242
서북 방언 125, 248, 252
서북청년단 193
서수사 81
『석봉 천자문』 72
선택 제약 60
선행 부정 132~34
선행사 102~05
세르보-크로아티아어 45
세종 45~46, 234
세 층 (국어 어휘의) 51~54
셈변 217

속(俗)라틴어 22
속담 208~11, 214, 225~27
수법 (단어 만들기의) 259~60
수사 78~81
속어 216
수수께끼 74~77
숙어 (손의) 94~97
『순오지』 209
순행 대용어 105
슐라이허 (아우구스트) 21
스탈린 262
스탈린주의 193
슬라브어군 21
시간 가리킴말 99
시간 부사어 129
시제 127~31
시호 231
신라어 19, 28~29
신어 199~203
신전변 218
신체어 97
실머리 (단어 만들기의) 259~60
심리 동사 142

심리적 설사 195~96
심리 형용사 140~43
심마니말 217~18
심재기 213
심층 구조 68~69

◉

아명 230
아이누어 18, 22
아프리카-아시아어족 22
아호 231
알타이어족 22~24
『알타이어학 개설』 23
앞붙이 260
약국변 218
약속문 133
약유기(弱有氣) 177
『양서』 26
양수사 81
양화사 107
어족 20
어휘 간섭 237
어휘 목록 240
어휘 정리 사업 258, 266

찾아보기 295

언어 유형론 24, 33, 238
언어 정책 247
언어지리학 124, 241
여진어 52
역사-비교언어학 20~21
역사언어학 30
역사적 음운 교체 183
역행 대용어 105
연개소문 25
연상공학 191, 194
『열상방언』 210
영변화 159~60
영형태 122, 128~29, 159~60
『예수셩교 누가복음 젼서』 87~88
오른쪽과 왼쪽의 상상력 71~73
오키나와 방언 18
'-와/-과'의 용법 144~46
완곡어 190
완료상 131, 163
'왕의 언어' 17
왜-고구려 공통어설 35
외래어 51~54, 63

욕설 195~98
『용비어천가』 84~85
우랄어족 22
원순화 252
원효 234
웨일스어 17
유성음 179
유의어 55~57
유의어쌍 (고유어와 한자어의) 56
유정 명사(有情名詞) 57, 76~77
유행어 199~203
6·25 193
육주비전변 218
『우리말 어휘 및 표현』 265
으르렁말 187~90, 193~94, 253
은어 216~19
을지문덕 234
음독 41~42, 53
음성 178
음성·음운의 간섭 237
음소 178

음소 문자 41, 46~47
음운 178~80
음운 대응의 규칙성 23~24, 33
음운론적 변이 형태 120~22, 144
음운 자질 문자 46
음운 체계 180~83
음절 문자 41, 47
의미론적 수법 260
의미 자질 158
의미적 간섭 238~39
의미적 차용 238
의사 소통 가능성 29~30, 240, 243
의인화 77
의존 명사 109, 114
이귀 235
이극로 248
이기문 28, 32, 199
『이담속찬』 210
이덕무 210
이두 36~38, 40, 45
이두어 40
이두토 38, 40

이름 (인명) 228~31
이름 (지명) 232~35
이순신 234
이여송 234
이이 231, 234
이중 계보 (국어 어휘의) 55~58
이중 계보 (영어 어휘의) 56~57
이중 주격 조사 126
이중 피동형 170
이지함 234
이질화 (남북 언어의) 246~69
이집 234
이찰 36~41
이황 234
이희호 88
인도-유럽어족 21, 34, 72
인도-유럽 조어 21
인도-이란어군 21
인명에서 유래한 지명 234
일국-일언어 17
일 대 다 대응(고유어와 한자어의) 59~62

일본 한자음 183~84
일-한 양국어 동계론 35
임신서기석 37
잉여적 표현 63~66

ㅈ
자기 지시 76
자기 지시적 75~77
자연 언어 69~70, 180
『자유론』 44
자유 변이 형태 120, 122
자장면 문장 69
잔재 지역 124
장소 가리킴말 99
장전변 218
재구(再構) 21, 33
재귀 대명사 110~13, 263
재귀화의 통사적 제약 112
접미 피동형 170
접사 24
접촉과 간섭 33, 236~39
정보적 기능 (언어의) 187~88
정약용 210
정주영 228

정치 공동체 243, 246
정치적 독립체 30
정치적 올바름 190
정치적-이데올로기적 어휘 266~69
제2명사형 어미 157
제1명사형 어미 157
제주도 방언 18, 30, 124, 243
조선로동당 193
『조선 민족어 발전 력사 연구』 27~28
『조선어 어휘사』 218
조선어연구회 44
조선일보 193
『조선말 규범집』 249
『조선어 례절법』 263
조어(祖語) 20
존스 (윌리엄) 20
존칭 수식사 (김일성에 대한) 263~65
주격 조사의 지리적 변이 123~26
주동사 171~72
주체 사상 248

중국-티베트어족 22
중의성 116~17
지리언어학 241
지시사의 3원 체계 100, 103
지역적 변이체 183
직접 사동 173
진중권 203
진행상 138
짧은 체언형 115~16

키릴 문자 45

ㅌ
토박이말 45
토착어 45
통사적 간섭 238
통시적 19
퉁구스어파 29
특수화 60

ㅊ
차용어 24, 34, 54, 237
초기 이두 36~38, 40
최만리 234
최세진 72
최소 대립쌍 178~80
최장집 203
최현배 78
『춘향전』 209
친족 관계 34
친족 어휘 20

ㅍ
파열음 177
평순 모음 252
평양 중심주의 248, 250
폐음절 119~21, 123, 125
포도청변 218
표면 구조 68~69
표준어 247~53
표현적 기능 (언어의) 187~88
품사의 넘나듦 159~62
프랑스 대혁명 73, 191
『프랑스어의 보편성에 대하여』 70
피동 167~70

ㅋ
켈트어군 21

피사동 174
피사동자 표지 173

ㅎ

하느님과 하나님 86~88
하릅강아지와 하룻강아지 83~84
'-하다' 류 동사 174
하야카와 187
하위문 134~35
한계(韓係) 언어 28
『한국어 어원 연구』 23
『한국어의 계통』 28
한국제 한자 53
한국제 한자어 53, 210
한국 한자음 46, 181~84
한글 41, 44~47, 254~56
한글날 44
한글 자모의 이름과 순서 254~55
한명회 234
한석봉 72
한 음소 형태소 163~66
한자어 51~66, 259

함축적 의미 187, 189, 193~94
합침법 260
항렬자 229
행동성 동사 143
행동자 표지 167~69
향가 40
향찰 36, 39, 40~43, 45
헌화가 41~42
『현대 조선말 사전』 250~51, 267~68
현재 시제 표시 128~31
형용사 136~39
형태론적 변이 형태 120~22
형태소 119~22, 163
홍기문 41, 247
홍만종 209
홑글자 256
후행 부정 132~34
훈독 41~42, 53
『훈몽자회』 72
훈민정음 36, 46
『흥부전』 209
히틀러 262